El caso a favor del budismo

UNA EXPLORACIÓN DE LOS VALORES BUDISTAS EN EL MUNDO MODERNO

Por

William Woollard

Traducción

Tiziana Laudato

Edición

Laura Muñoz Bonilla

Grosvenor House
Publishing Limited

Todos los derechos reservados
Copyright © William Woollard, 2016

El derecho de William Woollard a ser identificado como el autor de este
libro ha sido determinado por él según el Artículo 78
de la Ley de Derechos de Autor, Dibujos y Patentes de 1988

La foto de portada es Propiedad Intelectual de William Woollard

Este libro ha sido publicado por
Grosvenor House Publishing Ltd.
28-30 High Street, Guildford, Surrey, GU1 3EL.
www.grosvenorhousepublishing.co.uk

Este libro se vende bajo la condición de que no será, con carácter
comercial o no, revendido, alquilado o circulado de ninguna otra manera
sin la previa autorización del autor o editor, en cualquier forma diferente
a la cual se publica y sin que una condición similar que incluya esta
condición se imponga al comprador subsiguiente

Existen datos de catalogación en publicación para este libro en el
British Library

ISBN 978-1-78623-709-5

Dedicado a Daisaku Ikeda por su inspiración constante a lo largo de todos los años de mi práctica, y a mi amada esposa por su inagotable amor y apoyo.

Agradecimientos

Claramente, muchas personas han contribuido a las ideas plasmadas a lo largo de estas páginas. Es imposible asistir a reuniones de estudio y a seminarios con personas interesantes y apasionadas sin que las semillas de sus ideas surjan en algún momento por escrito. Así que doy mis sinceras gracias a todos mis colegas budistas, particularmente a los del distrito *Occidente de Londres*. Pero me siento particularmente agradecido con las decenas, o más bien centenares de personas que me han escrito a lo largo de los dos últimos años para sugerir la necesidad de un libro dirigido a los más escépticos, los más desinteresados, para ojalá llamar su atención e interesarlos en lo que puede ofrecer el budismo Nichiren a cualquiera que esté tratando de vivir de la mejor manera posible en medio de una sociedad ajetreada, bulliciosa, afanada y adicta a los medios masivos.

Quiero resaltar mi agradecimiento al Sr. Makiguchi, el gran visionario que, en 1930, fundó la organización budista laica, que ahora es mundial, llamada Soka Gakkai, por sembrar la idea en mi mente cuando escribió, "no he encontrado contradicción alguna entre la ciencia y la filosofía, que representan la base de la sociedad Moderna, y las enseñanzas del Sutra del Loto"[1].

Sobre el autor

Director, escritor y presentador. La carrera de William Woollard abarca todo el espectro de la producción televisiva, pero también ha experimentado muchas otras carreras. Se graduó de la universidad de Oxford; fue piloto de caza con la *Real Fuerza Aérea* del Reino Unido; trabajó con una empresa petrolera en las selvas de Borneo y los desiertos de Omán; fue científico social y trabajó en el campo de la responsabilidad social empresarial en entidades internacionales de Europa y EE.UU.; es un premiado escritor y presentador de televisión que ha producido documentales para los canales más reconocidos del mundo.

Ha viajado extensamente, se ha casado dos veces, tiene cuatro hijos y un interés de toda la vida en religión comparativa, entre muchas otras cosas. Escribe:

"Llegué al budismo con un profundo sentido de escepticismo en cuanto a su pertinencia o relevancia en un entorno occidental moderno. Sin embargo, ahora estoy totalmente convencido del profundo valor que le puede aportar a cualquier vida, en cualquier lugar y en cualquier circunstancia. Considero que mi escepticismo inicial es quizás lo que más me califica para escribir este libro".

Contenido

Capítulo Uno
Embarquemos en un viaje — 1

Capítulo Dos
Una historia personal — 14

Capítulo Tres
El budismo y la creencia — 40

Capítulo Cuatro
¿El budismo y la felicidad? — 66

Capítulo Cinco
El budismo y la paradoja de los problemas — 86

Capítulo Seis
El budismo y la ética — 104

Capítulo Siete
El budismo y la práctica — 130

Capítulo Ocho
El budismo y la vida cotidiana — 150

Capítulo Nueve
El budismo y la negatividad — 179

CONTENTS

Capítulo Diez
El budismo y la ira 192

Capítulo Once
El budismo y el dinero 206

Capítulo Doce
Un nuevo comienzo 223

Apéndice A
Estados de la mente 239

Apéndice B
Acercándose a la práctica 259

pronto se menciona la palabra budismo eso da pie a más preguntas que respuestas. Quizás en parte por mis antecedentes como periodista arduo y riguroso, a menudo las personas me preguntan: *¿Un practicante del budismo? ¿Qué quiere decir exactamente eso?*

Lo que quiere decir exactamente es lo que se explica en este libro. Dado que la práctica del budismo sigue siendo algo poco común y relativamente inusual en el mundo occidental, que dé lugar a la sorpresa y la curiosidad es algo inevitable. Cuando se habla de budismo de manera informal, a menudo las personas quieren saber más de lo que se podría trasmitir en una breve conversación. Sin embargo, al mismo tiempo, las personas tienden a ser reacias cuando se trata de acercarse a algo que les parece tan ajeno como lo puede llegar a ser el budismo. Es perfectamente entendible, nadie, y me incluyo, quiere parecer raro frente a sus amigos. Y a pesar de todas las afirmaciones de que estamos viviendo en una sociedad multicultural, el tejido cultural en Europa todavía se basa en su mayoría en el cristianismo occidental, que en realidad se extiende a lo largo del antiguo imperio europeo desde América hasta Australia. Una manifestación de esa tradición cultural que reconocemos inmediatamente es que una persona, que a lo mejor no entra a una iglesia hace mucho tiempo, puede hacerlo y sentirse completamente en casa buscando unos minutos de paz o en un momento de estrés, para pedir el consuelo o ayuda de un Dios que en realidad no conoce. Mientras que para esa misma persona sería mucho más difícil o incluso imposible entrar a un lugar budista para tratar de resolver el mismo momento de estrés o ansiedad.

Para la mayoría de las personas en Occidente, cuando escuchamos la palabra budista, nos sentimos obligados a

Capítulo Uno

Embarquemos en un viaje

Todos los libros son un viaje y al comienzo de cualquier viaje se necesita una cantidad mínima y necesaria de bagaje e información para poder emprenderlo con confianza hacia la dirección correcta. En este caso, esa mínima información consiste en dos elementos en particular. El primero es que he sido periodista de temas científicos durante más de 30 años, y he disfrutado inmensamente al tratar de desenredar teorías científicas que son difíciles y a menudo complicadas e inextricables, y al intentar no solo explicarlas sino además volverlas interesantes, accesibles y entretenidas incluso para un público más amplio. La segunda es que durante los últimos 20 años o más he sido practicante del budismo Nichiren, y he tratado de llevar a la práctica una serie de valores y principios que han enriquecido mi vida y, estoy seguro, las vidas de las personas que me rodean, en todos los aspectos.

Todo lo que sigue en este libro fluye desde estas dos piezas de bagaje.

Sin embargo, y para ser sincero, creo que esta información no es suficiente para permitir que fluyamos cómodamente hacia adelante. ¿Por qué lo digo? Porque el hecho es que tan recurrir a unos estereotipos vagos y ambiguos porque no tenemos una serie de ideas claras y familiares sobre el asunto. Este es, en mi opinión, el punto clave. En el cristianismo hay muchas, tantas que incluso una persona no cristiana conoce por lo menos a grandes rasgos la tradición. Mientras que la mención de la palabra budismo evoca poco más que una serie de imágenes confusas de tipo National Geographic; una amplia filosofía mística que es interesante pero al mismo tiempo incierta y sin límites claros, filas de sacerdotes en trajes color azafrán entrelazándose entre el tráfico del centro de Bangkok, o numerosas banderas de oración sobre el trasfondo de las montañas tibetanas. Las imágenes no muestran nada más que le pueda interesar a un occidental que vive ajetreado corriendo entre una tarea y la siguiente.

Así que esto hace parte del propósito de esta travesía en particular; borrar esos difusos estereotipos que no ayudan en nada y remplazarlos con una comprensión mucho más aguda y clara sobre el budismo. Creo firmemente que los valores y principios budistas pueden enriquecer la vida de cualquier persona, en cualquier lugar y bajo cualquier circunstancia, así uno no tenga ningún interés particular en empezar una práctica budista. Mi objetivo principal es ayudar a la comprensión, no reclutar gente. Así que este es un recuento serio, comprometido y personal sobre el budismo, pero solo en el sentido de que el budismo se trata de la *vida diaria común y corriente,* y quiero resaltar la importancia de recordar que no se trata de una filosofía remota e inaccesible.

Se trata de los problemas y los retos y las preguntas que todos enfrentamos todos los días. ¿Qué debo hacer en esta situación? ¿Cuál es la mejor manera de manejar esta relación o este problema? Y se trata también de algunos de los asuntos más profundos que nos afectan, incluso si surgen pocas veces en las conversaciones con nuestras familias o colegas porque existen en una parte muy profunda de nuestra psiquis. Preocupaciones que nos conciernen a todos, como el deseo fundamental de tener un sentido de bienestar más fuerte y contundente dentro de la turbulencia desafiante e inesperada de nuestras vidas; nuestra necesidad vital de tener un sentido de conexión con otras personas y nuestra preocupación por su bienestar; y la íntima relación que sabemos que existe entre un resistente sentido de esperanza y optimismo y una vida sana y plena. ¿Cómo podemos mantener ese espíritu de optimismo en medio del tumulto de la vida? En una conversación conmigo, un psicólogo lo expresó de la siguiente manera: "¡La alegría es importante. La esperanza y el júbilo son muy importantes. Tienen un gran efecto sobre nuestra calidad de vida. No son un simple aderezo que se adiciona a la superficie de nuestras vidas!".

Así que, dicho de otra manera, este caso particular a favor del budismo se trata básicamente sobre aprender una manera muy práctica de construir un sentido de bienestar más fuerte y resistente para uno y para los demás, independientemente de las circunstancias en las cuales nos encontremos. Muchas veces nos convencemos a nosotros mismos de que las circunstancias externas representan un factor determinante para nuestro sentido de bienestar. El budismo nos ofrece la destacada verdad de que construir o crear ese sentido de bienestar en el centro de nuestras vidas es esencialmente una elección: cómo elegimos vivir. Este aprendizaje en sí nos puede cambiar la vida, y en mi experiencia no necesitamos ser especialmente competentes, dedicados o religiosos para aprenderlo.

Pero hay otra pregunta

Sin embargo, por importante que sea esta aclaración y exposición de las ideas budistas, a medida que recolectaba algunas de las ideas y propuestas diversas que contribuyen a los temas de este libro, caí en cuenta de que en realidad abordan un asunto de igual importancia. Es un asunto sobre el cual quizás nunca nos preguntemos formalmente, pero que sin embargo, independientemente de si lo reconozcamos o no, yace en el centro de nuestras vidas, nuestro comportamiento y nuestras relaciones. Es decir, ¿de dónde sacamos nuestros valores hoy en día? ¿En qué nos apoyamos para volver a calibrar nuestra brújula moral en un mundo cada vez más secular, cínico y culturalmente diverso? Y no se trata de un asunto personal sino de un asunto que ocupa un lugar cada vez más central en el debate público. Muchos sociólogos nos dicen que parece que estuviéramos viviendo en una especie de vacío moral[1] y, como sabemos, un vacío de cualquier tipo es un lugar muy incómodo y confuso para el ser humano.

Pero aunque lo anterior sea verdad, ¿qué tiene que ver con el budismo? Buena pregunta. Y la respuesta corta es que ¡tiene todo que ver!

A medida que fui atando cabos de diferentes campos de estudio, se empezó a revelar una relación inesperada y sorprendente. Las ideas sobre los principios y valores que empoderan a las personas comunes y corrientes como nosotros, y que nos permiten vivir vidas fundamentalmente creativas y satisfactorias en cualquier tipo de circunstancia y ambiente, de las que el budismo lleva hablando durante mucho tiempo, ahora se encuentran reflejadas y confirmadas en el trabajo más contemporáneo realizado por científicos sociales, desde sociólogos hasta psicólogos y neurocientíficos, e incluso hasta el campo de los economistas.

Es de crucial importancia no usar palabras definitivas como *comprobar* y *validar* en este contexto, porque esto sería completamente impreciso. Los hallazgos de estos científicos sociales contemporáneos no comprueban ni validan las enseñanzas budistas. Hasta donde yo sé, nunca se ha llevado a cabo un estudio específicamente orientado a validar las enseñanzas budistas. Y, de cualquier forma, mi argumento sería que el conocimiento budista sobre la naturaleza de la vida humana no necesita ser validado por la ciencia moderna. Las enseñanzas mismas han comprobado su propio valor en el laboratorio más arduo que puede haber; la vida misma.

Pero lo que sí nos proporcionan esos hallazgos es invaluable, ya que nos suministran una serie de perspectivas nuevas, diferentes y profundamente reveladoras que ejemplifican la *asombrosa modernidad*, no se me ocurre otra manera de expresarlo, de la percepción budista en cuanto a los valores y comportamientos que nos permiten vivir las vidas más productivas, satisfactorias y creativas posibles. Este es el punto clave que tenemos que resaltar –su permanente valor y relevancia– si queremos tratar de buscar la respuesta a la pregunta fundamentalmente importante; es decir, ¿de dónde sacamos nuestros valores hoy en día?

Cambiar los estereotipos equivocados

Por supuesto que no es una pregunta que tengamos que contestar. Nadie nos obliga. Es muy sencillo evitarla, tal y como lo hacemos frecuentemente cuando nos enfrentamos a situaciones complicadas. Pero si nos atrevemos a lidiar con ella, ya que hacerlo nos ayuda a construir una visión más amplia sobre la vida, a medida que consideramos los diferentes campos de estudio que podrían conducir a una respuesta, vemos cómo extraordinariamente muchos elementos de la enseñanza budista clásica encajan con el conocimiento moderno con una facilidad tal que las uniones pasan casi desapercibidas.

Los historiadores religiosos afirman que la contribución más grande que ha hecho el budismo al patrimonio espiritual de la humanidad es quizás su introducción del concepto de *elección*. Cuando el budismo nació, hace unos 2.500 años, ese concepto era ciertamente revolucionario. En un momento en que la humanidad estaba limitada por conceptos poderosamente controladores, como lo son el destino y los mandamientos de seres divinos, el budismo introdujo la extraordinaria idea que los seres humanos son responsables de sus propias acciones y sus propias vidas.

Enseña que tenemos la libertad y los recursos interiores para tomar nuestras propias decisiones y controlar nuestras propias vidas, siempre y cuando aceptemos toda la *responsabilidad* por las *causas* que hacemos y los *efectos* que dichas causas siembran en nuestras vidas. Era un concepto revolucionario para su momento y lo sigue siendo hoy. Buscar en el budismo las soluciones a muchos de los problemas insolubles de la sociedad, puede parecer esotérico y peculiar, pero es porque en Occidente nuestra visión del budismo está limitada por numerosos estereotipos equivocados.

Por ejemplo, uno de los muchos estereotipos que ofuscan la percepción general del budismo en Occidente es que el budismo nos obliga a renunciar a muchas cosas, o por lo menos introduce una especie de ascetismo a nuestras vidas. Sin embargo, la sencilla verdad es que se trata de *incrementar* la riqueza de nuestra experiencia de vida en el *aquí y ahora* y no en un futuro celestial. En este proceso nos habla mucho de lo que para nosotros significa la felicidad y el bienestar.

De hecho, es la única entre las religiones del mundo que propone la extraordinaria idea de que la felicidad no se encuentra por azar, ni porque somos *suertudos*, como se suele creer, sino que se trata esencialmente de una elección. El budismo llega aún más allá y afirma que todos, sin excepciones, podemos aprender a realizar esa elección. Declara que el proceso de aprendizaje no es ni difícil ni exclusivo, ni depende de las circunstancias *externas* de nuestra vida. Nuevamente, la anterior es una idea revolucionaria y que vale la pena debatir, ya que, en el fondo, lo que todos queremos es un grado más amplio de bienestar en nuestras vidas.

Pero también sugiero que la idea es particularmente relevante actualmente ya que, por primera vez en la historia, la ciencia también parece interesarse en la idea de la felicidad y cómo alcanzarla. Así que se podría decir que somos muy privilegiados pues vivimos en un momento muy inusual en el cual mucha energía genuinamente científica se enfoca en entender precisamente qué es lo que hace que las personas podamos sentirnos bien en cuanto a nuestras vidas y relaciones, *en todo tipo de circunstancias*, no solo en las de personas pudientes y afortunadas. Se enfoca en las cosas que más nos interesan ya que son los asuntos más importantes que todos enfrentamos en la vida. ¿Cuáles son los valores que deberíamos abarcar en nuestra vidas, qué comportamiento deberíamos adoptar para que no solo los individuos sino también sociedades enteras puedan vivir y trabajar en paz y de manera más productiva? Básicamente, todos queremos vivir en paz y armonía con nuestros vecinos, cercanos y lejanos, ¿no es cierto?

Algunos observadores bien informados incluso sugieren que se podría tratar del comienzo de una nueva ciencia, la ciencia de la felicidad. Quizás. Pero, como mínimo, se nos está presentando una nueva forma de mirar muchas cosas que tienen que ver con nuestra motivación y nuestro comportamiento, y el budismo nos ha hablado de estas cosas a lo largo de muchos muchos años, ¡el problema es que no hemos estado escuchando!

El budismo no es pasivo

Otro de los estereotipos más perdurables en cuanto al budismo y que se manifiesta en cualquier debate sobre ello, es que el budismo es de alguna manera pasivo. Es muy cierto que el budismo es pacifista, porque cree firmemente, y correctamente si consideramos el juicio de la historia, que la guerra y la violencia son totalmente destructivas y siempre, excepto en las ocasiones más inusuales, perpetúan aún más violencia y destrucción. Pero muchas veces se considera que la misma palabra *'pacifismo'* por defecto incluye la idea de *'pasivismo'*. De allí surgió la idea de que el budismo es esencialmente una forma de *escapismo,* y que personalmente los budistas son reservados, callados y de alguna manera diferentes, que buscan refugiarse del ritmo, el ajetreo y la complejidad caótica de la vida moderna.

Nada más alejado de la verdad. El budismo es una inmensa filosofía de muchas capas, así que nos presenta muchas ideas que considerar, pero lo más importante es el hecho de que el budismo nos invita a *tomar acción, se trata de la manera en que las personas viven sus vidas y no simplemente de la manera en la que piensan acerca de sus vidas. Nos reta constantemente a que dejemos nuestras zonas de confort y busquemos nuevas maneras de desarrollar y realizar nuestro potencial, así como nuevas formas de crear valor en nuestras vidas y en las vidas de las personas que nos rodean.*

Sin buscar llegar demasiado lejos con la analogía, se podría decir que el budismo constituye un importante puente entre una filosofía espiritual viva y la creciente cantidad de libros de autoayuda que reflexionan sobre diferentes consejos instantáneos para mejorar en el juego de la vida. Dado que el budismo mantiene un pie en cada campo, tiene la base de una filosofía profunda y que abarca todo; toca todas las áreas de la vida humana y verdaderamente ha resistido el paso del tiempo. Pero también se trata sobre la autoayuda. El corazón del budismo se basa en aprender cómo manejar la tarea de vivir con más confianza y alegría.

Así como lo expresó Daisaku Ikeda, una de las mayores autoridades sobre el tema, *"El budismo es un movimiento que enfatiza la autoeducación"*[2].

El fundamento de la responsabilidad individual

En Occidente, nos hemos acostumbrado a no buscar soluciones en el cambio individual, sino a través de la política o de las promesas hechas por la ciencia y la tecnología. Pero está claro que ambas presentan limitaciones cuando se trata de lograr un cambio social importante. Las sociedades claramente están constituidas por individuos, y en su esencia el budismo tiene como objetivo transformar la sociedad a través de la única manera en que ese cambio se puede dar y hacer perdurar; es decir, de abajo hacia arriba, transformando las vidas individuales. Habla, de hecho, de la revolución humana, individuo por individuo. Pienso que se podría decir que rara vez en la historia humana hemos necesitado más que ahora una filosofía para la sociedad, basada en la *responsabilidad individual,* y el profundo respeto por el bienestar de las demás personas. Ambas cosas describen lo que significa el budismo. Como mencioné antes, para mí una de las cosas más notables que ocurrieron durante mi investigación para escribir este libro, fue la realización de que muchos de los más pertinentes e importantes hallazgos que han surgido de la investigación social moderna, y que resaltan lo que nos permite sentirnos bien con respecto a nuestras vidas y experimentar un genuino sentido de significado y propósito, están poderosamente prefiguradas en los principios y en la práctica del budismo.

Hay muchos ejemplos en los siguientes capítulos, pero quiero mencionar uno o dos de ellos aquí mismo.

Por ejemplo, en su revolucionario libro *Inteligencia Emocional*, Daniel Goleman, psicólogo y autor *best-seller*, confirma que la esperanza y el optimismo se pueden aprender;

> *El optimismo y la esperanza escribe, así como la impotencia y el desespero se pueden aprender. Subyacente a ambos existe una perspectiva que los psicólogos denominan la autoeficiencia, la creencia de que uno es el maestro de los eventos que ocurren en su vida y puede lidiar con los retos a medida que vayan surgiendo. Desarrollar una competencia de cualquier tipo fortalece nuestro sentido de autoeficiencia*[3].

Se podría decir que la práctica budista se trata completamente de competencia de vida, y de generar individuos más capaces. De hecho, se podría describir como la práctica de autoayuda por excelencia.

Tenemos actualmente un erudito profesor, filósofo, psicólogo y neurobiólogo, llamado Owen Flanagan de la Universidad de Duke, quien en su libro *Variedades de la personalidad moral* describe la conexión extremadamente cercana que se ha establecido entre la fuerza de nuestros valores, es decir, tener una poderosa brújula ética y moral que se manifieste en nuestro comportamiento, y nuestro bienestar general físico y mental[4]. Nuevamente, como hemos estado discutiendo, el budismo nos enseña cómo incorporar importantes valores positivos en nuestras vidas y cómo demostrar esos valores en nuestras acciones.

Tenemos a un ilustre economista británico, el Profesor Layard de la Universidad London School of Economics, quien mantiene que una sociedad no puede simplemente florecer sin un importante sentido de propósito compartido, un sentido de valores y principios compartidos entre las personas. Explica que los seres humanos somos seres profundamente sociales. Queremos confiar los unos en los otros y queremos que los demás confíen en nosotros y nos respeten. Todo esto hace parte de lo que significa ser miembros comprometidos e integrales de una sociedad. Así que derrumbar dicha confianza, buscando ventaja sobre los demás sin considerar sus derechos, se convierte en una fuente de ansiedad personal[5]. Este es un sentimiento que resuena con el núcleo de la visión budista sobre cómo debería funcionar una sociedad.

Y también tenemos en los Estados Unidos a varios de los más destacados psicólogos e investigadores de este campo, quienes en un estudio fatídicamente titulado *Zeroing in on the dark side of the American Dream*[1] explican lo que, según ellos, pueden ser los aspectos negativos a largo plazo de una vida motivada en su mayoría por los valores del materialismo. Los investigadores examinaron las actitudes y ambiciones de una muestra muy grande de estudiantes de pregrado de universidades de los Estados Unidos. Entrevistaron a más de 12.000 estudiantes de 18 años y

---

[1] Enfocándose en el lado oscuro del sueño americano.

cuando apenas formalizaban lo que buscaban lograr en sus vidas. Volvieron a entrevistar a esas personas a los treinta y tantos, cuando habían tenido el tiempo de esforzarse para realizar algunos de sus objetivos. Descubrieron que los estudiantes que habían expresado las *ambiciones materialistas* más fuertes, luego se describieron a ellos mismos como mucho menos satisfechos con sus vidas 18 años más tarde. Al parecer, perseguir esas ambiciones materiales tan fuertes no les había entregado la satisfacción que esperaban obtener[6].

¿Qué podemos concluir entonces de esta pequeña muestra? Pareciera que todavía le queda algo de ímpetu al gran espíritu consumista, materialista, y de conseguir lo que se quiere lo más rápido posible, que ha existido durante los últimos 20 años. Pero no es tan poderoso ni omnipresente como solía ser. Hoy en día, parece haber una creciente *contra-corriente* que está ganando fuerza. El bienestar significa mucho más que la ganancia financiera, escriben los científicos sociales, quienes reciben el apoyo de muchos políticos que declaran que sus políticas van más allá que una mera preocupación por el PIB. Y hay muchas más personas que afirman que la vida no se reduce a simplemente adquirir más *cosas* materiales. De esto se trata este libro, de ese *algo más* que puede trasformar nuestras vidas.

Capítulo Dos

Una historia personal

¿Entonces por qué soy budista? Es una larga historia pero dado que es una parte importante y relevante del punto que quiero exponer, voy a explicarlo aunque sea brevemente.

La historia empieza en el sureste asiático. Durante muchos años de mi vida laboral he vivido fuera de mi país, inicialmente en el sureste asiático, y luego durante varios años en los desiertos del Medio Oriente. A lo largo de esos años me esforcé por establecer relaciones buenas y cercanas con todas las personas de las religiones locales: hindúes, musulmanes, y budistas. También me esforcé por aprender los idiomas: malayo y árabe, para poder conversar por lo menos a nivel casual y relacionarme con la gente más allá de lo laboral. Ese esfuerzo trajo sus beneficios porque me permitió tener experiencias más profundas. Pasaba muchas semanas, por ejemplo, viviendo en casas comunales en las junglas de Borneo, y mucho tiempo viajando y conociendo a los aldeanos de los vastos y vacíos desiertos de Omán.

Además, siempre me han interesado las religiones a nivel histórico, así que también estudié el Islam y leí el Corán por ejemplo, y estaba consciente de la profundidad y la belleza del pensamiento budista, y la manera armoniosa en la que encajaba dentro de las normas y los ritmos de las sociedades en las cuales había sido creado y promovido durante siglos. Pero sin lugar a duda, durante esos años de vida en el exterior, el budismo no tocó mi vida. Era claro para mí que esas creencias motivaban las vidas de mis colegas muy profundamente, pero para mí el asunto llegaba hasta ahí. Me había criado en una familia activamente cristiana y creía que en gran medida mi vida y mi comportamiento reflejaban los valores cristianos. En mis otros libros he descrito mi cristianismo como un cómodo y viejo saco; un poco arrugado y grande, un poco desgastado en los codos, pero un saco que me podía poner fácilmente y una vez puesto pasaba desapercibido. Y no sentía la necesidad de una estructura religiosa más fuerte que la que tenía para apoyarme en mi vida.

Quizás vale la pena añadir que la visión general que adquirí del budismo a lo largo de esos años en el exterior se acerca mucho a la manera en la que el mundo occidental ha percibido el budismo durante cientos de años. Históricamente, ha existido un interesante y a veces extraordinario flujo de filosofía *humanista*, llena de perspectivas con respecto a la naturaleza de la motivación y el comportamiento humano. Sin embargo, también ha sido un poco remoto, esotérico y bastante oscuro. Y es precisamente ese punto de vista el que ha determinado la respuesta occidental al budismo. Se ha visto más como un foco de estudios filosóficos y doctrinales para el mundo académico que como un tipo de *guía práctica* para la vida diaria, en particular la vida diaria moderna en el ferozmente competitivo, afanado y ambicioso, bullicio de nuestra sociedad occidental postindustrial.

Seguir con la rutina
Creo que esta es una consideración importante para la mayoría de nosotros ya que, por lo general, pasamos

nuestros días ocupados con nuestras tareas y dejándonos llevar por la marea implacable de eventos que devora gran parte de nuestro día, y muchas veces quizás no tomamos decisiones a propósito de nuestras vidas sino que dejamos que nuestra profundamente arraigada fuerza de la costumbre las tome por nosotros. Tendemos a no quedarnos quietos ni por un instante. La contemplación no constituye un lugar muy a la moda. *¿Qué es esta vida si, llenos de preocupaciones, no tenemos tiempo para detenernos y mirar?* Nos pregunta el poeta, y la mayoría de nosotros estamos desplazándonos tan rápidamente hacia el próximo lugar en el que tenemos que estar que no nos da tiempo ni siquiera de hacer el intento de responder la pregunta[1].

Pensándolo bien, esa era mi propia situación cuando, años más tarde, encontré el budismo Nichiren por primera vez en Inglaterra a través de Sarah, mi pareja en aquel momento. Mi respuesta estaba hasta cierto punto afectada por mi experiencia en el exterior, pero decir que me sentí profundamente escéptico sería un eufemismo. Parecía, pues, simplemente irrelevante, con respecto al estilo de vida que llevábamos. Me estaba dejando llevar por mi pasión de vivir plenamente mi profesión de periodista y escritor y no sentía la necesidad de algo que consideraba tan esotérico y ostensiblemente foráneo como el budismo. Para empezar, no tenía el espacio. Como la mayoría de las personas tenía demasiadas cosas por hacer. Sin embargo, aunque no hubiera tenido una vida tan ajetreada no podía concebir que una filosofía tan remota y mística, propia de un lugar y un momento con el cual no había tenido ningún contacto, podría ayudarme a resolver mis problemas desafiantes, a menudo emocionantes y zozobrosos de manera más *eficiente* y *creativa*.

No tenía problema en aceptar que las ideas budistas fueran interesantes y merecedoras de una conversación al respecto de vez en cuando. Tampoco tenía problema en conceder que la mayoría de nosotros invertimos muy poca energía en alimentar nuestra vida espiritual, pero no podía ir más allá. Simplemente no tenía sentido para mí sugerir que el budismo me podía ayudar con los asuntos y las fuertes ambiciones que me presionaban en el trabajo y en mi hogar.

Yo ya sabía quién era y lo que quería de la vida; es decir, básicamente más de lo mismo. Quería más trabajo emocionante y más aclamación crítica, ambas cosas eran más importantes que el éxito económico. Era adicto al ritmo y a la emoción de la carrera: escribir y producir programas de televisión. Cada programa era exigente y estresante, pero también estimulante y gratificante. El proceso creativo era como una droga, tan pronto terminaba la dosis de un programa, buscaba otro. El tiempo y la energía que mi trabajo me demandaban no dejaban espacio alguno, y menos para algo tan raro como el budismo.

Los mejores planes a menudo salen mal

Pero como todos sabemos la vida está llena de ironías que nos toman por sorpresa. En unos pocos meses, y no con poca renuencia, empecé a estudiar el budismo Nichiren. ¿Por qué? Pues, sin duda, en parte fue debido a una relación que se había vuelto muy importante para mí; Sarah, mi ahora amada esposa, había empezado a tomar el asunto muy en serio debido a los claros beneficios que estaba experimentando; por ejemplo, una serie de valores muy claros, y el sentido de estructura y propósito que esto traía a su vida. Pero mi decisión se basó esencialmente en la realización de que simplemente no sabía de qué estaba hablando. Mi poco contacto con el budismo en el exterior había creado más confusión que comprensión. Lo hice para lidiar con este nuevo dilema crucial en mi vida, quería a la mujer y no al budismo en que ella creía, y esta era la única estrategia que se me ocurría. Antes de poder hacer cualquier cosa tenía que tener mucho más conocimiento sobre el asunto. Debo admitir que mis pensamientos iniciales eran que en algún momento, a través de un conocimiento mucho más amplio, iba a lograr sacar al budismo de nuestras vidas a través de la razón. Es decir, explicar racionalmente por qué esta práctica era totalmente inapropiada para las vidas que estábamos llevando en la Europa del siglo XX ¡para luego poder casarme con ella! Pero como todos sabemos, los mejores planes a menudo salen mal.

El hecho es que el estudio de la filosofía, cualquier ámbito de la filosofía, es, creo yo, muy seductor precisamente porque reta nuestras ideas preconcebidas. Nos obliga a pensar y a enfrentarnos a las grandes preguntas sobre nosotros mismos y nuestras vidas, que en nuestro afán de vivir no consideramos mucho. Así que, inevitablemente, muy pronto empecé a sentir un alto grado de placer en el estudio. Leía todo lo que me encontraba y en cualquier parte, en aviones, trenes y buses, y en los descansos entre las sesiones de filmación.

Una filosofía de vida creada por el ser humano

La filosofía budista se centra en la motivación y el comportamiento humano y en cómo funcionamos y cómo nos relacionamos los unos con los otros. Se ha descrito como, quizás, la creación más importante de la mente humana, ya que, a diferencia de todas las otras religiones globales, el budismo es totalmente creado por el ser humano, si es que se puede expresar de esta manera. Creado por los humanos para los humanos. Cuando Shakiamuni empezó a hablarle a la gente sobre esa nueva comprensión de la naturaleza de la vida humana, nunca antes había existido algo parecido. Durante los cincuenta años de sus viajes y enseñanzas, Shakiamuni, el primer buda registrado en la historia, nunca declaró tener una línea directa con Dios, ni nada que se asemejara a una conexión divina. Así que sus enseñanzas eran muy frescas y desafiaban las ideas convencionales. Pero también es una filosofía que ha evolucionado mucho a lo largo de los últimos 2500 años con adiciones, comentarios e interpretaciones realizadas por algunas de las mentes más brillantes de la historia humana. Así que no nos debería sorprender que mucho del budismo es confuso e incluso contradictorio.

Pero, no se trataba solamente de leer un libro y entenderlo. Sin darme cuenta, había tropezado con algo que estaba cambiando la manera en la que me sentía con respecto a mí mismo y la manera en la que vivía mi vida, y lo que es más importante, la manera en la que manejaba mis relaciones con las demás personas.

Me parece interesante que el moderno filósofo Robert Solomon escribe algo muy similar en su libro sobre su propio viaje espiritual, *Espiritualidad para escépticos*. Después de haberse autodefinido como un escéptico que *"no creía en la espiritualidad ni en la religión"* durante gran parte de su vida, luego describe la forma en la que un despertar espiritual en nuestra vida puede transformar fundamentalmente nuestro sentido de quiénes somos.

"La espiritualidad—escribe—es finalmente social y global, un sentido de nosotros identificados con otros y el mundo. Pero básicamente la espiritualidad también tiene que ser comprendida en

términos de la trasformación del ser individual. No es una mera conclusión, o una visión, o una filosofía que uno se pueda probar como unos nuevos pantalones, qué pensamos y cómo nos sentimos a cerca de nosotros mismos tiene un efecto sobre quiénes somos en realidad. Estos tipos de pensamientos—continúa—no solo nos mueven y nos informan, tampoco simplemente complementan nuestro ya muy ocupado existir diario. Más bien nos cambian, hacen que seamos personas o seres diferentes"[2].

Así que mi viaje personal de exploración, discusión y debate tomó unos dos años. Y junto con el viaje intelectual, sin que cayera en cuenta, también ocurrió un viaje espiritual importante. Seguíamos discutiendo, Sarah y yo, pero las discusiones habían cambiado sutilmente. Mi plan para progresivamente desmontar la práctica se había derrumbado y nuestros debates terminaron constituyendo un proceso de exploración y comprensión. Así que no hubo un momento radical de cambio, ni nada parecido, sino un lento entendimiento, respeto y admiración con respecto a los valores, actitudes y principios de vida encarnados en esas enseñanzas budistas.

Volver a los principios básicos

En breve, el budismo se trata esencialmente de crear el mayor valor posible sin importar nuestras circunstancias así sean buenas, malas o indiferentes. Así que mis recuerdos de ese periodo de mi vida son muy placenteros ya que fue un momento muy positivo. Una época de nuevas ideas, discusiones estimulantes y de evolución de las relaciones. Y quizás, sobre todo, una etapa de crecimiento espiritual y de conciencia sobre la importancia de ese crecimiento.

El profesor Richard Layard, economista de la London School of Economics también escribió sobre las implicaciones sociales de un trayecto individual como el que he descrito;

"A través de la educación y la práctica, es posible mejorar nuestra vida interior, aceptarnos más y sentir más para las demás personas. En la mayoría de nosotros yace una profunda fuerza positiva, la cual puede ser liberada si somos capaces de vencer nuestros pensamientos negativos…. Para construir una sociedad más feliz es necesario que nos ocupemos mucho más de la calidad de nuestra vida interior y de los métodos comprobados para mejorarla" [3].

Pienso que es un hecho transcendental que un eminente, pragmático e innovador economista escriba sobre cómo se podría mejorar la manera en la que funcionan nuestras sociedades modernas, y lo haga por medio de varias referencias al hecho de que las enseñanzas budistas podrían contribuir mucho en ese proceso. No en un sentido específicamente religioso, sino a nivel individual y de sociedad, ya que sus valores están orientados a crear una sociedad compasiva, constructiva y creadora de valores en la que todos quisiéramos vivir y criar a nuestros hijos.

Y para mí estaba claro que algo así estaba sucediendo en las personas que empecé a conocer en las reuniones y los seminarios. Personas de un amplio rango de culturas y orígenes, pero con un acercamiento común, en el sentido de que trataban de ser positivas, recursivas y optimistas acerca de sus vidas, incluso cuando tenían muchísimos problemas. Para estas personas la vida se trataba de aprender a ver sus dificultades no como simples *problemas* o una carga o, peor, como algo sobre lo cual quejarse, sino como un reto o incluso una *oportunidad* para el cambio y el crecimiento personal. Porque si lo pensamos aunque sea solo por un momento, caemos en cuenta de que la única manera de crecer es confiar en nosotros mismos y desarrollar la resistencia para retar y vencer los problemas. ¿Si no, entonces cómo?

Por supuesto, a veces triunfan y otras veces no, pero tienen el valor y la resistencia de levantarse enseguida e intentar de nuevo. Por supuesto que es fácil decirlo, y escribirlo en unas pocas frases hace que parezca sencillo. Es solo cuando empezamos a tratar de hacerlo que entendemos el esfuerzo, el valor y la resistencia que esto requiere. Y esta es en esencia la cotidianidad de la práctica budista. Nos suministra la estructura y la disciplina que refuerza la determinación de enfrentar los retos.

Y quizás es por esta razón que a pesar de sus propios problemas esas personas siempre disponen de la vitalidad y la energía para apoyarse entre ellos, con mucha sinceridad y calor humano. No parece existir ese comentario prejuicioso, ni ese cinismo corrosivo que es una de las características más disfuncionales y destructivas de la sociedad moderna. No estoy diciendo que esta capacidad de apoyo sea exclusiva de los grupos budistas. Claro que no. Simplemente que estos budistas comunes y corrientes estaban aprendiendo a desarrollar un espíritu perdurable de optimismo y compasión.

Uno de esos momentos que cambian la vida

Así que poco a poco comprendí que había llegado a un momento de aquellos que cambian la vida. Es muy difícil lograr cambios profundos en nuestras vidas. De hecho es lo más difícil que hay. Hemos pasado tantos años gravando nuestras creencias y nuestros comportamientos en nuestra vida que estos terminan representando quiénes somos.

Así que para cambiarlos necesitamos mucha energía y compromiso, y lograr vencer nuestra aprehensión. Necesitamos tener la sabiduría para el cambio, la confianza de que tenemos el suficiente compromiso para llevar a cabo el cambio, y el valor para ponerlo en marcha. ¿Era suficiente el compromiso que yo tenía? Mi vida estaba en un curso aparentemente definido, cómodo, moderadamente exitoso, sin ninguna percepción profunda de una necesidad religiosa.

Pero quizás lo más sorprendente es que cuando finalmente decidí integrar la práctica budista a mi vida, después de todo, no me parecía un cambio tan radical. Parecía tener una inevitabilidad natural, como si de alguna manera ya hubiera empezado un viaje paulatino hacia un mejor conocimiento de mí mismo y de mi vida.

Y, nuevamente, el filósofo Robert Solomon parece expresar algo muy similar cuando escribe que lograr una dimensión espiritual significativa y activa en nuestra vida....

"... es adoptar un marco o una actitud positiva dentro de la cual se abren muchas posibilidades que quizás antes no eran tan obvias.... el mundo permanece más o menos igual y, sin embargo, todo cambia. El mundo vuelve a nacer"[4].

La frase "una actitud positiva dentro de la cual se abren muchas posibilidades"... recopila la esencia de lo que quiero decir. No puedo afirmar que al comienzo de mi práctica hubo algún tipo de visión clara o sentido de dirección. No tenía un objetivo predominante hacia el cual me estaba moviendo. No tenía por qué. Pero entiendo ahora que sí había una clara determinación. De otra manera, no le veía el sentido. Si trato de volver a esa situación, estaba determinado a que, una vez empezara ese trayecto sorprendente, continuaría hasta estar seguro, de una u otra manera, del valor de la práctica en mi vida diaria. Era fácil que la gente me dijera *"El budismo es la vida diaria"*, como así lo hacían. Pero la pregunta era si realmente funcionaba a ese nivel. ¿Realmente cambiaba mi visión de las cosas normales de la vida diaria?

¿Dónde he terminado?

Nunca he gastado mucho tiempo mirando hacia atrás. Nunca me ha interesado hacerlo. Siempre he estado mucho más interesado en mis proyectos actuales y hacia dónde se dirigen. Pero si reviso los últimos veinte años y me pregunto dónde he terminado, y cuál ha sido el resultado de estos años de práctica budista diaria, ¿cuál es la respuesta que surge? Es una pregunta difícil para cualquiera y no es una que se pueda contestar a la ligera.

Pero me siento cómodo diciendo que mi práctica budista ha tenido un efecto más amplio y más profundo sobre la manera en la cual vivo mi vida que cualquier otra experiencia que haya vivido. Eso es mucho decir para alguien que ha tenido una vida larga y llena de experiencias. Además, simplemente no se me ocurre nada negativo. He terminado con el más poderoso y duradero sentido de bienestar y gratitud hacia todas las cosas en mi vida... todas las cosas. Y puedo decir sinceramente que esto no fue así durante la mayoría de mi vida. Por ejemplo, recuerdo claramente que no me permitía el uso de la palabra *"felicidad"* porque tan pronto salía de mi boca, parecía que lo que estaba tratando de describir pasaba o simplemente se evaporaba. Mejor no ponerle una etiqueta a esa experiencia.

No sé exactamente cómo, debido a que las conexiones casuales son muy difíciles de trazar, pero sin duda he desarrollado una consciencia más amplia y un sentido de gratitud mayor con respecto a la gran riqueza de mi vida. También tengo una capacidad mucho más amplia de aceptar todo lo que me encuentro en ella. No solo las cosas fáciles y agradables que todos queremos, sino todas las cosas, lo bueno, lo malo y lo indiferente. Y ha habido muchas cosas malas e indiferentes, como las hay en las vidas de todo el mundo. Por ejemplo, estuve cerca de la quiebra como resultado del fraude en el *City*, y perdí la mayor parte de las posesiones materiales que consideraba fundamentales para mi felicidad. Durante los últimos tres años he estado luchando contra el cáncer y esto ha involucrado bastante dolor físico y mental. Pero, así como he escrito en otras partes, tan pronto tomé consciencia del cáncer que tenía, también tomé consciencia de que tenía la capacidad de enfrentarlo. Y esas respuestas me sorprendieron bastante. Es decir, la comprensión de que mi sentido de bienestar y optimismo en cuanto a la vida no dependía de que me pasaran solo cosas buenas.

Entonces, lo que quiero decir es que la paulatina trasformación hacia un sentido de bienestar profundo y estable ocurrió casi inconscientemente, mientras yo me ocupaba de vivir mi vida diaria… como budista. Y lo anterior es un punto crucial que no se puede enfatizar lo suficiente. Básicamente, he seguido con mi vida, con el único gran cambio de que he tratado de hacerlo dentro del marco de los principios y valores budistas que lentamente adquirí. Así que he mantenido una práctica diaria muy fuerte, por ejemplo, que fue difícil en el comienzo porque a menudo cuestionaba el valor de la práctica, pero ahora es parte de mi vida tanto como lo es respirar. Me he esforzado para responder positivamente a todas las cosas que enfrentamos cada día. Como es de esperar, no siempre me ha ido bien, pero cuando me he equivocado me he esforzado por reevaluar la situaciones y así tener una mejor posibilidad de hacerlo bien la siguiente vez. A veces ha sido fácil, otras no tanto, pero como nos enseña el budismo, *hacer el intento y esforzarnos es per se el éxito. Lo que podría calificar como un fracaso es no hacer el intento, no esforzarnos.*

Y creo que no me equivoco al decir que he trabajado arduamente para asegurarme de crear valor en las vidas de las personas a quienes he tocado con mi vida. No de manera extraordinaria, sino en la cortesía, el apoyo, el aliento y ayuda común y corriente. Como nos enseña el budismo y ahora la ciencia moderna, el *altruismo, es decir preocuparnos por las necesidades y el bienestar de las demás personas constituye sin lugar a duda la contribución más importante a nuestro propio* bienestar. *Dar* es una inmensa fuente de beneficio personal.

¿Y qué significa todo esto?
Pero sugiero que tenemos que enfocarnos en las *implicaciones* de este breve recuento, que sin duda describe las vidas de todos mis colegas budistas. Y dichas implicaciones parecen ser ineludibles. Dicho de otra manera, sugiere que la práctica del budismo Nichiren, si se vive con algún grado de cuidado y compromiso, nada extraordinario ni particularmente exigente, ni abiertamente religioso en un sentido formal, tiene el potencial de transformar las cosas difíciles de nuestra vida diaria en un profundo sentido de bienestar y gratitud por el simple júbilo de vivir. Porque esto no describe nada más ni nada menos de lo que ha pasado en mi vida. Y al escribirlo estoy consciente del alcance de esta afirmación. Es enorme.

Bueno, eso es, brevemente, el lado budista de la historia. Pero dejémoslo ahí por ahora y pasemos al otro elemento que contribuye a este viaje, la ciencia, y la pregunta clave ¿dónde encaja la ciencia en este argumento? ¿Qué tiene que ver la ciencia con una práctica budista?

El budismo y la ciencia

La respuesta a esta pregunta es un poco más complicada. En los últimos años ha habido un movimiento para conectar las palabras *budismo* y *ciencia*, este movimiento insinúa que, de alguna manera no muy bien explicada, estos ocupan hasta cierto punto territorios similares. Considero que este acercamiento es profundamente desorientador en muchos aspectos. El budismo no es y no se declara para nada científico en su acercamiento hacia resolver los asuntos más profundos relacionados con la vida humana. Y no necesita serlo. Por una parte, el budismo no requiere de una justificación o validación científica para sus perspectivas filosóficas acerca de la naturaleza de la motivación y el comportamiento humano. Han sido probados y comprobados a lo largo de muchos siglos, como mencioné antes, en el laboratorio más complicado de todos, es decir, los padecimientos y aflicciones de la vida humana. Y por otra, la ciencia no está equipada, incluso si le interesara estarlo, para enfrentar el ámbito de la creencia religiosa.

Muchos científicos al ser individuos tienen vidas religiosas fuertes y activas, pero eso no nos dice nada sobre la relación entre la ciencia y la religión, más allá de que claramente pueden coexistir. Es simplemente un testimonio del perdurable poder y apoyo que se encuentra en el pensamiento religioso. Pero el hecho, básicamente, es que la ciencia no se interesa por la religión. Asuntos tales como la fe, la creencia y la espiritualidad fundamental yacen más allá del rango de las herramientas científicas. El valor, la compasión o la fe no se pueden verter en una probeta para ser medidas. Este asunto lo explicó de la manera más elocuente el ya fallecido Stephen Jay Gould, brillante paleontólogo estadounidense y escritor científico que acuñó un acrónimo definitivo para el tema: NOMA. Proveniente del inglés *Non-Overlapping-Magisteria*, es una manera académica de decir que la ciencia y la religión ocupan dimensiones diferentes en nuestras vidas.

Independientemente de qué tan académica o inaccesible sea esta definición en particular, instintivamente sabemos que es certera ¿verdad? La entendemos perfectamente en un nivel cotidiano. Somos muy conscientes del hecho de que vivimos en un mundo dominado por la ciencia y la tecnología, y también nos damos cuenta de los enormes beneficios que esto nos suministra. A nadie le gustaría cuestionar el asunto. Pero si lo pensamos bien, la ciencia es una parte muy pequeña y altamente especializada de lo que sabemos. Gran parte de nuestro conocimiento sobre nosotros mismos está derivado de nuestras experiencias de vida. Aprendemos sobre la vida de la vida misma.

También sabemos que no acudimos a la ciencia cuando se trata de nuestras preguntas más grandes y confusas sobre nuestra existencia. Preguntas como ¿por qué estamos aquí? O ¿La vida tiene un propósito fundamental? O ¿Qué significa sufrir? O ¿Qué pasa con ese ítem llamado *yo* después de la muerte? Quizás no sean preguntas que nos hacemos todos los días pero ese no es el punto. El hecho es que cuando lo hacemos, no recurrimos a la ciencia para las respuestas, recurrimos más bien a una dimensión totalmente diferente de nuestra experiencia, una dimensión que denominamos religión, que sí se ocupa de tratar de darnos respuestas.

Entonces, está claro que tenemos una necesidad absoluta de ambas fuentes de inspiración para vivir vidas plenas en este extraordinario universo que habitamos.

Como expresó contundentemente el filósofo austríaco Immanuel Kant, la ciencia es la organización del conocimiento, pero la sabiduría, en el sentido de espiritualidad, es la organización de la vida. De hecho, yo afirmaría que tenemos que discrepar con los científicos cuando argumentan que nuestras vidas serían más satisfactorias sin la religión. ¡No lo serían!

¿Y el comportamiento?

Volviendo a mi punto principal y a Stephen Jay Gould. Hace mucho tiempo que su análisis ha sido ampliamente aceptado como la afirmación de mayor autoridad sobre algo que evidentemente sigue siendo un asunto complejo y algo controversial. Pero, habiendo dicho esto, pienso que podríamos argumentar el caso de que existe, no un defecto en su análisis, eso sería demasiado, sino quizás un vacío, quizás, una laguna. Y esto ha surgido principalmente como resultado del gran volumen de investigación que se ha llevado a cabo en este campo a lo largo de los últimos quince años. Dicho de la manera más simple, la ciencia no puede explicar asuntos de fe, creencia y espiritualidad fundamental, y honestamente no se interesa por hacerlo. Durante las últimas dos décadas, la ciencia se ha interesado inmensamente en observar y analizar lo que se podrían llamar las *consecuencias* de la fe; es decir, nuestro *comportamiento*. Lo que hacemos, nuestros valores, la manera en la que manejamos nuestras relaciones, cuánta compasión o cuánto altruismo mostramos hacia los demás, cuál es nuestra respuesta a los desafíos, qué nos enfada o nos entristece, o nos hace felices o nos desespera? Hay un sinfín de preguntas.

Y por supuesto que si tenemos una fuerte creencia religiosa o espiritual, esta tendrá un poderoso efecto sobre nuestro comportamiento. Lo que consideramos verdad se revela en cada aspecto de nuestra vida, desde lo que pensamos y lo que decimos hasta nuestras acciones. Como bien sabemos, muy frecuentemente las personas están dispuestas a morir por sus creencias, así que está claro que nuestras creencias tienen un gran efecto sobre nuestro comportamiento.

En este caso existe sin duda una amplia superposición entre la ciencia y la religión, en el sentido de que el *comportamiento*, influenciado por una profunda creencia, es *infinitamente accesible* a la observación y análisis de los científicos en todas sus formas infinitamente variadas.

¿Por qué es tan importante este asunto?

Una revolución silenciosa

En un sentido considero que hemos vivido una especie de revolución a lo largo de los últimos veinte años. Se podría denominar una revolución silenciosa ya que este tipo de investigación puede tomar tiempo para producir hallazgos y, cuando lo hace, por lo general estos no son los temas que aparecen en los titulares. Sin embargo, durante ese tiempo, los científicos sociales han buscado explorar y entender con cada vez mayor detalle las motivaciones y compulsiones que promueven el comportamiento humano, y sus efectos sobre nuestro sentido de ser y lo que sentimos acerca de nuestras vidas. Los resultados han sido asombrosos, a veces predecibles, pero siempre interesantes. Con inmensa paciencia y cuidado, y de manera totalmente objetiva incluso a veces mediante proyectos que duran años, esos científicos sociales han empezado a consolidar una comprensión de la naturaleza de la vida humana que va más allá de cualquier cosa que se pudiéramos haber imaginado hace algunas décadas.

Para dar una breve explicación de lo que quiero decir, voy a presentar un párrafo que tiene que ver con un hallazgo que se hizo hace poco. Lo escribió el psicólogo Daniel Goleman.

"Hace una década—escribe—el dogma en la neurociencia era que el cerebro contenía todas sus neuronas al momento de nacer y que este no cambiaba de acuerdo con nuestras experiencias de vida. Los únicos cambios que ocurrían a lo largo de la vida eran cambios menores en términos de los contactos sinápticos, es decir, las conexiones entre las neuronas, y la muerte de las células con la vejez. Pero el nuevo lema en la ciencia del cerebro es la 'neuroplasticidad', la noción de que el cerebro cambia continuamente como resultado de nuestras experiencias, puede ser por nuevas conexiones entre las neuronas o por la generación de neuronas totalmente nuevas. El entrenamiento musical en el que un músico practica tocar un instrumento todos los días durante años ofrece un modelo apto para la neuroplasticidad. Estudios hechos usando resonancias magnéticas han encontrado que en un violinista, por ejemplo, el tamaño de las áreas del cerebro que controlan el movimiento de los dedos incrementan. Aquellos que empiezan a entrenar a una temprana edad y practican durante más tiempo muestran cambios más grandes en el cerebro"[5].

"…El cerebro cambia continuamente como resultado de nuestras experiencias". Este es un hallazgo interesante y radicalmente nuevo en la ciencia. ¿Pero por qué nos interesa en el contexto de esta discusión? La respuesta que yo sugiero es que la práctica budista es exactamente la experiencia diaria continua de la que habla Daniel Goleman y, como lo explica este análisis, esta sin duda tiene un efecto sobre el funcionamiento de nuestro cerebro. Se podría afirmar en este

sentido que los practicantes del budismo son muy parecidos a los músicos ya que ellos también practican día tras día, semana tras semana, y año tras año, buscando alimentar su sentido de esperanza, optimismo, valor y fortaleza en su comportamiento diario. La clara implicación de la revelación de Daniel Goleman es que el practicante del budismo también, a raíz de una *experiencia* repetida continuamente, fortalece las estructuras del cerebro que le permiten manifestar más fácilmente las cualidades de esperanza, optimismo, valor y fortaleza en su comportamiento. Así como el músico sin duda desarrolla la capacidad de tocar su instrumento de manera más fluida como resultado de la regularidad de su práctica.

Un oportunidad única

Lo anterior me parece una superposición maravillosamente rica y significativa para explorar. Porque cuando de religión se trata, el budismo en este caso, esta solo es significativa cuando sus principios, valores y enseñanzas se manifiestan en el comportamiento humano, de otra manera, solo se trata de una serie de palabras, de una filosofía un poco frívola. Una de las cosas más importantes que se han escrito sobre Shakiamuni[2] por ejemplo, es que el verdadero significado y propósito de su misión en este mundo yacía precisamente en su comportamiento como ser humano, en términos tanto de lo que hacía como de lo que decía[6].

Pero mi pregunta es ¿por qué nos importa eso? Y la respuesta, creo yo, es que nos da una gran *oportunidad* que no existía antes. Es evidente que el budismo no existe en

---

[2] El primer buda históricamente registrado que vivió alrededor de 500 AC, y la semilla de la cual nació y creció este gran árbol del budismo.

una burbuja. Más bien *es* la vida diaria y su gran fortaleza es el hecho de que sigue siendo relevante a pesar de los grandes cambios que han sucedido en nuestras circunstancias sociales, debido a que fundamentalmente la *naturaleza humana* no ha cambiado. Así que tenemos un enorme privilegio. Podemos, *por primera vez* acercarnos a la comprensión compleja de que el budismo ha evolucionado desde la motivación y el comportamiento humano... a lo largo de varios siglos de contemplación y reflexión... *en el contexto* de las nuevas formas de entender nuestras motivaciones y comportamientos, que hasta ahora estamos aprendiendo gracias a los estudios formales llevados a cabo en todo el mundo por los científicos sociales.

De esto básicamente se trata este libro, es ese viaje de *exploración* y *comparación. Mirar en detalle no solamente lo que el budismo nos dice sobre vivir una vida plena, significativa y creativa, sino también considerar lo que la sociología, la psicología y la neurociencia nos dicen, para que podamos ver cómo y dónde se relacionan los diferentes campos. Y me parece que este es un trayecto inmensamente beneficioso independientemente de si queremos o no practicar como tal el budismo. Porque estas son precisamente las áreas en las cuales buscaríamos si estamos genuinamente buscando una respuesta a la pregunta que hicimos al comienzo ¿De dónde sacamos nuestros valores hoy en día? ¿Dónde buscamos si necesitamos recalibrar nuestra brújula moral?*

Un doble enfoque

Así que, durante los últimos dos años más o menos, he explorado todo lo posible a partir de la investigación social que se ha llevado a cabo en este campo en años recientes. El resultado me ha sorprendido. No hay duda en mi mente de que las ideas fundamentales sobre la naturaleza de la motivación y el comportamiento humano que el budismo viene enseñando durante siglos, encuentran ecos, paralelos y amplificaciones interesantes y estimulantes en los estudios llevados a cabo hoy en día por los científicos sociales. Así que este libro sigue lo que se podría llamar un *doble enfoque*.

Por supuesto que constituye un relato serio, comprometido y personal del budismo en el mundo moderno, tal como se manifiesta y expresa en las vidas diarias de personas comunes y corrientes con empleos comunes y corrientes, que cuidan a sus hijos, ven fútbol los sábados por la tarde, se preocupan por la hipoteca o los impuestos, o que cuidan a una persona mayor de su familia, o lo que sea. Actividades que nos tocan a todos. Y sobre las cualidades que todos anhelamos, como un sentido de bienestar más fuerte y consistente que no se deshaga fácilmente debido a los retos y los problemas de la vida.

Como mencioné antes, el budismo enseña la extraordinaria verdad de que la felicidad no se debe al azar o a la buena suerte aleatoria como es común creer, sino a una elección, todos podemos aprender con un poco de esfuerzo y compromiso, todos podemos aprender a elegir. De esto en esencia es de lo que se trata la práctica budista, de aprender a realizar dicha elección.

Pero, qué opinan de la siguiente afirmación hecha por Sonja Lyubomirsky, doctora en psicología de la Universidad de California:

"Dar un paso atrás y considerar tus creencias profundamente arraigadas sobre cómo ser una persona más feliz, e incluso sobre si es posible que lo seas… es comprender que ser más feliz es algo realizable, que está en tus manos, y que es una de las cosas más

vitales y trascendentales que puedes hacer por ti y por quienes te rodean"[7].

Esta afirmación nos llega del ámbito científico y de todas maneras se enfoca en dos cosas que siempre han sido centrales a las enseñanzas budistas. Una es que tenemos la capacidad de *entrenarnos* para fortalecer nuestro propio sentido de bienestar. Y la segunda es que al hacerlo inevitablemente mejoramos las vidas de las personas que nos rodean... *"una de las cosas más vitales y trascendentales que puedes hacer por ti y por quienes te rodean",* dice la psicóloga. De hecho, una de las experiencias más extraordinarias para mí mientras estudiaba gran parte de esta investigación moderna, fue darme cuenta de que muchos de los hallazgos *que resaltan lo que nos permite sentirnos bien con respecto a nuestras vidas y nos permite experimentar un sentido de propósito*, prefiguran en las ideas que el budismo ha enseñado durante tantos años.

Así que es este contexto científico, y la nueva perspectiva que nos trae, lo que constituye lo que he llamado la segunda línea principal de este libro.

La propuesta

Por lo tanto, lo que me gustaría hacer es tomar unos asuntos que se encuentran en el núcleo de la práctica budista, como la compasión, el altruismo y la gratitud, por ejemplo, o la creación de nuevas relaciones importantes, el dilema del sufrimiento, qué hacemos con nuestras emociones destructivas como la rabia, la avaricia, el complejo asunto de la ética y la moralidad, y analizarlos desde un punto de vista clásico budista y desde la perspectiva científica. Claramente son asuntos muy centrales en nuestras vidas y la mayoría de ellos son capaces de provocar cambios profundos en nosotros. Como es de esperar, el budismo tiene mucho que decir sobre cómo podemos acercarnos a estos asuntos para crear valor para nosotros y los que nos rodean. Y ahora la ciencia moderna nos ofrece una perspectiva que sirve para apoyar este enfoque.

Por supuesto que si hacemos la pregunta directa ¿necesitamos comprender o reconocer la ciencia para desarrollar una práctica budista efectiva? La respuesta es negativa. No la necesitamos.

Pero consideremos la siguiente afirmación hecha por el ya fallecido historiador y filósofo, Arnold Toynbee,

"La ciencia y la religión no tienen por qué estar en conflicto, ni deberían estarlo. Son dos maneras complementarias de abordar mentalmente el universo y habérselas con él"[8].

O esta, hecha por el filósofo Robert Solomon,

"La ciencia apoya e informa a la espiritualidad. Entre más sepamos sobre el mundo, más podemos apreciarlo"[9].

Nos están diciendo que con el fin de sacar el mejor provecho de esta vida rica y compleja que estamos viviendo, nos podemos beneficiar de ambos tipos de iluminación, la espiritual y la científica. Esto parece cierto ¿no? Y lo que sigue del japonés Tsunesaburo Makiguchi, el visionario reformista educacional que fundó la organización laica budista que hoy en día es líder en la diseminación de los valores y las creencias budistas en el mundo occidental:

"No encontré contradicción alguna entre la ciencia o la filosofía, que es la base de nuestra sociedad moderna, y las enseñanzas del Sutra del Loto"[10].

El hecho es que vivimos y practicamos en el mundo real, y el mundo real está cambiando rápidamente, y quizás más rápidamente en cuanto al conocimiento y comprensión de la naturaleza humana que yace tan cerca de nuestras enseñanzas budistas. En cierto sentido, se podría decir que esta investigación social toma nuestras experiencias personales sobre la manera en la que los valores y principios budistas determinan nuestras vidas diarias y las ubica en un contexto más amplio y *global*. Y mi argumento es que si realmente quisiéramos como budistas llegar a una audiencia mucho más amplia y no-budista, solo podemos apoyarnos en la comprensión, aunque sea periférica, de este nuevo conocimiento revelador.

Pero más que eso, creo que recibimos beneficios reales si ampliamos nuestra comprensión de esta manera. ¿Por qué? Porque como ya he mencionado, vivimos en tiempos muy privilegiados. Somos testigos de un paulatino crecimiento de una ola que trae consigo grandes cambios sociales. El debate y la discusión sobre lo que las personas realmente queremos para nuestras vidas, la evidente preocupación por el crecimiento personal y la autorrealización, la comprensión de los tipos de valores y el comportamiento que nos permiten sentirnos bien en relación con nuestras vidas y nuestras sociedades, ha pasado de ser dominio de los filósofos y maestros religiosos a ser la corriente principal del debate social. Se ha convertido en el día a día de la discusión política.

Pienso que este es un punto crucial y además se vincula directamente con una comprensión que siempre ha estado en el centro del acercamiento budista a la vida, es decir, la idea de que la búsqueda de un sentido de bienestar a nivel *individual* tiene un significado infinitamente más profundo y más amplio a nivel de *sociedad*.

Como lo expresó Daisaku Ikeda, uno de los actuales pensadores y escritores budistas más importantes;

"En una época en la que tanto el mundo religioso como la sociedad se encuentran inmersos en la agitación y la confusión, solo una enseñanza que le entregue a cada individuo el poder de sacar a relucir su naturaleza buda puede conducir a todas las personas a la felicidad y transformar el rumbo de nuestros tiempos. En otras palabras... no puede haber una solución perdurable a los problemas que enfrenta la sociedad hoy en día que no involucre nuestro estado de vida individual"[11].

Es sin duda una visión poderosa e inmensamente relevante para todas las comunidades en las cuales vivimos. Propone que la transición hacia una sociedad mejor, basada en los principios de respeto por las vidas y los valores de las demás personas y orientada hacia la paz y la felicidad individual, no se puede crear a través de un proceso de arriba hacia abajo. Tiene que empezar desde abajo e ir hacia arriba, con un profundo cambio en las vidas de muchísimos individuos, que paulatinamente cambie la manera en la que funciona toda la sociedad.

Este es el objetivo de este libro. Y quizás debería añadir desde el comienzo que está escrito para personas que sepan muy poco o nada sobre el budismo, y para aquellos que podrían ser tan profundamente escépticos como yo lo era en cuanto a su relevancia en una vida moderna occidental.

Tenemos aquí la *gran oportunidad* de alejarnos de los estereotipos superficiales comunes sobre el budismo, porque ahora contamos con estas perspectivas inusuales y sorprendentes. Pueden usar diferentes lenguajes y métodos pero, en el fondo, tanto el budismo como los modernos científicos sociales nos dicen que un sentido de bienestar más amplio en nuestras vidas es lo que todos buscamos, y que existen maneras claramente definidas para conseguir esos objetivos, independientemente de cuán retadora sea la vida moderna.

Así que sugiero que vale la pena invertir cierta cantidad de tiempo y energía para erradicar estos estereotipos persistentes que confunden nuestra comprensión del budismo, para así poder ver con mayor claridad qué es lo que nos ofrece. Y vamos a empezar por aclarar el concepto de creencia o fe en el budismo. ¿De qué se trata?

Capítulo Tres

El budismo y la creencia

El punto de partida para cualquiera que quiera aprender más sobre el budismo es que la filosofía del budismo no gira alrededor de un dios. Es más bien una filosofía atea o humanística. Es decir, en el budismo no existe esa figura todopoderosa que lo ve todo y que existe en todas las otras religiones globales, en particular aquellas que conocemos en el mundo occidental; el cristianismo y el judaísmo, el islam y el hinduismo.

Es muy fácil decirlo y es fácil comprenderlo a nivel intelectual, pero en mi experiencia, es mucho más difícil entenderlo a nivel diario-práctico, ya que las implicaciones son profundas e infinitas. Por lo tanto, en el budismo no existe ninguna jerarquía divina. Y es esta característica lo que le da su carácter distintivo. En vez de tener una serie de dogmas y creencias entregadas al ser humano por un ser o una presencia divina, el budismo se basa firmemente en la humanidad. Es más, dado que no se encuentra ligado a ninguna definición de divinidad, el budismo no tiene límites. No tiene, por ejemplo, los límites que han sido la fuente de tanto conflicto a lo largo de los siglos y que dividen la definición islámica de la divinidad de la judía, o la judía de la cristiana, o la cristiana de la hinduista. Es totalmente incluyente, no excluye nada ni a nadie.

Así que es una visión inmensamente humanística que llega a abarcar la relación de cada ser humano consigo mismo, con otros seres humanos y con su entorno universal. De hecho, el budismo dibuja tres círculos concéntricos alrededor de nuestra vida. Nosotros en el centro, y luego las otras personas, una sociedad verdaderamente global. Y finalmente, el circulo exterior representa el entorno universal. Así que el budismo tiene la mirada muy enfocada hacia el futuro y es muy moderno en el hecho de que siempre ha argumentado que las tres esferas mencionadas están íntimamente conectadas de todas las formas posibles. Ninguno de los círculos puede estar completo sin los otros, y el budismo argumenta que si queremos vivir una vida plena tenemos que aprender a estar creativamente conectados con los tres. Es decir, tenemos que aprender a respetar totalmente nuestra propia vida con todas sus cualidades e imperfecciones; entender y aceptar nuestras *falencias* e *imperfecciones* tanto como nuestras cualidades es algo esencial para nuestro bienestar. Tenemos que apoyar las vidas de los demás en todas las formas que concebimos. Y tenemos que tener un papel conscientemente constructivo de proteger y preservar el *entorno natural* que nos sostiene a todos.

Pienso que la manera más clara de expresar esta idea es que el budismo es una religión *hecha por el ser humano,* aunque estas palabras dichas de esta forma no se encuentran en ningún texto budista. Así que el cuerpo de enseñanzas budistas representa esencialmente la sabiduría y percepciones, inicialmente, de un hombre: Shakiamuni, y luego algunas de las mentes más importantes de la historia humana lo amplificaron y desarrollaron inmensamente a lo largo de los siguientes siglos. Pero ninguno de ellos declaró ningún tipo de divinidad o conexión divina. Shakiamuni aclara este hecho en todas sus enseñanzas, y hay muchas referencias en los varios comentarios que se podrían usar para respaldar el punto, pero quizás dos de ellas serán suficientes.

Uno es de un conocido maestro budista, y dice:

"Buda no era un dios. Era un ser humano como tú y yo, y sufrió tal como tú y yo"[1].

El otro es de un eminente historiador budista,

"El buda siempre insistió en que era un guía, no una autoridad, y que todas las proposiciones religiosas tienen que ser comprobadas, incluyendo las suyas"[2].

Claramente existen muchas implicaciones que surgen del humanismo básico del budismo. Por ejemplo, debido al hecho de que no se trata de un dios, ni de varios dioses, tenemos que ser cuidadosos cuando usamos palabras clave como *fe* y *oración*. Aparecen muchas veces en las escrituras sobre todas las religiones, inclusive el budismo. Pero si no hay un dios en quien creer, o a quien orar, entonces estas palabras tendrán un significado muy distinto, al que tienen dentro del contexto de nuestra tradición judeo-cristiana. Y claramente entender esta diferencia es crucial.

La noción fundamental de igualdad

Una implicación clave y absolutamente fundamental para cualquiera que se esté acercando al budismo por primera vez es que la sabiduría y la comprensión que se ha generado mediante este proceso de evolución a lo largo de los siglos, sobre la naturaleza y la motivación de la vida humana y las relaciones, se ha trasmitido a toda mujer y a todo hombre con base en la igualdad. La igualdad absoluta. Este es un punto muy importante, pero también difícil de entender, incluso para las personas que llevan años practicando. Esto se debe al hecho de que estamos acostumbrados en Occidente, incluso se podría decir que estamos condicionados, a creer que existe una vasta brecha *insuperable entre el maestro, el portador de la sabiduría, la figura de Jesús o de Mahoma*, y el resto de la humanidad, nosotros los seres humanos comunes y corrientes. En el budismo no existe esta brecha.

Shakiamuni nos dice muchas veces, para que no quede duda, que él es simplemente uno más de nosotros[3]. De hecho, deificarlo de alguna manera iría completamente contra la idea central de sus enseñanzas. Negaría la idea central de que el estado de vida que logró, lleno de esperanza, optimismo, valor y fortaleza, y a pesar de las adversidades en su vida, está disponible también para todos nosotros. Todos podemos aprender cómo lograrlo en *esta vida*. Esta enseñanza es el núcleo de la práctica[4].

Así que si nos despojamos de todas las historias, leyendas y mitologías que inevitablemente se han acumulado alrededor de una vida tan importante vivida hace tanto tiempo, Shakiamuni, y todos los budas históricos que existieron a lo largo de los siglos, fueron seres humanos comunes y corrientes. Sin lugar a duda, fueron extraordinarios en cuanto a su sabiduría, y a la claridad de visión que tenían y la profunda comprensión de la realidad de la vida humana. Y, sin duda, también extraordinarios en cuanto a su carisma, y sus habilidades de trasmitir su comprensión a otras personas. Pero más allá de esto, manifestaron muchas de las debilidades humanas. Y ellos también lucharon, como todos nosotros, para soportar las pruebas y tribulaciones que sufrimos los hombres y las mujeres comunes todos los días.

Y el mensaje claro acá es que la calidad fundamental que se encontraba en el centro de sus vidas, que se describe como *budeidad* o *naturaleza buda*, era parte de su *humanidad común y corriente*. No era algo aparte. Por otro lado, el budismo nos enseña que nosotros los seres humanos tenemos dentro de nosotros el *potencial* de lograr el mismo estado de vida. La importancia de esta comprensión se pone en evidencia cuando hablamos más detalladamente sobre el significado de la palabra budeidad, pero el punto clave es que no tiene nada que ver con una aspiración a la perfección o elevación. Para nada. No es una calidad *religiosa, y esta es quizás la idea equivocada más importante. No es más que una calidad humana, un recurso interno que todos podemos aprender a incorporar y a usar para ayudarnos a resolver las dificultades de la vida cotidiana.*

Así como lo expresa uno de los textos budistas,

"Nosotros, las personas comunes y corrientes, no podemos ver ni nuestras propias pestañas que están tan cerca, ni los cielos en la distancia. De igual manera, no somos capaces de ver que el Buda existe en nuestros propios corazones"[5].

Así que una práctica budista se trata básicamente de empoderar a las personas y así permitirnos usar todos los recursos que tengamos, tanto los espirituales como los intelectuales, para construir una vida sólida y llena de sentido para nosotros mismos y para las demás personas, ya que todos estamos inextricablemente conectados. Se trata de aprender cómo pensar acerca de nosotros mismos en términos de nuestras relaciones con otras personas, en cuanto a la compasión y el altruismo, en vez del individualismo adquisitivo. Lo anterior dado que el budismo, quizás más que cualquier otra religión excepto quizás la "religión" de la ciencia, nos recuerda constantemente las profundas implicaciones del hecho de que vivimos en un mundo *totalmente conectado*. Los medios masivos llevan más o menos una década hablando de la Aldea Global, pero el budismo siempre lo ha enseñado. Y ahora todos estamos al día. Todos entendemos claramente que ninguna parte del planeta nos queda demasiado lejos y que lo que les sucede a las personas comunes y corrientes en una calle destapada en Palestina, o en un pueblo africano, o en una parte remota de la costa japonesa, puede tocar las vidas de todo el mundo.

La relevancia moderna del budismo

Estos elementos característicos del budismo, su humanismo básico, o su humanismo dinámico, llamado así por su propósito de cambiar y mover nuestras vidas hacia el polo positivo, y su *inclusión ilimitada* son quizás las cualidades claves que le dan al budismo su relevancia universal y su extraordinaria y perpetua modernidad. Puede haber empezado en el parque de los venados en el pueblo de Sarnath al norte de la India hace tantos años, cuando Shakiamuni se sentó por primera vez a hablar con un pequeño grupo de personas sobre sus nuevas ideas, pero esto no significa que sea antiguo o que pertenezca a otra época. Sigue siendo muy relevante en nuestras vidas hoy en día.

Y la prueba de esto es que a lo largo de los últimos 40 o 50 años, miles de personas en Europa y América y en otras partes, hayan elegido abrirle un lugar al budismo en el centro de sus vidas. Por primera vez en su historia, durante una época que se podría llamar la más material y menos espiritual de todas las épocas del ser humano, el budismo se encuentra fluyendo fuertemente hacia el Occidente desde Japón y Asia, y hacia las partes del mundo que viven un estilo de vida occidental. De hecho, es la primera vez en su historia que el budismo está expandiéndose tan rápida y ampliamente en términos geográficos, y es la primera vez que tantas personas en Occidente han buscado el budismo para contestar sus preguntas fundamentales sobre la vida, el universo y todo lo demás.

No existe ninguna respuesta fácil para explicar este proceso. No se trata de la edad ni de ser parte de un grupo social específico. De hecho, es interesante considerar que las personas en Occidente que han adoptado el budismo como parte de sus vidas tienen orígenes muy distintos, de profesiones distintas, desde actores hasta plomeros, directores, taxistas y economistas. Personas comunes y corrientes, que viven en el mundo real, sacando adelante a sus familias y avanzando en sus profesiones, y cada uno de ellos eligiendo juntar todo dentro de un marco de principios y valores budistas. Es una verdadera revolución. De hecho, algunos historiadores religiosos han descrito este fenómeno como una nueva divergencia en la historia religiosa de Occidente. Un comentarista conocedor describe este movimiento moderno como algo de la misma importancia para la historia del budismo como lo fue la Reforma Protestante en la historia del cristianismo[6].

Lo que hace que este movimiento sea aún más asombroso es que no está ocurriendo gracias a misioneros o a maestros itinerantes, sino paulatinamente y de forma realmente moderna, de boca a boca, como resultado de una persona hablando con otra.

"Esta es mi experiencia. A lo mejor te puede ayudar en tu vida". ¡Que es en cierto sentido el fundamento sobre el cual se base este libro!

Además, está sucediendo en una época, como mencioné arriba, que se caracteriza mucho más por su materialismo desenfrenado y su cinismo que por su compromiso religioso, y a pesar del hecho de que una práctica budista es realmente exigente. Requiere de aplicación, esfuerzo y compromiso porque estamos aprendiendo una nueva serie de habilidades para la vida y una forma fundamentalmente diferente de pensar acerca de nosotros mismos y de nuestras relaciones, y de lidiar con los problemas que son una parte inherente a todas nuestras vidas.

Es claro que está llenando una necesidad percibida de una vida espiritual más fuerte y con más sentido para muchos de nosotros. Una búsqueda de algo más en nuestra vida; quizás una reacción contra las poderosas influencias del cinismo y el materialismo en nuestra sociedad. Hoy en día existen tantas cosas por hacer, y tantas cosas para desear en los centros comerciales, los supermercados e internet, que muchas veces nos sentimos *consumidos* por las *cosas*, el hacer, organizar, adquirir, el movernos de un evento a otro, de una fiesta a la siguiente, de un bar a otro. Pero, ¿es suficiente esto? ¿Es lo que realmente queremos? Finalmente, aunque hagamos todo lo posible por convencernos de que no lo somos, somos, sin duda, animales espirituales.

Madonna nos dijo muy persuasivamente que este es un mundo materialista y que ella era una chica materialista.

Puede que sea cierto, sin embargo, también hay una frase poderosa que nos dejó Bruce Springsteen y que trae consigo un mensaje totalmente diferente que quizás refleja un cambio creciente en el sentimiento social.

"Ha llegado la hora de empezar a ahorrar..." dijo... *"para las cosas que el dinero no puede comprar"*[7].

Las cosas que el dinero no puede comprar ... ¿A qué se puede estar refiriendo si no a una vida espiritual más profunda y con más sentido y que va más allá de los límites del materialismo? Lo que me parece notable es lo cercano que es este sentimiento a algo que escribió un gran maestro budista llamado Nichiren Daishonin para sus seguidores hace tantos años.

"Más valioso que los tesoros en un depósito", escribió... es decir, las cosas materiales... "son los tesoros del cuerpo"... es decir la Buena salud... "y los tesoros del corazón son los más valiosos de todos"... es decir, una vida espiritual activa y con sentido[8].

Y en lo más profundo de nuestro ser sabemos que esto es verdad ¿no?

La naturaleza de la iluminación

Pero volviendo a esa pregunta central sobre la fe en el budismo, en una religión que no tiene dioses, ¿qué puede significar el tener fe? Un obstáculo que tenemos que superar antes de poder llegar a esto es el tema de la iluminación de Shakiamuni, y la naturaleza de la realidad que llegó a entender. La iluminación es de alguna manera un *término técnico* en el budismo, y creo que considerarlo como tal nos puede ayudar mucho. De hecho, la palabra Buda básicamente quiere decir *el iluminado,* y proviene de un verbo en sánscrito que significa despertar, o estar consciente de, o conocer a profundidad. Y lo clave es que estas actividades son de escala humana. No tienen nada de Divino. Todos podemos despertar o estar conscientes, o conocer profundamente.

¿Entonces cómo debemos entender el despertar de Shakiamuni? De muchas formas, el concepto de un estado de ser o un estado de mente que se denomine *iluminación* es algo extraño para nosotros. Por cierto, no es una palabra que usamos todos los días. En una era básicamente intelectual y materialista nos encontramos más en sintonía y cómodos con explicaciones concretas y patrones científicos. Sin embargo, como todos sabemos, nuestra humanidad es mucho más compleja de lo que se puede examinar en un laboratorio, sobre todo cuando la vivimos en su nivel máximo. Así que debemos aceptar que, al usar una palabra tan inusual como lo es la palabra iluminación, estamos tratando de explicar algo que es muy difícil de precisar, pero que de todos modos sigue siendo una parte totalmente válida de la experiencia humana. Dicho de otra manera, la iluminación involucra una visión de la realidad totalmente distinta. Por ejemplo, se me ocurre una analogía que podría explicar la idea y es el cambio de fase, como se denomina en la física, que sucede cuando el agua se convierte en hielo. Permanece exactamente igual en cuanto a su sustancia molecular, no se ha añadido nada ni quitado nada, pero al mismo tiempo revela una transformación total.

La interrelación entre todo

Sin embargo, las metáforas solo nos pueden ayudar hasta cierto punto. Ha habido muchos intentos por explicar las *implicaciones* de la experiencia de Shakiamuni, y estos contienen muchas ideas que se han convertido en los pilares del pensamiento budista. Así que miremos un par de estas ideas a ver si nos ayudan a entender. Por ejemplo la profunda *interconexión* entre todas las cosas del universo, desde la tierra debajo de nuestros pies hasta las grandes galaxias en el espacio. Shakiamuni nos enseñó que todo está interconectado, mucho más allá de lo que podemos percibir y entender con nuestros sentidos.

Quizás lo más extraño para nosotros es que los científicos más eminentes de hoy en día nos hablan de manera muy parecida. El ya difunto físico estadounidense y Premio Nobel Richard Feynman, por ejemplo, nos dice:

"Primero que todo existe la materia y, extraordinariamente, toda materia es igual. La materia de la cual están hechas las estrellas es igual a la materia en la tierra... los mismos tipos de átomos existen en las criaturas vivas y las no vivas; los sapos están hechos del mismo "pegote" que las rocas, solo que la materia está organizada de otra manera"[9].

No es fácil encontrar otro científico que pueda usar la palabra pegote en un texto científico de manera tan natural. El hecho de que Feynman describa una profunda conexión entre los sapos y las rocas es sorprendente de por sí, pero lo que nos dice en un lenguaje clarísimo es que toda materia, animada e inanimada, está profundamente interconectada.

Y el importante filósofo-científico Daniel Dennett nos dice prácticamente lo mismo desde una perspectiva ligeramente distinta.

"Solo existe un árbol genealógico en el cual se pueden encontrar todos los seres que han vivido en esta tierra, no solo los animales

sino también las plantas, las algas y las bacterias. Tú compartes un ancestro en común con cada chimpancé, cada gusano, cada brizna de hierba, cada árbol de secoya"[10].

"*...todos los seres que han vivido en esta tierra*". Es una frase que nos quita el aliento. Pero consideremos las implicaciones. Significa que las rosas que le regalas a tu pareja en tu aniversario tienen un ADN muy similar y cercano al de la mano que las sostiene. El perro de familia que te lleva a caminar todas las mañanas con todo su amor, como hace el mío, cuelga del mismo *árbol genealógico que tú. Con toda certeza no podría haber una confirmación más contundente de la percepción de interconectividad universal que* Shakiamuni manifestó hace ya tantos años.

La profunda verdad sobre el cambio universal

Miremos ahora la percepción de Shakiamuni que yace en el centro de la enseñanza budista: que la naturaleza inherente de todas las cosas es el cambio o la impermanencia. No importa qué tanto nos aferremos a la idea de que nos vamos a quedar con lo que tenemos, e independientemente de cuánto queramos que las cosas se queden tal y como están, *nada es igual de un momento a otro. Todo lo que es o fue en algún momento, cada vida, nacimiento, relación, pasa por el mismo ciclo sinfín de nacimiento, crecimiento, decadencia y muerte.*
Convertirse, crecer, decaer, morir.
Formar, continuar, decaer, desintegrarse.

Nuevamente, esto va totalmente de la mano con el mensaje que nos llega desde la ciencia moderna. Lo único que cambia es el periodo del ciclo, desde la millonésima parte de un microsegundo que dura la vida de una partícula subatómica, hasta la duración de la vida de una cachipolla, o un ser humano, o una montaña, o los eventos dramáticos que suceden en la vida de una estrella como por ejemplo nuestro sol a lo largo de millones de años. La ciencia ha ido descubriendo y nosotros hemos ido comprendiendo que todos llegamos a existir, crecemos, decaemos y morimos.

Vale la pena añadir que hay una extraordinaria paradoja en todo esto, una de tantas en el budismo, y es que en este subyacente ciclo universal de flujo y cambio que afecta todo sin excepción, existe una constancia; la constancia invariable del ritmo que sustenta y apoya el ciclo eterno desde el nacimiento hasta la muerte.

La vida no es un ensayo general, es tu única función

Pero de todo esto, independientemente de cualquier elemento de la historia sobre la iluminación que no podamos entender del todo debido a, es bueno recordarlo, las *limitaciones* de nuestra propia experiencia o imaginación o nuestra resistencia a creer, sea la que sea la naturaleza precisa de las verdades que percibió Shakiamuni, el elemento clave al que debemos aferrarnos es que lo que *resultó* de su experiencia está muy claro. El inmenso poder conmovedor que experimentó lo cambió para siempre. Se convirtió en un hombre totalmente diferente para el resto de su vida. Se parece mucho a la experiencia de Saúl en el camino a Damasco que lo transformó para que dejara de ser un perseguidor de cristianos, y lo convirtió en Pablo, el gran maestro y arquitecto de la iglesia Cristiana. No fue Jesús quien creó la iglesia Cristiana, ni Pedro, fue Pablo. Pero en el caso de ambos, Pablo y Shakiamuni, sus experiencias encendieron un fuego en ellos tan fuerte que nunca más se extinguió.

Después de esto, Shakiamuni nunca más pudo separar su existencia como ser humano de su deseo de enseñar la verdad a la cual había llegado sobre las vidas que todos llevamos, ni de su deseo de mejorar el bienestar de toda la humanidad. Tenía el propósito de revelar un nuevo *entendimiento sobre lo que es la realidad*, qué es lo que significa la iluminación. Y en el núcleo de este nuevo entendimiento yace la aparentemente simple pero revolucionaria idea de que la vida no es un *ensayo general* para un misterioso "más allá", sino que es nuestra *única función,* y entonces tiene sentido aprender a construir una vida mejor para nosotros mismos, *hoy*, en el aquí y ahora.

Enseñó durante muchos años, más de cincuenta. Durante ese periodo fue implacable en sus esfuerzos por trasmitir la esencia de su nueva comprensión de la realidad, y de esta manera cambiaba de forma *práctica* las vidas de las personas comunes y corrientes. En el centro de su enseñanza yacía el claro mensaje de que el nuevo entendimiento de la vida y la motivación humana que había obtenido, a pesar de ser radical en sus implicaciones, no era de ninguna forma *divino* ni se encontraba más allá de la existencia normal de un ser humano. Era imposible que lo fuera, ya que él no era nada más ni nada menos que un ser humano. Lo que había llegado a entender era simplemente el alcance más alto de la mente humana.

Era claramente un hombre con mucho carisma que inspiraba a muchas personas. Hablaba de la posibilidad de subir a las personas por una escalera de entendimiento, y siempre orientaba su enseñanza a un nivel que podía ser comprendido por cualquier audiencia. Así que no era remota ni teórica ni se encontraba lejos de las preocupaciones de las personas comunes y corrientes. Pero visto en el contexto del brahmanismo, era la primera vez que se escuchaba algo parecido a lo que él estaba enseñando.

Visto que su enseñanza eliminó la sabiduría en ese entonces tradicional de un panteón de dioses que básicamente controlaban el destino humano, e introdujo una realidad totalmente novedosa que tenía que ver con la liberación del espíritu humano. La verdadera gran aventura de la auto reformación, como ha sido descrita[11].

Fue esta filosofía poderosa y a *escala humana,* enfocada en la vida diaria y expresada en el dialecto de las personas comunes y corrientes y no el dialecto de la clase brahmánica, la que tocó y atrajo a personas de todo tipo de orígenes; ricos, pobres, jóvenes, viejos, educados y analfabetos. Todos querían verlo y escucharlo en persona. La imagen más cercana es la de una figura como Gandhi, que fue inmensamente accesible y compasivo, rodeado por una multitud que lo escuchaba atentamente a medida que enseñaba sobre un nuevo tipo de esperanza y posibilidad para vidas comunes y corrientes.

La enseñanza radical del Sutra del Loto

¿Pero exactamente qué era esa nueva esperanza y posibilidad? Se expresa de manera más completa y poderosa en una enseñanza, o un Sutra, llamado el Sutra del Loto. Este fue el impulso primario de la misión de Shakiamuni durante la fase final de su vida como maestro. Representa la cumbre de la escalera de aprendizaje por la cual llevaba a sus seguidores, y se describe como el núcleo y la esencia del trabajo de su vida. El Sutra del Loto es el texto principal del budismo Mahayana, que abarca el budismo Nichiren. Es un texto largo y complejo lleno de historias y parábolas, y equivalente a la Biblia y al Corán en términos de que es uno de los grandes textos religiosos de la historia humana. Como lo describió Daisaku Ikeda, una de las autoridades más importantes sobre el Sutra del Loto, en el centro de la filosofía que el Sutra nos enseña yace la percepción de que *"...la determinación interior de una persona puede transformarlo todo; eleva a su máxima expresión el potencial infinito y la dignidad inherente a cada vida humana"*[12].

El Sutra del Loto es considerado una poderosa metáfora de muchas capas para una multitud de factores, uno de los más importantes, sin lugar a duda, es que la planta del loto crece en entornos cenagosos y fangosos y, sin embargo, produce una flor de extraordinaria belleza. Así que es simbólico del inmenso potencial que puede ser revelado, creado y sacado de las circunstancias ordinarias, mundanas y confusas de nuestras vidas diarias, independientemente de cuán difícil y retadoras sean las circunstancias originales de esa vida.

Así que con el Sutra del Loto, Shakiamuni básicamente trasformó el mundo. En un momento en el que las personas pensaban que estaban limitadas y cercadas por conceptos externos poderosamente controladores como el destino y el deseo de los dioses, Shakiamuni les enseñó que no tenía por qué ser así, que aquella no era una representación acertada de la realidad de la vida humana. Dijo que todos podían llegar a entender que el ser humano llevaba su destino *en sus propias manos*. Que nuestras vidas son nuestras para formar y para hacer. Que tenemos los recursos *dentro de nosotros mismos* y la libertad de escoger y tomar el control sobre nuestras vidas y llevarlas en cualquier dirección que queramos, con la única condición de que aceptemos total responsabilidad por nuestras elecciones y sus implicaciones para los que nos rodean. Esta preocupación por los demás es la base de la moralidad budista, que vamos a mirar en mayor detalle más adelante.

Incuestionablemente, era una enseñanza revolucionaria entonces y es por esta razón que se propagó como un incendio arrasador a través del sureste asiático. Pero yo sugeriría que también es incuestionable el hecho de que la enseñanza sigue siendo revolucionaria hoy en día. Esta sabiduría acumulada sobre el aprender a crear para uno mismo una vida mejor y más feliz, independientemente de nuestras circunstancias, independientemente de los problemas o los retos que encontramos todos los días, sigue tratándose del *presente* y no del pasado. Sigue mostrando su inmediatez y relevancia directa, a pesar de los grandes cambios inmensos e inmensurables que el ser humano ha vivido en todas las áreas de la vida.

Pero, por supuesto, estos son *cambios externos*, mientras que nuestra *humanidad interior* sigue siendo igual. Seguimos encontrándonos, por ejemplo, *limitados* por las dudas y los miedos. Miedos a tantas cosas, miedo a nuestra ineptitud, miedo al rechazo, miedo a perder, a fracasar, y a muchas cosas más. Los problemas siguen derrumbándonos y a veces las dificultades parecen ser tan avasalladoras que no sabemos qué hacer ni a quién pedirle ayuda. Sigue siendo difícil para nosotros reconocer y aceptar, por no hablar de hacer uso de nuestros recursos interiores de valentía, esperanza y optimismo, para vivir nuestras vidas de manera plena.

De hecho, algunas de las enseñanzas centrales del budismo sobre cómo reconocer y aprovechar nuestros recursos interiores para superar muchos de los impulsos negativos y las respuestas que experimentamos, han sido adoptadas por muchos de los psicólogos modernos más importantes para ayudar a las personas con cuadros de depresión e infelicidad persistentes[13].

Entonces el budismo sigue tocando y cambiando las vidas interiores de cada vez más personas, en Occidente tanto como en Oriente. Si preguntamos por qué, veremos que la respuesta tiene muchas ramas. Pero sin duda una de ellas será que hay algo inmensamente poderoso y fortalecedor en esta idea principal, que proviene directamente de Shakiamuni y de Nichiren Daishonin, de adueñarnos de nuestra vida de manera racional y positiva, y direccionarla hacia donde queramos viajar. Todos queremos saber cómo hacerlo. Y esto nos devuelve al asunto de la fe, que es donde empezamos en este capítulo. ¿Qué hemos aprendido entonces sobre la fe en el budismo?

La cuestión clave de la fe

Se podría describir como la pregunta más importante de todas, porque la fe es una palabra muy cambiante y al tratar de especificar su sentido para los budistas claramente tenemos que establecer lo que significa ... y lo que *no* significa, para así terminar con una comprensión mucho más fuerte y mucho más clara del territorio. No tiene ningún sentido continuamente aconsejar que *tengamos fe* si realmente no entendemos qué quiere decir eso.

En las religiones más grandes del mundo y que mejor conocemos, como el cristianismo, el judaísmo y el Islam, por ejemplo, sabemos que la palabra fe se usa para unir todos los elementos de la enseñanza que se encuentran más allá del alcance de la prueba o la verificación, o más allá del alcance de la experiencia humana. Inevitablemente, en las religiones que lidian con la naturaleza de la divinidad, con cómo esta funciona en el mundo, y con la desconocida vida después de la muerte, esos elementos inescrutables y no comprobables son muy sustanciales. Así que una fe de este tipo tiene un papel muy importante. El creyente en estos casos tiene que *dar un salto de fe* para aceptar esos elementos de la enseñanza o la doctrina.

Y en este contexto, la palabra *salto* describe muy precisamente lo que se nos pide hacer, que es dejar la *base sólida* de nuestra experiencia, de lo que indiscutiblemente *sabemos*, y poner nuestra confianza y creencia en algo que se encuentra más allá de la experiencia normal, y que siempre estará más allá de nuestra experiencia como seres humanos. No estoy sugiriendo que un salto de fe es difícil de dar, y claramente no lo es dado el enorme poder sostenedor que el cristianismo y el Islam han representado para millones de personas durante los últimos dos mil años. Y también quiero aclarar que esto no es un juicio de valor de ningún tipo. Solo quiero explorar las diferencias en la forma en que usamos esta palabra clave, *fe*. He asistido a muchos entierros cristianos y musulmanes, por ejemplo, y no tengo la menor duda del inmenso consuelo y apoyo que provee la profunda fe de las personas presentes.

Está claro entonces que en todas estas religiones principales, le fe tiene mucho que ver con la fuerte *creencia* en los poderes de Dios y Alá, y el papel decisivo que tiene este poder en las vidas diarias de las personas. Es decir, este tipo de fe, tan arraigada en nuestra cultura occidental, tiene mucho que ver con entidades, poderes y personas que se encuentran *fuera de uno mismo*.

De hecho, argumentaría que la idea de dar un salto de fe se encuentra ahora tan arraigada que se ha convertido en el sentido básico de la palabra; siempre que usamos la palabra fe en Occidente nos estamos refiriendo a algo *más allá*, algo *fuera* de nosotros mismos, y creo que estar conscientes de esto nos puede ayudar.

Esto nos devuelve al hecho principal de que, como en el budismo no existe un dios todopoderoso y externo a nosotros, la palabra tiene que tener un sentido muy distinto. Y desde el comienzo entendemos que la diferencia fundamental en el budismo Nichiren es que la fe no se debe entender como la creencia en algo externo, algo fuera de nosotros mismos. La palabra solo tiene sentido en relación con una calidad o un poder que estamos buscando *adentro*. Como lo ha expresado Nichiren Daishonin en muchas ocasiones,

"A menos de que perciba la verdadera naturaleza de su vida... Si busca la iluminación por fuera de usted mismo, incluso el hecho de realizar diez mil prácticas o diez mil actos virtuosos terminará siendo en vano. Es como el caso de un hombre pobre que pasa los días y las noches contando el dinero de su vecino, pero no gana para sí mismo ni media moneda"[14].

Entonces, ¿qué puede significar la fe en este contexto si vamos a percibir la verdadera naturaleza de nuestra vida?

La respuesta sorprendente es que la fe en el budismo se trata esencialmente de creer en uno mismo. Y está relacionada directamente con la fuerza del deseo o la determinación que podamos reunir, *dentro de nuestra vida*, para actuar o vivir de acuerdo con los valores y principios budistas. Implica una lucha, por llamarla así, contra nuestras propias debilidades o falta de autoconfianza, para poder crear una vida poderosamente resistente, positiva, optimista y compasiva, y que constantemente busque crear valor en cualquier situación en la que nos encontremos[15].

Entonces, la fe en términos budistas es básicamente igual a la determinación y la autoconfianza que tratamos de reunir para perseguir *cualquier* objetivo en nuestra vida. Nos damos cuenta de que tenemos que acudir a lo más profundo de nuestro ser para lograr el éxito en una carrera que hayamos elegido, o para salir de una crisis, o superar una enfermedad, o para crear una relación duradera y plena. La diferencia fundamental es que en este caso el creer en nosotros mismos se ancla en la poderosa filosofía humanística que Shakiamuni introdujo al mundo, y que fue ampliada por una serie de pensadores y maestros notables a lo largo de casi tres mil años.

Así que la fe en el budismo también se trata de *método*, de *cómo* desarrollar este tipo de vida, este tipo de autocreencia duradera.

Para explorar esta historia tenemos que mirar brevemente a uno de los maestros más importantes y controversiales, a quien ya he mencionado varias veces y que ha desempeñado un papel muy importante en la evolución y transmisión de la enseñanza budista al mundo moderno. Su nombre es Nichiren Daishonin.

Nichiren Daishonin

Nichiren nació en 1222, hijo de una familia común y corriente en un pueblo de pescadores en la costa oriental del Japón. Ingresó a un monasterio cuando tenía 12 años, básicamente por que los monasterios eran los únicos sitios donde los muchachos podían recibir educación. A los 16 años se convirtió en monje, y estaba claro que gozaba de cualidades muy inusuales como el compromiso y la constancia, pues dedicó la siguiente fase de su vida, es decir toda su juventud, a una búsqueda personal para descifrar la confusión en el pensamiento y el conflicto que existía en ese momento entre las varias escuelas budistas del Japón.

Durante quince largos años estuvo viajando y visitando los monasterios principales del país, para estudiar sus colecciones de antiguos textos budistas. Meticulosamente trazó el hilo principal de las enseñanzas de Shakiamuni hasta regresar, a través de los comentarios japoneses, chinos e hindúes, al núcleo mismo del Sutra del Loto. Así que se podría decir que las cartas y demás escritos de Nichiren, que todavía existen y se han traducido a muchos idiomas, nos unen directamente con las palabras y la intención original de Shakiamuni.

Aquella búsqueda personal hizo que Nichiren se convirtiera, al igual que Shakiamuni antes que él, en el reformista religioso y social de más autoridad y persistencia de su época. Y era absolutamente valiente. Vivía en una sociedad rígidamente feudal gobernada por una dictadura militar poderosa y despiadada, dentro de la cual varios sacerdocios sectarios controlaban e influenciaban todas las áreas de las vidas de las personas. Las mujeres y aquellas personas que se encontraban en los niveles más bajos de la sociedad estaban casi totalmente privadas de sus derechos. Pero en medio de todo esto, Nichiren predicaba activamente sobre un budismo que hablaba de la igualdad total en términos de los derechos de las personas, hombres y mujeres por igual, el respeto hacia el individuo independientemente de su estatus en la sociedad, y el potencial que tienen todos los hombres y todas las mujeres de crear vidas mejores y más plenas para sí mismos, sin importar su posición en la jerarquía social. Era realmente revolucionario, e inevitablemente fue perseguido durante casi toda su vida por las autoridades militares y los establecimientos religiosos.

A pesar de los constantes y duros desafíos que debió afrontar para cumplir con su misión de comunicar extensamente estas verdades revolucionarias, pasó toda su vida entre personas comunes y corrientes, entre campesinos y artesanos, explicando la esencia de las enseñanzas de Shakiamuni, animándolos a ver su budismo como un acercamiento práctico a cómo vivir sus vidas, no como algo externo sino como parte de sus experiencias diarias. Les escribió constantemente, y como ya mencioné, estas cartas, o *gosho* como se llaman en japonés, todavía existen para los lectores de hoy, apoyando y guiando a personas comunes y corrientes para que lidien con su sinnúmero de problemas cotidianos. Problemas que eran tan cotidianos entonces como lo son ahora; un hijo enfermo, el duelo por la muerte de un esposo, el conflicto con un empleador, la incertidumbre sobre cómo manejar una situación particularmente retadora.

Su mensaje es siempre realista y concreto, positivo y lleno de esperanza y optimismo. Pero siempre trata de profundizar su conocimiento de la paradoja que yace en el núcleo del budismo; la comprensión de que, aunque instintivamente rechazamos y nos escondemos de los problemas de la vida, el hecho es que es solo cuando nos enfrentamos a ellos, cuando los aceptamos y los retamos a medida que surgen, que podemos construir el valor, la fortaleza espiritual y la autoconfianza perdurable que todos buscamos. La única manera de aprender que somos inmensamente capaces de superar los problemas es precisamente superándolos. No hay ninguna otra forma.

Entonces Nichiren enseñó que cuando nos sentimos bajos de nota o cuando nos falta creer en nosotros mismos y en el valor del que hemos hablado, cualquier problema puede parecer gigantesco y abrumador. Mientras que cuando incrementamos nuestro valor y confianza, retando y superando los problemas, incluso los problemas más difíciles no parecen ser tan desalentadores ni insuperables. Básicamente la idea no es enfocarnos en cómo eliminar los problemas de nuestra vida, cosa que es un engaño manifiesto, algo imposible ya que no existe vida sin problemas. Lo que debemos buscar, enseñó Nichiren, es la fortaleza espiritual interior, la confianza interior que nos ayude a superarlos y que es totalmente posible de lograr.

Básicamente, esto es lo que significa la fe en el budismo.

A lo largo de su vida, Nichiren fue como San Francisco en la tradición católica; mostró compasión hacia todo el mundo y tenía una valentía inquebrantable en su propia vida, de modo que las personas comunes y corrientes se sentían atraídas a seguirlo y a apoyarlo independientemente de los retos que enfrentaban. Algunos de sus seguidores incluso decidieron dar sus vidas por él cuando fueron amenazados con la ejecución si no dejaban de apoyarlo.

Si exploramos la historia más reciente en búsqueda de una figura parecida, para ayudarnos a entender la clase de persona que fue Nichiren, alguien que también luchó, virtualmente solo, y se enfrentó a una resistencia profundamente arraigada para incitar cambios profundos de este tipo en la sociedad, esa persona podría ser Gandhi, Mandela o Martin Luther King.

El legado de Nichiren

Cuando murió a los 60 años Nichiren dejó un legado extraordinario, en el sentido de que su búsqueda personal por volver a establecer la primacía del mensaje del Sutra del Loto proporcionó la base esencial para la diseminación del budismo Mahayana, que a pesar de haber estado encerrado en el Japón hasta la liberalización general de la sociedad japonesa inmediatamente después de la Segunda Guerra Mundial, finalmente logró salir de Asia hacia el mundo occidental.

Pero se podría decir que Nichiren llegó más allá que cualquier otro maestro budista, ya que desde su profunda comprensión de la vida humana, que obtuvo durante los largos años de vivir y trabajar entre las persona comunes y corrientes, creó un método inmensamente simple y concreto para permitir que las personas pudieran establecer una *práctica budista efectiva, como parte de sus vidas diarias, independientemente de cuán ocupadas estuvieran y cuántas responsabilidades tuvieran. Esta fue su gran, y de muchas formas* incomparable, contribución, la de crear un modelo de práctica budista que es totalmente accesible para las personas comunes y corrientes que viven en un mundo moderno, ajetreado y activo. Es por eso que a veces se le conoce como el Buda de la era moderna.

No cabe duda, muchísimas personas en el mundo occidental moderno atestiguan que la combinación de creer en uno mismo junto con la determinación de lograr el cambio personal, que se puede generar a través de la disciplina diaria de la práctica del budismo Nichiren, puede llegar a ser una fuerza poderosamente benéfica. Y, una vez más, es sorprendente y reconfortante encontrar percepciones parecidas, expresadas en términos parecidos, en la literatura científica moderna y secular. Se trata de creer en uno mismo, se trata del esfuerzo y de la determinación. Como lo expresó un psicólogo entre muchos, por ejemplo:

"...disfrutar de un incremento en tu propia felicidad es posible, si estás preparado para hacer el trabajo que esto implica. Si tomas la decisión de ser más feliz en tu vida y comprendes que esta es

una decisión de peso que va a requerir de mucho esfuerzo, compromiso y cierto grado de disciplina, lo puedes lograr"[16].

La prueba real

Así que se podría argumentar que el budismo de Nichiren Daishonin nos ofrece la oportunidad de poner a prueba las afirmaciones que hace. Toma la decisión, nos dice este budismo, inspírate en esa creencia en ti mismo, en esa determinación de que estás preparado para lidiar con las cosas de tu vida que quieres cambiar…"*Esfuérzate en los dos caminos de la práctica y el estudio*"[17], como dijo Nichiren, y observa los resultados en tu propia vida, para ver si cumple o no su promesa.

Y ese "si cumple o no" es de crucial importancia. Ambas opciones son totalmente válidas. No es una práctica que uno pueda seguir con base en la creencia de otra persona. Pero fue el proceso que yo seguí hace unos 20 años, ¡con mucha duda y escepticismo como ya mencioné! Sin embargo, una dosis saludable de escepticismo, o incluso una dosis grande, es útil porque es lo que nos permite hacer las preguntas difíciles que exigen respuestas. Fue así como yo hice la travesía, al igual que muchos otros antes y después que yo, y pasé de un profundo escepticismo a un compromiso igual de profundo frente a una práctica que ha traído inmenso valor y alegría a mi vida. Y, sin duda, a las vidas de las personas que me rodean.

Las personas a menudo me preguntan "*¿De dónde sacas tu espíritu constantemente positivo?*", y la única respuesta que tengo es que lo saco de mi práctica diaria del budismo Nichiren.

Capítulo Cuatro

¿El budismo y la felicidad?

¿Es realmente necesario hablar de la naturaleza de la felicidad? Es una emoción tan escurridiza y tan subjetiva que al hablar de ella nos arriesgamos a dar vueltas y vueltas sin sentido. Y de todos modos, independientemente de lo difícil que sea llegar a una definición ¿de qué nos serviría definir la felicidad? Es como el sabor de las fresas, quizás no lo podamos describir pero todos lo reconocemos cuando lo experimentamos.

Ambos argumentos son válidos. Es precisamente por el hecho de que es un término tan escurridizo que podríamos beneficiarnos de una discusión, así sea breve, sobre lo que realmente significa para nosotros la felicidad en este mundo. Personalmente, creo que es muy importante ser un poco más exigentes con nosotros mismos en cuanto a tomarnos el tiempo para pensar más claramente y aterrizar nuestros pensamientos. Por lo menos esta palabra, a mi modo de ver, se encuentra en tal peligro de ser utilizada en exceso que su sentido se puede diluir gravemente.

Y hay otras razones que son igualmente convincentes, más que todo quizás el hecho de que si uno está interesado en el budismo o si lo practica, es algo inevitable. Por ejemplo, es imposible que no hayas notado cuántas veces se ha mencionado la palabra felicidad en el texto hasta ahora, y esto refleja el hecho de que esto sucede mucho también en las discusiones budistas. En efecto, a menudo los budistas dicen que la razón de ser fundamental de su práctica es nada más y nada menos que la felicidad para ellos mismos y para los que los rodean. Y si lo pensamos bien, esto también es algo sorprendente, en el sentido de que si yo les pidiera que buscaran la palabra "felicidad" en otras liturgias religiosas, ¡quizás nunca regresarían! ¿Por qué? Porque tendríamos que buscar mucho para encontrar esta palabra en esos contextos; la felicidad en el aquí y ahora, es decir, *en esta vida*, y no en un más allá celestial. Esta es una distinción muy importante. El hecho de que la mayoría de las religiones no habla de la felicidad en esta vida como algo que tenga que ver con el *propósito* de su existencia. De hecho, muchas religiones ni siquiera hablan de la felicidad.

El poder del libre albedrío

El budismo habla de la felicidad y lo hace de manera muy clara. Quiero añadir que esta observación no es un juicio de valor, es simplemente eso, una observación, y una de las cualidades fundamentales que diferencia claramente al budismo, ya que se presenta desde el comienzo como algo que permite que las personas comunes y corrientes puedan lograr la felicidad en esta vida. No la felicidad después de la muerte, ni en una utopía. O una visión de una vida placentera que esperamos lograr *cuando* hayamos logrado esto o aquello, o cuando hayamos vencido este o aquel obstáculo.

La palabra *cuando* cobra importancia. Muchos de nosotros nos encontramos mentalmente atrapados en la *prisión del cuando*, como lo denominan los psicólogos. Esta tendencia de persuadirnos a nosotros mismos de que solo cuando hayamos logrado este o aquel cambio, entonces quizás podremos lograr la felicidad que buscamos, y esta noción se convierte en una barrera autoimpuesta que no nos deja pasar a un mejor momento.

En cambio, el budismo enseña que tenemos que reconocer el inmenso poder que reside dentro de nuestro libre albedrío. Que, aunque no lo entendamos o aunque no lo creamos, tenemos en nuestro interior los recursos que necesitamos para elegir establecer un sentido estable de bienestar en nuestras vidas. No cuando se haya añadido o quitado algo sino *ahora*. Argumenta que podemos aprender, que podemos entrenarnos, para lograr ese objetivo ahora mismo, independientemente de lo desafiantes o molestas que puedan ser las circunstancias de nuestra vida.

Esta idea es inmensa y puede llegar a cambiar nuestras vidas. Sin embargo, es también tan inusual y contraintuitiva que es muy difícil de aceptar. Nos decimos que no tiene sentido, que debe haber alguna trampa. Personalmente, tardé mucho en entender que no hay ninguna trampa, que la única trampa es primordialmente el hecho de que tendemos a no creer en nosotros mismos, nuestra falta de convicción en nosotros mismos. Fue mucho más adelante que entendí lo fuertemente arraigado que se encuentra este concepto, muy importante para los budistas, en el trabajo de muchos de los sociólogos modernos.

Por ejemplo, Martin Seligman, profesor de psicología en Pennsylvania State University, y uno de los fundadores de la escuela de la psicología positivista, habla del asunto en su libro *Lo que puedes cambiar y lo que no puedes cambiar.*

"El optimismo se puede aprender. Una vez que lo aprendamos esto incrementa nuestros logros en el trabajo y mejora nuestra salud física"[1].

Este es un punto crucial ¿no es cierto? No se trata solo de sentirse bien por dentro. Dice que la felicidad asociada con el optimismo aumenta y mejora nuestra vida en todos sus aspectos.

Como ya hemos visto, Daniel Goleman psicólogo y escritor científico, dice casi exactamente lo mismo.

"Así como la felicidad y el desespero se pueden aprender, el optimismo y la esperanza también se pueden aprender. Subyacente a estos se encuentra una visión de vida que los psicólogos denominan autoeficacia, la creencia de que uno tiene el dominio sobre su propia vida y de que puede resolver los retos a medida que vayan apareciendo"[2].

Lo que dicen es que tenemos una clara posibilidad de elegir. Si hasta ahora hemos construido en nuestras vidas una falta de esperanza, o incluso el pesimismo y el desespero, una vez que nos concienticemos de esto podemos aprender a remplazar estos estados de vida negativos con el optimismo y la esperanza. Lo anterior es una confirmación poderosa de la propuesta que el budismo siempre nos ha presentado. Una práctica budista se trata de construir un individuo completamente capaz que pueda hacer precisamente lo que Goleman afirma. Es decir, tener la valentía para *resolver los retos a medida que vayan surgiendo*, y no ser derrotado por ellos.

La visión budista ... y los científicos
Así que el budismo, con su humanismo esencial y enfoque en el poder del espíritu humano, se propone definir una

felicidad más amplia para el individuo y para los demás en el aquí y ahora, como el objetivo fundamental de la vida humana. Y a medida que escribo esto, después de muchos años de práctica budista, estoy completamente consciente de lo intrépida, intransigente y generadora de valor que resulta esta idea como una visión de vida. La felicidad, dice el budismo, es lo que buscamos. Y llama la atención que esto se escribió hace muchos siglos, cuando la vida era mucho más difícil de lo que es ahora.

Y, nuevamente, lo extraordinario es lo cercano que llega a ser este principio con las perspectivas de los biólogos evolucionarios y los psicólogos positivistas, quienes argumentan, basados en investigaciones, que la búsqueda de la felicidad es la máxima fuerza motivacional en la vida. ¿Qué significa *máxima* en este contexto? Significa que no requiere de definiciones adicionales. Habla por sí misma. Puede que inicialmente lo expresemos de otra manera; por ejemplo, que queremos ser más saludables, tener un mejor trabajo o calificación, o cualquier otro deseo que tengamos, pero estos elementos son importantes en el sentido de que contribuyen a nuestra felicidad. Son peldaños que nos llevan a nuestro objetivo final. Es más, los científicos han demostrado claramente, para su satisfacción, que la felicidad es una cualidad realmente universal. Atraviesa todos los límites que nos podamos imaginar: incluyendo los de estatus, nacionalidad, religión y etnia. Por decirlo de otra manera, es un elemento fundamental de la condición humana[3].

Este alineamiento tan cercano de visiones nos da una perspectiva diferente. Significa por ejemplo que esta poderosa idea, si bien inusual, que nos ofrece el budismo se trata de simplemente reconocer el carácter esencial de nuestra naturaleza humana universal. No hace más que señalar que esta es la motivación más importante de la vida humana y que es algo que se puede emplear como un instrumento de cambio que nos permita vivir vidas más ricas y más plenas.

Una comprensión común

Dado que tiene un papel clave en nuestra motivación universal, por no mencionar nuestra práctica budista, mi punto clave es que resulta muy afortunado que compartamos un entendimiento común de lo que queremos decir cuando usamos esta palabra, muchas veces sobreutilizada, en lugar de simplemente suponer que tenemos una comprensión común.

Y este parece ser un problema genuino tanto dentro como fuera del budismo. Alguien tan supremamente eminente en el campo como lo es Martin Seligman, por ejemplo, exclama en su libro *Florecer* que la palabra felicidad.

"...está tan sobreutilizada que prácticamente ha perdido su significado. Se trata de un término inviable para la ciencia, o para cualquier otro fin práctico como la enseñanza, la terapia, la política pública o el cambio de vida a nivel personal" [4].

Decir que "prácticamente ha perdido su significado" quizás sea un poco fuerte, pero demuestra el punto de que la palabra felicidad en la lengua moderna, o para el oído moderno, es sin duda un poco... ¡un poco insustancial! Para muchos, y me incluyo, significa primordialmente cosas como alegría, júbilo, risas y caras sonrientes, todas facetas importantes que no creo que podamos ignorar. No sería justo ni para nosotros ni para esta discusión. En particular, debido a que en las enseñanzas budistas y en la investigación científica enfocada en la psicología positivista la felicidad no se trata de júbilo ni de caras sonrientes.

¿Y qué se dice sobre el bienestar?

Quizás un término más apropiado en ambos contextos, que para mí tiene mucho más sentido, y que ya se ha usado muchas veces en este texto, es la palabra bienestar. ¿Por qué? Porque claramente expresa una emoción mucho más amplia, profunda y sólida. Un día, hace poco, estaba hablándole a una audiencia de empresarios sobre el budismo, y la frase *"la felicidad en el lugar de trabajo"* fue recibida de manera fría y algo cínica. Pero tan pronto cambié la palabra y empecé a hablar de *"bienestar en el lugar de trabajo"* hubo una comprensión inmediata del tema; es decir, un estado de vida mucho más estable, sustancial y enfocado que el simple júbilo y las risas.

Y, nuevamente, esta distinción está respaldada entre la comunidad científica. Como lo explica Daniel Goleman detalladamente en su libro *Trabajando con inteligencia emocional*[5], *cuando se compara la efectividad o la productividad de las personas en el trabajo, a menudo las diferencias se encuentran no tanto en el saber hacer o el conocimiento técnico, sino mucho más ampliamente en su sentido de bienestar y, por lo tanto, en su mayor capacidad de manejar las relaciones*, o resolver las dificultades que se presentan de manera más calmada y enfocada.

Pero quizás lo más importante de todo es que la palabra *bienestar* tiene mucha más amplitud, profundidad y capacidad, y puede inclusive abarcar la idea de los contratiempos y el infortunio. Cuando el budismo habla de la felicidad, por ejemplo, tiene en mente un sentido resistente, sólido y duradero de bienestar en el centro de la vida que puede perdurar y experimentarse incluso en medio de la pérdida, la tristeza y los retos cruciales. Esto también se refleja muchas veces en el trabajo de los sociólogos modernos. El profesor Tal Ben-Shahar, por ejemplo, quien durante mucho años enseñó en el programa de psicología positivista en la Universidad de Harvard, nos habla de la necesidad de *despertar*[6]. El optimismo y la felicidad no son sinónimos de eterno buen humor. Esto sería totalmente artificial. Tienen que ver más bien con acercarnos y abarcar los problemas y los dolores diarios, aprender a realmente aprender de ellos y a trascenderlos hasta que nos encontremos en un mejor lugar. Y habla también del inmenso valor que podemos generar en nuestras vidas cuando aprendemos a buscar las semillas de lo positivo cuando las cosas no marchan como queremos o cuando nos sentimos consumidos por un sentido de pérdida o daño.

Y tanto el budismo como la ciencia social abarcarían numerosas otras dimensiones que no son tan fáciles de percibir cuando están envueltas dentro de la simple palabra felicidad. Sin embargo, todos reconoceríamos estas dimensiones como elementos fundamentales para un duradero sentido de bienestar. Estas incluyen:

- Relaciones plenas y positivas con las demás personas,
- Un sentido de logro en nuestros esfuerzos.
- Un sentido de significado y propósito en nuestras actividades. Y no nos olvidemos de:
- Un sentido de compasión y altruismo.

En el mismo libro, Martin Seligman nos cuenta una breve anécdota.

"Mi amigo Stephen Post, Profesor de Humanidades Médicas en Stony Brook, *nos cuenta una historia sobre su madre*:

'Cuando era pequeño y mi madre me veía de mal humor, me decía: «Stephen, te veo molesto, ¿por qué no vas a ayudar a alguien?» Ahora los psicólogos han comprobado este principio: ayudarle a alguien produce el aumento de bienestar momentáneo más confiable de todos los ejercicios que hemos probado"[7].

Una poderosa lección de vida en estas siete líneas. Nos cuenta que la sabiduría natural de la madre de Post ha sido sometido a rigurosas pruebas científicas, y revela que la demostración de compasión y altruismo hacia las demás personas produce el más fiable incremento en el bienestar. Los biólogos evolucionarios tienen un trabajo complicado en cuanto a explicarnos el propósito evolucionario del altruismo, y aquí tenemos un psicólogo que nos cuenta que el más pequeño acto de *bondad y compasión* hacia los demás puede tener un poderoso efecto sobre nuestro sentido de bienestar. Más adelante examinaremos de forma más profunda la importancia del altruismo en nuestras vidas. Pero esta simple historia humana muestra otras dos cualidades fundamentales que se encuentran profundamente entretejidas en la comprensión budista del bienestar, y ambas parecen ser confirmadas por lo que los científicos nos dicen que han aprendido recientemente.

No es un regalo que nos hacen

Una es que el bienestar, la felicidad por así decirlo, no existe solamente en nuestras propias cabezas, aunque a menudo creemos que es así. Evolucionamos como miembros de un grupo y es por esta razón que hemos sido tan exitosos como especie, y en nuestra naturaleza más profunda somos criaturas muy gregarias. Necesitamos relaciones fuertes. Nuestro sentido interior de bienestar se genera esencialmente a través de la naturaleza de las relaciones que establecemos con el mundo que nos rodea, del placer básico que recibimos de nuestro entorno a través de la experiencia de relaciones duraderas, gratificantes y armoniosas en todas las áreas de nuestras vidas. Cuando las experimentamos, estas fortalecen nuestras energías creativas y nos sentimos liberados, sentimos que podemos lograr mucho más en nuestras vidas. Y, cuando estas relaciones se rompen, los efectos pueden ser devastadores para todas las áreas de nuestras vidas, no solo para las que están asociadas con la relación. Además de no estar tan felices, también operamos bajo estrés, fuera de armonía con nosotros mismos y nuestro entorno, y nuestro desempeño se ve afectado.

La segunda comprensión, que no es menos importante, es que otra persona no nos puede regalar un sentido de bienestar propio. Es algo que tenemos que construir nosotros mismos. Como lo expresó Daisaku Ikeda, por ejemplo.

"La felicidad no es algo que otra persona, como un amante por ejemplo, nos puede dar. Tenemos que lograrla por nosotros mismos"[8].

Esta es sin duda una dura lección, porque queremos tantas cosas y porque comúnmente creemos que nuestra felicidad personal depende de otras personas, de una pareja, un hijo, amigos, el trabajo, etc. O de ganar la lotería. Sin embargo, el budismo nos señala que tenemos que construir nuestra propia felicidad con base en nuestra propia determinación y acción. Es la misma idea de la perceptiva madre de Stephen Post cuando le pidió tomar acción y salir a ayudar a alguien para así quitarle el mal humor. La frase *tomar acción* es un buen concepto para incorporar a nuestra vida porque acarrea una profunda verdad. Así como me lo señaló en alguna ocasión un maestro budista muy práctico, si pensamos en términos de *perseguir de alguna manera* la felicidad, estamos en el camino equivocado, porque nadie sabe cómo hacerlo. ¿Por dónde empezamos? ¿Hacía dónde dirigirnos? Nos acercamos mucho más a ella, argumentó, si pensamos en la felicidad como si fuera un derivado, una cualidad que llega a nuestra vida cuando tomamos acción para, de alguna manera, crear valor, particularmente si tiene efectos benéficos en las vidas de otras personas. Es fascinante encontrar esta perspectiva reflejada directamente, incluso en términos de las palabras usadas, en el trabajo de una psicóloga moderna, cuando escribe lo siguiente en su reciente libro *La ciencia de la felicidad*.

"...incluso la familiar expresión 'la búsqueda de la felicidad' implica que la felicidad es un objeto que hay que perseguir o descubrir... prefiero considerarlo en términos de la 'creación' o la 'construcción' de la felicidad, porque la investigación muestra que está en nuestras manos 'fabricarla' para nosotros mismos"[9].

Así que nos estamos acercando a lo que realmente queremos decir cuando usamos la palabra felicidad. Claramente, no se trata de estar alegres pase lo que pase. La felicidad no se encuentra buscándola. Ni tampoco simplemente *sucede* como resultado de la buena suerte. El bienestar perdurable, profundamente arraigado y resistente del que estamos hablando no puede simplemente depender de eventos externos, es decir, de que pase algo que nos guste y entonces nos sintamos felices... pase otra que no nos guste y ya no nos sintamos felices. Subimos y bajamos dependiendo de lo que nos suceda desde afuera. Como ahora sabemos, la felicidad solo se consigue desde adentro. Tenemos que construirla a través de nuestros valores y nuestras elecciones, de las acciones y las respuestas que entrelacemos en nuestras vidas.

¿Y qué tal si la compramos?

Este asunto complejo se discute más a fondo en el Capítulo 11, pero no nos podemos apartar de esta discusión sobre la felicidad sin, por lo menos, mencionar la gran importancia que la mayoría de nosotros atribuimos al dinero en cualquier imagen que represente la felicidad. Es normal que surja el tema en cualquier discusión moderna sobre lo que constituye el bienestar. Y si el budismo *es* la vida diaria, ¿qué dice sobre ello, para ayudarnos a enfrentarlo? ¿Y cuáles son las perspectivas de los científicos sociales al respecto?

Edward Diener, por ejemplo, de la Universidad de Illinois, psicólogo y eminente investigador en este campo, es uno de tantos que ha escrito sobre el callejón sin salida del materialismo, o lo que él denomina el lado negativo de la opulencia moderna. Se han llevado a cabo numerosas investigaciones que señalan dos maneras clave en las que esto tiene una profunda consecuencia en la disminución de nuestro sentido de bienestar. Sugiero que ambas formas se podrían incorporar fácilmente a un comentario budista sobre el sufrimiento que puede surgir cuando el único deseo de una persona es querer tener más cosas.

La primera es que existen muchas cosas para desear en nuestra sociedad moderna; muchas cosas en las salas de exposiciones, en los centros comerciales, en los supermercados, etc., y estas se han convertido en una poderosa causa *externa* del descontento *interior*. Es un concepto parecido al de los dulces y chocolates que se exponen en las cajas de los supermercados y que causan numerosas pataletas de muchos niños y niñas. Los quieren porque los pueden ver y no entienden por qué no pueden tenerlos. De la misma manera, las personas pueden experimentar un sentido de pérdida, privación y frustración porque no pueden poseer o llevar a casa más de las cosas exhibidas en las tiendas. Todos conocemos bien este sentimiento.

La segunda está relacionada con los medios masivos que invaden nuestras vidas diariamente, impulsándonos a constantemente *medirnos,* quiénes somos y qué tenemos, en comparación con una procesión infinita de supuestos modelos a seguir que se encuentran en las películas, en la televisión y en un sinnúmero de revistas de estilo de vida. Estos modelos a seguir son presentados como personas altamente exitosas y, por ende, *más felices.*

La ecuación parece no cuestionarse: éxito = riqueza = felicidad. Pero todos sabemos *intelectualmente* que no es así, no existe una conexión tan simple, de hecho, no existe conexión alguna. Pero emocionalmente, nos llega a afectar.

Y es precisamente de esta manera como funciona el marketing moderno que juega muy hábilmente con nuestra inherente naturaleza humana de compararnos con otras personas y, por lo tanto, de enfocarnos en lo que no tenemos en vez de en lo que sí tenemos.

Es decir, es otra poderosa causa externa del sufrimiento interior.

Está claro que Nichiren Daishonin estaba muy consciente de esta debilidad humana en una de sus cartas, que escribió hace tantos años, en la que resalta la futilidad y el intenso sufrimiento que surge de la constante comparación.

"Por ejemplo, el pobre es incapaz de reunir un solo centavo si se limita a contar la fortuna de su vecino, aunque lo haga noche y día"[10].

Pero, a pesar de lo que hemos dicho, no nos podemos simplemente deshacer del tema tampoco. El rango de posesiones materiales es más amplio que nunca, y con el alcance global e instantáneo del cine, la televisión y el Internet, el círculo de comparación en que nos encontramos es prácticamente ilimitado. El consecuente potencial para lo que se podría denominar *el inducido descontento con lo que tenemos se vuelve mucho más amplio. Y es importante señalar que no se trata de una simple envidia. Los* psicólogos nos dicen que es más profundo y más insidioso que la envidia. Si no podemos alcanzar este tipo de símbolos del éxito nos convencemos de que algo anda mal con nosotros. Nos persuadimos de que somos un fracaso y, ya que en la ecuación es el éxito el que trae la felicidad, esto quiere decir que no tenemos lo que se requiere para ser felices de verdad.

La psicología positivista incluso ha acuñado un término para describir este espiral descendente en el cual es muy fácil caer. Se llama *ansiedad comparativa y es la carga emocional, por decirlo así, de tratar constantemente de mantenerse al mismo nivel de riqueza material que percibimos que tienen muchas otras personas... menos nosotros.* Hemos permitido que *quiénes somos* sea sinónimo de *qué tenemos*.

¿Qué dice el budismo al respecto?

Entonces ¿qué dice el budismo en términos de ayudarnos a retornar al equilibrio mientras enfrentamos esta embestida materialista constante que puede debilitar nuestro sentido de autoestima y confianza tan profundamente? Nos dice claramente y desde el comienzo que no se trata de rechazar las posesiones materiales. No se trata de la negación ni de renunciar a las cosas, ya que por sí mismo esto no resuelve nada. El budismo Nichiren abarca plenamente las facetas materiales y espirituales de la vida porque ambas son importantes para nosotros. Enseña que la clave para establecer un sentido de bienestar perdurable es el ser conscientes; reconocer la situación por lo que realmente es, ver la amenaza que se pone frente a nuestra estabilidad y entender qué necesitamos para establecer un equilibrio significativo.

Por ejemplo, se invita positivamente a los practicantes de este budismo a que entonen, y por supuesto tomen acción, por lo que sea que ellos crean que los va a ayudar a lograr una vida más plena y satisfactoria. Y esto puede incluir cosas materiales, desde un mejor sueldo y seguridad económica, por ejemplo, hasta una mejor casa o cualquier cosa que deseen. Estas cosas son parte íntegra de nuestra vida y no se pueden eliminar. Pero sin duda, a medida que seguimos con la práctica cambiamos radicalmente de perspectiva. La práctica reubica el afán de tener cada vez más cosas en un contexto más amplio que abarca toda la vida.

Adquirir nuevas cosas puede ser una experiencia muy placentera… ¿y por qué no habría de serlo? Sin embargo, no puede constituir la base para el sentido de bienestar sólido, perdurable y resistente que todos buscamos. El placer que nos da un nuevo objeto no dura mucho y la única manera de volver a sentir el mismo placer es lanzarnos a una nueva sesión de terapia de compras. Todos lo hemos experimentado hasta cierto punto. Solo tenemos que pensar en la deuda de crédito global que causó la crisis de 2008. Nos persuadimos constantemente de que todo lo que necesitamos para ser felices de verdad es otro objeto que vimos en el centro comercial, y luego otra cosa nos llama la atención, y luego otra, y otra, y otra.

El estado de vida del hambre… y la adaptación hedonista

Debido a que en el fondo de esto yace mucho dolor y sufrimiento autoinfligido, y el punto clave es que es autoinfligido porque nosotros lo elegimos, el budismo Nichiren considera que es un tema lo suficientemente importante como para señalarlo y darle un nombre a esta obsesión por conseguir cada vez más cosas. Se llama el estado de vida del *Hambre* (ver Apéndice A). Básicamente es un estado de descontento más o menos constante en cuanto a nuestras vidas, porque nos convencemos de que nuestra felicidad yace en el *tener* algo o *experimentar* algo que está justo fuera de nuestro alcance. Y en este estado de vida, siempre hay algo que está justo fuera de nuestro alcance. Este descontento intranquilo no se limita a cosas materiales, alcanza a tocar todos los campos de la actividad humana que se nos puedan ocurrir, desde el deseo de una relación o una pareja en particular hasta el de tener una riqueza un poco más abundante de la que actualmente tenemos, o un afán de tener estatus y fama, e incluso de recuperar nuestra juventud y belleza a través de la cirugía plástica. Siempre hay algo más que queremos. Y no es extraño ver que las personas que se encuentran en este estado de vida se fijan en una cosa tras otra en su entorno con la certeza, *todas las veces,* de que esta vez su hambre sí quedará satisfecha y de que encontrarán la felicidad que hasta ahora los ha eludido.

Lo más extraordinario… y uso esta frase en particular porque es un asunto realmente sorprendente… es que la psicología moderna reconoce algo muy parecido a lo que acabo de mencionar. El término que se usa para describirlo desde este campo es *adaptación hedonística*.[11] La palabra *hedonística* proviene de la raíz griega que significa placer. La palabra *adaptación* habla por sí misma. Así que, dicho simplemente, este término algo esotérico significa que nos adaptamos muy rápidamente a cosas nuevas, a cualquier bien material nuevo que adquiramos. Simplemente se convierte en la nueva norma.

"Las cosas a las que nos acostumbramos con mayor facilidad y terminamos dando por sentado son nuestras pertenencias materiales: nuestro coche, nuestra casa, etc. Los expertos de mercadeo entienden esto y nos invitan a alimentar nuestra adicción gastando cada vez más"[12].

Pero el punto clave es que la adquisición no cambia en nada la manera en la que nos sentimos en lo profundo de nuestras vidas, nada cambia en términos de nuestro fundamental sentido de bienestar. Así que cualquier cosa externa que deseemos creyendo que nos va a traer una felicidad más grande, que la necesitamos a toda costa, que nos va a cambiar la vida cuando lo deseemos e incluso al comienzo cuando tengamos nuestro nuevo coche, casa, aumento de sueldo, resulta no cambiándonos la vida para nada.

Sin duda, es una lección muy difícil de aprender. Estamos poderosamente apegados a la idea de que este tipo de adquisiciones nos hará mucho más felices. Pero el cuerpo de investigación que señala lo contrario es sustancial[14].

La adaptación hedonística es real
¿Qué significa esto en términos de nuestra vida diaria común y corriente? Está claro que muchas veces obtenemos placer, satisfacción e incluso un estallido de alegría en el momento de adquirir algo y durante un rato después, y la

investigación muestra que este *rato después* es cada vez más corto. La rápida adaptación a la nueva adquisición o a la nueva circunstancia es una parte integral de la psiquis humana, y después de esto volvemos a empezar de cero. Lo nuevo se vuelve una parte del tejido de nuestra vida normal.

Y creo que no queda duda, si pensamos en nuestra propia experiencia, de que pocas personas sugerirían que el sentido básico de bienestar o felicidad en su vida ha sido sustancialmente alterado por una nueva adquisición material. El nuevo coche o la nueva cocina realmente no reforman nuestra felicidad. Por ejemplo, yo amo mi nueva casa pero ¿ha impactado fundamentalmente lo que siento con respecto a mi vida? ¿Ha añadido algo a los tesoros del corazón de los cuales hablamos antes? La respuesta es un *no* rotundo.

Así que la adaptación hedonística parecería ser la explicación de la psicología moderna para un factor sobre cual el budismo ha enseñado desde hace años. Es decir, que las circunstancias externas de nuestra vida, incluso si superficialmente son sustanciales, tienen un impacto extraordinariamente pequeño sobre nuestro sentido de bienestar perdurable. Creer que una felicidad profunda y duradera se puede adquirir de esta manera externa, como resultado de la posesión de algo material, es una ilusión que puede traernos mucha infelicidad.

Solo tenemos que pensarlo un poco para caer en cuenta de que esto implica una lección profunda que puede cambiar nuestro comportamiento y nuestra vida.

¿Quién necesita los problemas?
El deseo subyacente de la mayoría de nosotros es tener una existencia libre de problemas. Yo argumentaría que esto cae bajo la misma categoría del delirio. Puede parecer diferente

pero comparte exactamente las mismas características. Nadie quiere tener problemas, nunca. Por supuesto, sabemos que los problemas y los retos y las crisis hacen parte del tejido de la vida y son ineludibles. En este sentido, todos estamos en las mismas, independientemente de lo diferente que puedan parecer nuestras condiciones de vida superficiales. Pero, por alguna razón, tendemos a aferrarnos a esta creencia, al profundo deseo de que los problemas, junto con el dolor y el sufrimiento que traen consigo, son la excepción y no la regla.

La investigación muestra que personas muy diferentes que enfrentan clases de problemas totalmente diferentes usan un lenguaje parecido para convencerse de que la vida no es así: *"Mi vida no es así"*, nos decimos. *"Solo tengo que superar esta fase difícil y luego mi vida volverá a ser normal".*

Sabemos que una vez superada esta fase difícil en la que tenemos el infortunio de encontrarnos en este momento, una fase difícil en el trabajo, una crisis financiera, una enfermedad, un conflicto en una relación, etc., nuestra vida volverá a su estado normal de calma y ecuanimidad. Porque este es el estado de vida que queremos, un estado sin problemas.

El resultado neto de esta comprensión de la vida es totalmente inevitable y es que la felicidad, o el bienestar, llega a ser definida como la *ausencia de problemas*. Pero, por supuesto, esto no puede existir. Nadie conoce a una persona que viva una vida totalmente libre de problemas. La realidad es que los problemas y las dificultades y los retos no paran de llegar en cualquier área de nuestra vida. Y debido a esta visión de vida, no nos debería sorprender que hemos desarrollado una serie de estrategias para evitar los problemas, y el estrés y sufrimiento que asociamos con ellos, y que estas estrategias solo sirven para hacer que todo sea peor.

Y continuaremos por este camino en el siguiente capítulo. Vamos a analizar lo que nos dice el budismo sobre el diario vivir con los problemas de la vida, y cómo podemos hacerlo sin perder nuestro foco interior de esperanza, bienestar y optimismo.

Capítulo Cinco

El budismo y la paradoja de los problemas

Pero como las chispas se levantan para volar por el aire, así el hombre nace para la aflicción, nos afirma Job en el Viejo Testamento, pero no hay muchas personas que están dispuestas a aceptar esto como una descripción de la realidad de nuestra vida. ¡No, no, y punto! Nadie quiere dolores de cabeza y problemas. No queremos la ansiedad, la tensión y el estrés que surgen ante la amenaza de un problema. Así que la respuesta humana natural es argumentar que dado que no nos gusta tener dificultades, tenemos que liberarnos de ellas. Y es precisamente lo que tratamos de hacer. En nuestras sociedades modernas gastamos mucha energía, tiempo, dinero e ingenio para tratar de crear una red defensiva que nos proteja del lado retador y ansioso de la vida. Y cuando no tenemos éxito construyendo estas barreras, y este claramente es el caso, usamos una serie de estrategias secundarias que hemos desarrollado para respaldarnos.

Por ejemplo, somos capaces de ignorarlos, de escaparnos de ellos, con la esperanza de que van a desaparecer o a evaporarse. Por supuesto que la realidad es otra y los problemas que ignoramos generalmente lo único que hacen es crecer, de modo que algo que en sus comienzos hubiera podido ser resuelto fácilmente si hubiéramos tenido el valor de enfrentarlo, se vuelve tan enorme que nos puede abrumar y derrumbar.

O, muchas veces le lanzamos la pelota a otra persona. Es decir que mentalmente trasferimos la culpa o la responsabilidad a otra persona o a algo fuera de nosotros mismos, apuntando el dedo a cualquier cosa, con tal de que el dedo no apunte hacia nosotros mismos, como la fuente de la actual dificultad. Si hay problemas en una relación por ejemplo, el problema no es nuestro, es claramente porque la otra persona tiene que cambiar algo de sí mismo para que las cosas se arreglen. Si existen problemas con un jefe o un colega de trabajo, siempre se debe al hecho de que *ellos* están siendo obstinados o irracionales o injustos. Está clarísimo. Y así terminamos en un impase, nada cambia y la frustración y la fricción siguen apareciendo hasta causar el derrumbe de una relación que en realidad está muy bien, o hasta generar un estado de tensión y descontento en el trabajo.

Todos lo hemos vivido y en muchas ocasiones, más de una sola vez.

Una clase de ficción

Y si estas estrategias no logran tapar las grietas de nuestras defensas, esto quiere decir que a menudo somos cómplices en la creación de una ficción que felizmente compartimos los unos con los otros. Así que, a pesar de que los problemas, las crisis y las ansiedades, así como el sufrimiento que estos traen, siguen quitándonos una porción considerable de nuestra energía, hacemos que quede muy claro para nosotros mismos y para las demás personas que dichos problemas y crisis son una excepción anormal a los flujos y patrones normales de nuestra vida. No importa cuán frecuentemente lleguen a ocurrir, ni cuán perturbadores sean en términos de descarrilar nuestras vidas, nos autopersuadimos de que tan pronto pase esta crisis en particular nuestra vida retomará su rumbo normal. ¿Por qué? Porque estamos convencidos de que este es el estado que necesitamos para ser felices, es decir, un estado sin problemas. Se podría decir que este es el estado de vida idealizado e irreal al cual todos somos adictos.

¿Existe una mejor forma?
Aclaremos. Por supuesto que algunas de estas estrategias tienen un merecido lugar en nuestro armamento, no las desarrollamos en vano. Por ejemplo, nadie cuestionaría la prudencia de protegernos como mejor podamos ya que vivimos en tiempos problemáticos. Y a pesar del hecho de que la *estrategia de la ficción* no mantiene lejos a los problemas, sí nos ayuda a disminuir la ansiedad que estos problemas pueden crear. ¿Pero es posible que esto sea suficiente? ¿Realmente es lo mejor que podemos hacer?

El punto clave es que no se trata de un asunto teórico y remoto. Es mucho más cercano y personal de lo que pensamos. Estamos hablando de estrategias de vida verdaderas que nos involucran a todos a lo largo de todas nuestras vidas. Se trata de cómo manejamos los detalles diarios de nuestras vidas, y cabría argumentar que aprender a lidiar efectivamente con los problemas tiene que ser uno de los pasos más importantes en el camino hacia el bienestar. ¿Qué podría ser más importante? Sugiero que compartimos un profundo interés común en términos de preguntar si estas estrategias son adecuadas. ¿Se acercan acaso a la mejor respuesta que podemos dar?

¿De qué manera nos ayuda el budismo en este tipo de situaciones?

El budismo es efectivo en cuanto a lidiar con problemas, ya que nuestra noción de la naturaleza humana es que es siempre difícil y retadora y que a menudo involucra considerable sufrimiento. Este es el punto de partida que el budismo nos pide reconocer cuando consideramos nuestras expectativas de vida. Es apenas normal *esperar* que la vida sea difícil y desafiante. No vamos a ganar nada quejándonos constantemente de los problemas: "¿Por qué me está pasando esto?" "¿Qué he hecho para merecerme esto?" Ni esperando que la felicidad nos pueda llegar en un futuro libre de problemas. Nichiren enseña que la clave es simplemente ponernos manos a la obra.

"Aunque los problemas siempre van a surgir, no dejes que te perturben. Nadie puede evitar los problemas..."[1].

Nadie. Es más, el budismo nos recuerda constantemente que en nuestra vida todo empieza con nosotros. Puede que superficialmente no suene como una idea tan revolucionaria. Pero es notable que muy a menudo se ignora este principio aparentemente obvio. Es *nuestra* vida en todos los sentidos. Así que si en ella existe fricción, frustración y dificultades que nos llegan de todas partes, entonces, enseña el budismo, que el lugar donde deberíamos buscar la raíz de la causa es... adivinen... sí, al *interior* de nuestra vida. Esto puede ser muy difícil de aceptar. De hecho el aceptarlo puede llevar a un conflicto interno importante, pero si lo pensamos bien, esto es lo que significa *responsabilizarnos* por nuestras vidas ¿no?

¿Qué parte de *nuestro* comportamiento, *nuestros* pensamientos, *nuestras* palabras y *nuestras* acciones *nos llevan a tener esta dificultad?* ¿Cuáles son las señales subliminales que emitimos y que disparan estas respuestas de nuestro entorno? ¿Cómo podemos cambiar para resolver este asunto complicado? Como dije anteriormente, esta puede ser una lección muy difícil de aprender. A veces lo logramos y a veces no. Después de todo, somos humanos. Pero cuando lo logramos, esto trae consigo un beneficio inmensurablemente grande que no se logra de ninguna otra manera. Es decir, que si reconocemos y aceptamos plenamente que la causa emana de nuestra propia vida, entonces también el remedio surge de nuestro interior. Yace dentro de nuestro alcance.

Así que la ecuación para resolver problemas ya no es "… si tan solo mi pareja cambiara yo sería mucho más feliz…" lo que es muy difícil porque está mucho más allá del ámbito de nuestro control; sino "… qué acción puedo tomar yo, qué puedo cambiar yo para eliminar este problema de nuestras vidas" que es mucho más simple porque ahora sí tenemos el control.

Esto quiere decir que podemos ir resolviendo el impase y abriendo la posibilidad de un progreso verdadero.

Los problemas son simplemente parte de la vida

El budismo enseña que tenemos que usar la disciplina diaria de la práctica para entrenarnos; la idea es aprender a ver los problemas y las dificultades como una parte integral de la vida. Nada más y nada menos. Esta es otra idea que no es particularmente revolucionaria, pero en este caso también es notable la manera en la que por lo general elegimos ignorarla. Si seguimos tomando los problemas de la vida diaria de manera *personal,* argumenta el budismo, como si fueran un reto directo a nuestra ecuanimidad y nuestra felicidad, entonces, y por definición, así como la noche sigue el día y el agua siempre fluye hacia abajo, nuestra ecuanimidad y felicidad seguirán siendo desafiadas. ¿Cómo podría ser de otra manera?

De alguna manera, si adoptamos esta respuesta nos estamos encerrando en un proceso de condicionamiento del cual es difícil escapar. Terminamos dando vueltas en el mismo círculo vicioso. Inevitablemente, los problemas siguen ocurriendo y elegimos verlos como una interrupción a nuestra felicidad y tranquilidad personal e, inevitablemente, reaccionamos de manera fuertemente negativa. Así que, a lo largo de los años, terminamos forjando cuidadosamente un vínculo inquebrantable en nuestras mentes entre la ocurrencia de los problemas y la respuesta negativa, la ansiedad y el estrés que siempre les hemos atribuido. Se torna tan natural y automático que ni se nos ocurre cuestionar esta reacción. Simplemente no se nos ocurre que puede haber otro tipo de respuesta.

Se podría prácticamente afirmar que el budismo se creó para mostrarnos que sí existe otra respuesta.

Un cambio de percepción lo cambia todo

El budismo enseña que la manera en la que percibimos cualquier situación o ambiente es lo más importante. Es decir que no es la circunstancia externa la que rige la manera en la que nos sentimos afectados, lo que rige esta sensación es la manera en la que elegimos ver aquella circunstancia. No es tanto el problema que ocurre lo que nos causa el sufrimiento, sino cómo reaccionamos frente a dicho problema. Esta en sí es una lección muy importante.

Y esto nos lleva directamente a una paradoja que yace en el núcleo de las enseñanzas de Shakiamuni. Se podría afirmar que es la percepción esencial que necesitamos para romper el círculo de autocondicionamiento. Así que el budismo nos enseña que la felicidad, o el bienestar, y el sufrimiento no son, como muchas veces pensamos, experiencias totalmente diferentes y separadas que se encuentran en los extremos opuestos del amplio espectro de la experiencia humana. Este es simplemente el efecto de nuestra visión parcial e incompleta de la realidad. El budismo enseña que es lo contario, que estas facetas están íntimamente relacionadas, como los dos lados de una hoja de papel.

Parece ser bastante contraintuitivo ¿no? ¿Qué puede significar esto? No nos gusta el sufrimiento y huimos de este siempre y cuando podamos. Y huimos hacia la felicidad porque nos gusta tanto ser felices. Entonces, es apenas lógico que deben residir en lados opuestos. Deja de correr por un momento, argumenta el budismo, y observa con más claridad tu realidad. Si seguimos creyendo en la idea de que la felicidad en esta vida depende directamente de lograr una existencia soleada y sin problemas, entonces no es tan difícil ver que es una estrategia condenada al fracaso porque *no existe un lugar así.*

Como ya mencioné, ninguno de nosotros conoce a nadie que viva de esta manera. ¡Nadie!

Así que el budismo en realidad nos exhorta a ser realistas, tal y como nos aconsejan los psicólogos positivistas. Si realmente buscamos establecer un sentido de bienestar fuerte y resistente en el centro de nuestras vidas, esto solo se puede encontrar, argumenta el budismo, en medio de los problemas que la vida nos arroja, ya que eso es lo único que existe. Es la única realidad. Así que nuestra felicidad y nuestro sufrimiento yacen codo a codo y en exactamente la misma dirección.

Como lo explica un maestro budista,

"Nuestro sufrimiento es parte de nosotros, y lo debemos tratar con gentileza y sin violencia. Tenemos que aceptar nuestro miedo, odio, angustia e ira"[2].

Nuestro sufrimiento es parte de nosotros... es fácil percibir inmediatamente la profunda verdad de esta afirmación. Es más, el budismo dice que entre más grandes y retadores sean los problemas que aceptamos de esta manera, más grande es la felicidad potencial a la cual pueden llevarnos. Nos obligan a demostrar mucho más valor y resistencia para superarlos. Nos ayudan a crecer y a convertirnos en personas más capaces. Y la capacidad personal, según la práctica budista, es un ingrediente muy importante en cuanto a la construcción del bienestar. Todos queremos ser, y que nos perciban como, seres humanos capaces.

Esto concuerda con nuestra experiencia

A pesar del hecho de que la idea puede parecer contraintuitiva, si lo pensamos brevemente podemos ver que esta perspectiva de vida se parece mucho a nuestra experiencia. Piensa en algún momento en que lograste superar un problema muy difícil, algo que pensaste podría haberte desequilibrado o cambiado tu vida para mal, algo que incluso inspire algo de pánico o miedo, eventos que no son raros en nuestras vidas: perder un trabajo, la ruptura de una relación de largo plazo, cáncer, alguna enfermedad fatal, o la muerte de alguien cercano.

Cuando logramos superar estos retos que potencialmente pueden reducir la grandeza de nuestra vida, es normal que sigamos sintiendo cierto grado de dolor, esto no es inusual, pero cada victoria nos aumenta nuestro sentido de confianza y estabilidad. Nos sentimos fortalecidos y, entre más grande sea la amenaza a nuestra estabilidad que logremos superar, más grande será el estímulo. Durante un buen tiempo después experimentaremos un sentido de confianza mucho más grande en nuestra propia capacidad de resolver los problemas en general, no solo en una área en particular sino a través de todo el espectro de nuestra vida y nuestras actividades. Y esta nueva confianza trae consigo un sentido de bienestar cada vez más grande.

El budismo nos anima a aferrarnos a esta comprensión, a este reconocimiento. Ya que tenemos alguna experiencia de este potencial en nuestras vidas, dice, podemos aprender a fortalecerlo y extenderlo. Si lo logramos una vez, ¿por qué no dos veces, o muchas veces más? Claro está que no podemos lograr grandes victorias para nuestras vidas todos los días ¡pero tampoco necesitamos hacerlo! Sin embargo, sí podemos lograr pequeñas victorias todo el tiempo, y el inherente sentido de bienestar que acompaña a estas victorias puede volverse una experiencia diaria, ya que renovamos la energía positiva, el optimismo y la autoconfianza, dentro de la estructura de la práctica diaria. Por cierto, esta es una de las razones por las cuales es una práctica *diaria*.

Y el punto clave es que es una filosofía construida para durar, ya que se construyó a partir de las circunstancias reales de nuestras vidas, tal como son en realidad, es decir duras y retadoras, y no como muchas veces queremos que sean, suaves y fáciles. El budismo no es un una opción fácil porque la vida no es una opción fácil.

Pero lo que quizás es más importante, el sentido de bienestar que esta estrategia promete se construye poco a poco desde adentro y no desde afuera. Solo se consolida a partir del valor, la resistencia y la determinación que aprendemos a sacar desde adentro para superar los problemas. Así que no es de ninguna manera frágil ni efímero. No se va a destruir por algo que nos suceda, porque no depende de nuestras circunstancias externas continuamente cambiantes.

En sintonía con la psicología moderna

Si analizamos parte de la investigación social y psicológica que se ha llevado a cabo durante los últimos quince años más o menos, sobre cómo lidiar con el estrés, las dificultades y los problemas que todos enfrentamos en algún momento de nuestras vidas, existe una extraordinaria similitud con algunas de las cosas que hemos estado discutiendo. Uso la palabra 'similitud' con cierto cuidado ya que los científicos no piensan en el budismo cuando llevan a cabo sus investigaciones. Claro que no. Pero dicho esto, al analizar su trabajo, se pueden encontrar muchos ecos familiares y placenteros.

Una vez que vayamos más allá de la objetiva y científica formalidad de frases tales como *"inferir el beneficio del trauma"*, para lograr entender los detalles humanos de los estudios, la comprensión y los consejos que surgen de ellos, nos encontramos en un territorio muy familiar.

Así que cuando el problema es de naturaleza diaria, como por ejemplo, los problemas económicos que impiden pagar las facturas, o una discusión con la pareja, o un descontento de largo plazo en el trabajo, los psicólogos hablan de algo denominado estrategias de defensa centradas en el problema. Básicamente, esto quiere decir enfrentar los problemas, aceptarlos en lugar de ignorarlos, y así dejar que crezcan, y tomar la sólida determinación de resolverlos. Por ejemplo, diseñando y siguiendo un plan de acción. Cualquier budista practicante se sentiría totalmente cómodo con este tipo de consejo. La única diferencia es que el practicante incluiría el problema en su entonar diario para así dirigir su compasión y su valor hacia resolver el problema.

Cuando el problema no es de naturaleza diaria y no se puede resolver de esta manera, quizás porque tiene que ver con la muerte de un ser querido, o con la terminación de una relación de largo plazo, o con una enfermedad potencialmente mortal, situaciones en las que el impacto emocional puede ser totalmente abrumador e incontrolable, los psicólogos hablan de estrategias de defensa centradas en las emociones. Es decir, buscar maneras de reducir la carga emocional personal por ejemplo, al compartirla con otras personas. Buscando apoyo entre amigos cercanos o involucrándonos en actividades en las cuales podamos ayudar a los demás con sus problemas, para así alejarnos de nuestro propio duelo. Este tipo de orientación concuerda perfectamente con el concepto budista de la compasión y el altruismo, que nos invita a crear valor en las vidas de las otras personas en vez de mirar hacia adentro y enfocarnos en nuestros propios problemas o dificultades inmediatas.

Adicionalmente, los psicólogos también hablan del inmenso beneficio emocional que resulta cuando animamos a las personas a tratar de ver más allá de su dolor, para obtener un aprendizaje, o crecimiento personal, o una mayor apreciación de cuán preciado es cada día que vivimos cuando atravesamos una situación tan retadora y salimos al otro lado más fuertes. La psicóloga Sonja Lyubomirski nos cuenta la historia de una esposa que pierde a su marido después de una larga enfermedad. La mujer fue capaz de ver mucho más allá de su dolor y hacia algo extraordinario.

"No quiero parecer irritantemente optimista, pero tuve veinte maravillosos años con ese hombre. Hay personas que no han disfrutado siquiera de un día como los que yo viví. Tardé seis meses después de la muerte de Charley en comprender que esta sensación no la perdería nunca. Es como el Gran Cañón. Hay un gran hueco y duele mucho, pero es hermoso"[3].

Debo admitir que cuando leo esto lo encuentro no solo inmensamente conmovedor, sino también profundamente esperanzador y alentador. La psicóloga concluye:

"De hecho, la mayor parte de los sobrevivientes experimenta mucha angustia al mismo tiempo que experimenta fortalecimiento y progreso. Así que el arduo camino que lleva a una vida más satisfactoria y con sentido puede estar construido con piedras y atravesado por fosas. La pérdida y la tragedia no traen nada bueno, pero algo bueno se puede construir en la lucha que se da después del evento"[4].

Daniel Goleman expresa algo similar cuando escribe:

"Existen aspectos muy positivos en cuanto a la contribución constructiva que hace el sufrimiento a la vida creativa y espiritual; el sufrimiento puede templar el alma"[5].

Así que claramente es posible dominar esta poderosa lección de que el sufrimiento nos lleva a lugares más profundos, que algo inmensamente valioso y capaz de mejorar nuestra calidad de vida puede resultar a partir de la lucha contra las adversidades. Daisaku Ikeda, el gran pensador y escritor moderno sobre el budismo Nichiren amplifica esta idea cuando escribe:

"El optimismo budista no es igual al optimismo escapista de las personas que levantan los hombros diciendo 'de alguna manera se resolverán las cosas'. Se trata más bien de reconocer claramente el mal como mal, y el sufrimiento como sufrimiento, y luchar resueltamente para vencerlo. Significa creer en la capacidad y la fortaleza de uno mismo para luchar contra cualquier mal u obstáculo. Significa poseer un optimismo desafiante"[6].

Un programa de entrenamiento personal

Así que una práctica budista no se trata de una forma de escapismo, ni de tratar de encontrar un refugio meditativo interno lejos del ritmo, el clamor y la complejidad constante de la vida moderna. Aunque este sea uno de los estereotipos más comunes sobre lo que significa el budismo. El budismo se trata más que todo del *optimismo desafiante*. Se trata de lucha y retos, de desafiar las actitudes y comportamientos que no crean valor o que no nos llevan a resultados positivos. Claramente es mucho más fácil simplemente quejarnos de los problemas que surgen o reaccionar frente a ellos de manera instintiva, lo que a menudo significa reaccionar de manera negativa. Como todos sabemos muy bien, hay pocas cosas en la vida que son más complicadas de desafiar que nuestros patrones de pensamiento o comportamiento que hemos cultivado durante años en nuestras vidas. Se requiere de un autoconocimiento real junto con mucho valor y persistencia para no rendirnos.

Determinarnos a lograr un cambio de perspectiva, ese cambio de actitud, es esencialmente el rol que tiene en nuestra vida la práctica budista diaria, el *programa budista de entrenamiento personal diario*. De hecho, la grandeza de esta *práctica en mi opinión es precisamente esto. Nos prepara para lograr ese pequeño cambio de* perspectiva, ese pequeño cambio en nuestra comprensión que, aunque parezca extraño, es todo lo que se requiere. Puede ser solo un pequeño cambio, pero es suficiente para permitirnos ver un problema con una actitud totalmente distinta, lo que luego nos lleva a cambios tangibles, positivos y a veces notorios en las vidas de las personas. Y cada vez que lo hace, refuerza nuestra confianza y determinación para lidiar con el siguiente problema que aparezca en nuestra vida de la misma manera. Y así nos movemos desde un estado de ansiedad y negatividad general con respecto a los problemas y pasamos a estar enfocados y confiados en que podemos resolverlos.

Es decir, lo que buscamos es un cambio de actitud. Así que los problemas siguen siendo iguales, pero nuestro sentido de poder *superarlos* ha cambiado profundamente. Y cuando tenemos la certeza de poder superar los problemas, los problemas también cambian. Dejan de ser tan inminentes y amenazantes. De hecho, de manera consciente cambiamos la forma en la que hablamos de ellos y cómo los describimos. Empezamos a denominarlos desafíos y este cambio va más allá de lo verbal. Los problemas son negativos y amenazantes mientras que los desafíos son estimulantes e inspiradores. Tan pronto decimos "tengo un desafío para el próximo mes" nos sentimos diferente. La sensación es la de prepararnos para enfrentarlo… y ganar.

Dado nuestro poderoso condicionamiento cultural, es importante recalcar que no estamos hablando de *estoicismo,* de meramente aguantarnos los problemas, o de simplemente cargar con ellos. Para nada. Esa es una estrategia totalmente distinta. Estamos hablando de llegar a ver los problemas de otra manera y convertirlos en una fuente de *crecimiento personal,* de aumentar nuestra autoestima y el sentido de nuestras propias capacidades, y ambas cosas son inmensamente importantes para nuestro sentido de bienestar en general.

Los budistas Nichiren a menudo describen esta manera de abordar los problemas con una frase, *"trasformar el veneno en medicina". Es decir, tomar un problema difícil o al parecer imposible y, en lugar de simplemente tolerarlo, transformarlo completamente hasta crear valor y satisfacción personal a largo plazo.*

La preocupación por los demás en el corazón del budismo

Esto tiene implicaciones más amplias para las personas que nos rodean en todas las áreas de nuestras vidas. Mientras estemos bajo estrés en nuestras propias vidas, no vamos a tener tiempo y espacio para los demás. Sin embargo, a medida que cambiamos y desarrollamos la capacidad de manejar nuestros propios retos sin sentirnos tan abrumados por la ansiedad y el estrés, al mismo tiempo que aumentamos la sensación de valor, confianza y bienestar, también desarrollamos más recursos que *nos sobran,* por decirlo así, y de esta manera nos sentimos capaces de apoyar y alentar a los que nos rodean. Es más, caemos en cuenta de que tenemos más energía vital para buscar más oportunidades de ayudar a los demás. Desde simplemente compartir nuestras propias experiencias sobre cómo superamos los problemas, hasta dar apoyo moral y emocional, e incluso hasta dedicar tiempo y energía para ayudar a otras personas en medio de crisis. Dar y compartir, en lugar de tomar y consumir, esta es la clave para el cambio. Y el budismo siempre ha enseñado que esforzarnos de esta manera, enfocándonos hacia afuera en lugar de hacia adentro, concentrando nuestras energías en las necesidades de los demás en lugar de en nuestro propio grupo de problemas inmediatos, es lo que lleva al crecimiento más rápido de nuestra iniciativa, nuestra capacidad y nuestro sentido de bienestar.

Durante mucho tiempo, el budismo ha promocionado esta idea como un principio del comportamiento social que genera valor, pero ahora está respaldado por las investigaciones sociológicas y psicológicas modernas. Richard Layard, por ejemplo, ha propuesto que es algo que se debería incluir en los currículos de los colegios, para que todos los niños comprendan el principio básico del altruismo que puede encontrarse en el centro de una sociedad saludable y compasiva.

"Deberíamos enseñar la práctica sistemática de la empatía", escribe, "y el deseo de servir a los demás. Esto requiere de un currículo desde el comienzo de la vida escolar hasta su final, incluyendo un estudio detallado de modelos a seguir... el objetivo básico debería ser generar un sentido de propósito general más grande que uno mismo"[7].

Muchos científicos estarían de acuerdo. Como lo expresa un psicólogo, cualquier acto de altruismo da pie a una situación en la cual todos ganan, porque da pie a...

"...una cascada de efectos positivos. Nos hace sentir generosos y capaces, nos da un sentido de mayor conexión con las demás personas, y hace que recibamos más bondad, sonrisas y aprobaciones reciprocas"[8].

La cooperación con los demás es la clave de nuestra humanidad

Esto nos lleva quizás a la cuestión más importante de todas, que es de lo que tratan todas las grandes filosofías.

¿De dónde sacamos nuestros valores ético-morales que nos guían a través del laberinto complejo de relaciones y encuentros que constituyen nuestras vidas? ¿Cómo llegamos a entender en lo profundo de nuestro ser que comportarnos de una determinada manera es bueno y nos hace sentir bien con nosotros mismos, mientras que comportarnos de otra no es suficiente y nos deja sintiéndonos mal con nosotros mismos? ¿Cómo llegamos a saberlo?

Me parece una pregunta muy importante y, según los científicos, ocupa un lugar importante dentro de la psiquis humana. Podemos encontrar una perspectiva fascinante en el trabajo de los biólogos evolucionarios, por ejemplo, quienes sugieren que desde las etapas más tempranas de nuestra existencia siempre hemos vivido como animales sociales, siempre. Por lo tanto, la manera en la que nos relacionamos con las personas debe haber sido un factor muy importante en nuestra evolución. Argumentan que esto se encuentra fuertemente enraizado en lo profundo de nuestra herencia, en nuestro ADN. El término técnico que describe la idea es *selección de grupo* pero en palabras sencillas lo que esto significa es simplemente que nuestra capacidad de apoyarnos y cooperar los unos con los otros ha sido el factor clave para la supervivencia y florecimiento de la humanidad. Como señalan los biólogos evolucionarios, no somos un animal particularmente impactante a nivel físico, no tenemos el beneficio de tener una armadura natural, ni la fuerza, ni el sigilo, ni la rapidez con la que cuentan tantas otras especies. Esencialmente, ha sido nuestra capacidad de razonar, planear y más que todo de trabajar juntos lo que nos ha distinguido de los otros animales. Nuestra supervivencia, crecimiento y expansión por el planeta se han basado en nuestras capacidades colectivas, en nuestra capacidad de trabajar de cerca y agruparnos con otras personas para lograr objetivos comunes.

Así que el argumento continua señalando que en nuestra historia temprana cualquier grupo o tribu que hubiera aprendido la mejor manera de cooperar y apoyarse entre ellos, inevitablemente hubiera tenido una posibilidad mucho mayor de lograr el éxito o la supervivencia, sin importar lo que estuvieran haciendo: cazando, buscando refugio o enfrentando un invierno muy duro. El grupo cooperativo tendría la mayor probabilidad de supervivencia y todo su acervo genético pasaría a futuras generaciones, es decir a nosotros, y de esta manera se arraigaría como una parte esencial de nuestra naturaleza humana.

De alguna manera, esta idea provee una base científica para muchas de las ideas fundamentales que encontramos en la religión y la filosofía. El cristianismo, por ejemplo, nos enseña a amar a nuestro prójimo como a nosotros mismos. Immanuel Kant, quizás el filósofo moral más importante del mundo occidental, nos otorgó en el siglo XVIII su famoso *imperativo categórico*, que argumenta que además de mostrar respeto hacia los demás, si estamos buscando un único principio global en el cual basar nuestras acciones y comportamiento hacia los demás personas, este siempre debería ser cómo nos gustaría que los demás se comportaran con nosotros. En mi opinión la ética budista abarca ambos puntos de vista, y hacia allá nos dirigimos en el siguiente capítulo para considerar la cuestión inmensamente interesante del budismo y la ética.

CAPÍTULO SEIS

El budismo y la ética

Lo que decidimos hacer, cómo nos comportamos y cómo vivimos, sin duda tiene importancia y también revela mucho sobre la clase de persona que somos, nuestros principios, nuestros valores y las cosas que nos importan. De hecho, sugiero que esto pasa incluso en los encuentros totalmente triviales que ocurren en nuestra vida cotidiana. ¿Me tomo la molestia de sonreírle a la señora de la tienda e intercambio unas palabras placenteras con ella o simplemente no le presto atención alguna porque tengo un problema que no deja de dar vueltas en mi cabeza? ¿Debería responder al correo agresivo que me enviaron de manera igualmente agresiva? ¿Me tomo o no el tiempo de escuchar los argumentos de otra persona y considerarlos valiosos, o simplemente los ignoro y sigo aferrándome a mis propias opiniones? ¿Me levanto de mi asiento en este bus tan lleno para ofrecerle mi asiento a ese señor de edad o simplemente sigo leyendo mi libro? Todas estas cosas son importantes.

Son importantes en el sentido de que mis elecciones de vida definen quién soy yo. De hecho, los psicólogos nos dicen que determinan quién soy yo en dos sentidos[1]. Primero porque mis acciones y mi comportamiento les indican a las personas que me rodean qué clase de persona soy ya que es a través de mis acciones y no de mis palabras que realmente se puede juzgar mi carácter. Y lo que es más importante, sugieren que mi carácter está formado y determinado por mis elecciones y mis acciones, en el sentido de que forman hábitos de comportamiento. De esta forma, mis elecciones de ayer, hoy y mañana constituyen la persona en quien me convierto. Los psicólogos hablan del desarrollo de las disposiciones habituales o patrones de comportamiento. Los budistas hablan de las tendencias vitales o la energía habitual, pero la idea es esencialmente la misma.

El budismo argumenta que los patrones de elección y los patrones de comportamiento se arraigan tan profundamente en nuestra vida que terminan por adquirir su propia energía, y así se vuelven cada vez más difíciles de romper. Todos sabemos lo fácil que es adquirir patrones de comportamiento que luego son difíciles de superar, incluso cuando intelectualmente sabemos muy bien que esos hábitos no nos ayudan a crear valor en nuestra vida ya que son de alguna manera disfuncionales, poco atractivos o incluso destructivos.

Me recuerda un mantra budista un poco miedoso que dice…

> *Cuida de tus pensamientos porque se volverán tus palabras… cuida de tus palabras porque se convertirán en tus acciones… cuida de tus acciones porque se convertirán en tus hábitos… cuida de tus hábitos porque se convertirán en … tu vida.*

No es en vano que una de las cosas más importantes escritas sobre la vida del buda Shakiamuni es que la verdadera razón y propósito de haber aparecido en este mundo era su *comportamiento de ser humano común y corriente*[2]. No su comportamiento como un dios, ni como una especie de superhumano especial, sino como un ser humano común y corriente, uno más de nosotros.

Esta discusión se encuentra en medio de un área de pensamiento y debate un poco complicada, a veces conocida como la ética o la moralidad, dos palabras que se pueden usar casi de manera intercambiable. La moralidad se trata esencialmente de la manera en la que los seres humanos eligen vivir sus vidas en relación los unos con los otros. Tiene que ver con los valores y principios… lo que algunas religiones llamarían los mandamientos o las reglas… que adoptamos para guiar nuestra manera de considerar y resolver la multitud de encuentros y relaciones que tenemos con los demás.

Si pensamos acerca de nuestra vida por un momento, si nos preocupamos por el efecto que puede llegar a tener nuestra vida sobre las personas que nos rodean, claramente necesitamos algún tipo de estructura. El hecho es que toda la vida, desde el momento en que nacemos hasta el momento en que nos vamos, está compuesta de relaciones y encuentros de un tipo u otro; una red inmensurablemente compleja de relaciones y encuentros de todas las formas, frecuencias, tamaños y grados de intimidad posibles, desde la relación más pasajera, hasta las relaciones más duraderas que cultivamos dentro de nuestro círculo familiar, de amigos y colegas.

Así que si buscamos vivir una vida de alguna manera valiosa y creativa, por no decir que la vida *más* valiosa y creativa que seamos capaces de vivir, requerimos de algún tipo de estructura o de guía que nos muestre el camino y nos ayude a quedarnos en él. De esto se trata esencialmente este capítulo. ¿Qué tipo de estructura ofrece el budismo?

¿Como debería elegir vivir mi vida?

Como es de esperar, el debate sobre cómo manejar las relaciones que constituyen nuestra vida es tan antiguo como la civilización misma. La pregunta básica que nos hacemos, por ejemplo, *¿Qué debo hacer?*, o dicho de manera más amplia, *¿Cómo debería elegir vivir mi vida?*, no salió de la nada. Sócrates fue el primero en usar estos términos en el siglo IV AEC. Por eso, a veces nos referimos a esa pregunta como la pregunta socrática[3]. Y como nos enseñó Sócrates hace tantos siglos, puede parecer una pregunta simple, incluso banal, pero si esa es nuestra impresión inicial entonces nos estamos autoengañando, porque no es para nada simple. De hecho, este pensador argumentó que es la pregunta más difícil que nos podemos hacer ya que se trata de la naturaleza de *nuestra* vida. Así que cualquier persona que esté pensando sobre su vida de manera significativa no puede evitarla.

Parece ser que la mayoría de nosotros la mayoría del tiempo vivimos nuestras vidas dentro de unos límites muy establecidos dentro de lo que conocemos o de nuestras rutinas, y muy pocas veces pensamos acerca de las elecciones de vida que hacemos de un momento a otro y de un día a otro en las diferentes circunstancias a las que nos enfrentamos. Sin duda estas elecciones acumuladas terminan por formar de alguna manera nuestro carácter sin que siquiera caigamos en cuenta. Todos tenemos nuestras zonas de confort en las cuales escondernos. Pero esta pregunta fundamental no se desvanece sino que se vuelve un telón de fondo constante para todo lo que hacemos y decimos, todos los días de nuestra vida.

Y, como bien sabemos, esta pregunta puede repentinamente pasar al primer plano de nuestra consciencia tan pronto encontramos algo que no hace parte de la rutina. Una crisis en nuestra vida que involucre una relación crucial con nuestra pareja, un colega o un hijo por ejemplo, o la pérdida de un ser querido, y ahí nos preguntamos qué hacer con nosotros mismos, a veces cuando nos encontramos considerablemente angustiados a medida que caemos en cuenta de que nos tendremos que enfrentar con *quiénes somos realmente*. Todos lo hemos experimentado muchas veces y es precisamente en estos momentos que necesitamos esa estructura de apoyo, esa guía de valores y principios que hemos arraigado en nuestras vidas mediante las incontables elecciones que hemos hecho a lo largo de los años.

Quizás la sabiduría más grande y la virtud más grande de la práctica budista es que está ahí todos los días, renovando sus profundos valores positivos y sus guías. Tanto en aquellos días en los que las cosas fluyen de acuerdo con la rutina como en esas ocasiones en las que encontramos fuertes retos y debemos enfrentarnos con quien realmente somos.

Nuestros valores son contagiosos

Y esa clásica pregunta tiene una hermana melliza, ¿qué *deberíamos* hacer? ¿Cómo *deberíamos* vivir? Porque por supuesto todos nacemos en una familia, y las familias se posicionan en comunidades y las comunidades a su vez en sociedades. *"Ningún hombre es una isla completa por sí mismo"*, nos recuerda el poeta[4]. *Nuestras elecciones tienen un claro efecto sobre todas las personas con quienes entramos en contacto. Lo que creen y hacen nuestros amigos y colegas nos afecta, así como lo que nosotros creemos y hacemos los afecta a ellos. Sin embargo, fue hasta muy recientemente que empezamos a ser consientes de lo poderoso y subliminal que llega a ser este efecto dominó, gracias a varios estudios inmensamente intrigantes llevados a cabo por* el sociólogo Nicolas Christakisla y otros académicos en la Universidad de Harvard[5].

Brevemente, lo que reveló su investigación es que los valores, los sentimientos y los patrones de comportamiento en nuestra vida se difunden natural y fácilmente entre nuestras redes de amigos, colegas y familiares, sin ningún esfuerzo ni actividad consciente, e incluso sin que caigamos en cuenta de que el proceso está ocurriendo. Es decir que es posible que no tengamos ninguna intención de difundir —o filtrar podría ser una mejor palabra—estas cualidades que incluyen cosas fundamentalmente importantes sobre nosotros como lo son nuestra integridad, nuestro respeto por los demás y nuestros estados de vida habituales como el optimismo y el pesimismo, y sin embargo la difusión o filtración ocurre.

Es más, y quizás esta es la más sorprendente revelación, la investigación reveló por primera vez el extraordinario *alcance de estas redes emocionales, ya que los investigadores dicen que este efecto dominó* no para con nuestra propia red de amigos y colegas como sería de esperarse. De hecho, sigue teniendo un efecto sobre las redes de amigos y colegas de los amigos y colegas de nuestros amigos y colegas, e incluso puede llegar más allá. Hablan de por lo menos tres grados de influencia. En mi opinión es un hallazgo sorprendente, y ha sido validado en muchos estudios hasta que ha llegado a aceptarse como una nueva perspectiva Estos científicos nos están diciendo que quienes realmente somos, nuestros verdaderos valores, nuestro *comportamiento, tiene un efecto no solo sobre nuestros amigos cercanos sino también sobre sus amigos y, más allá, sobre los amigos de sus amigos. Es decir, personas con quienes posiblemente nunca nos encontremos o de quienes solo escuchemos a través de historias contadas por amigos y colegas, e incluso sin darnos cuenta de que estamos trasmitiendo o recibiendo esas influencias.*

Los resultados de las investigaciones son tan claros que los sociólogos han adoptado un término del campo de la medicina para describir estas cualidades, valores y estados de la mente como *contagiosos,* como si pudiéramos transmitir a los demás, a través de una red muy amplia, nuestro respeto o irrespeto hacia las personas, o nuestro optimismo o pesimismo.

Así que el asunto del cual estamos hablando, que hemos denominado como ética o moralidad, no puede ser un asunto privado o personal como a menudo se presenta. Por supuesto que *empieza* con individuos, pero esencialmente no *se trata de* los individuos. Determina el efecto que tenemos como individuos sobre los que nos rodean y, más allá, sobre la sociedad, e incuso más allá de la sociedad humana hacia el medio ambiente, ya que está cada vez más claro que nuestra supervivencia como especie depende de cómo decidimos comportarnos los individuos y las comunidades en relación con todas las demás cosas en nuestro planeta.

La modernidad de las enseñanzas de Shakiamuni

Pienso que es importante tomar nota de la extraordinaria claridad y modernidad de las percepciones de Shakiamuni, quien hace tantos siglos habló sobre nuestra necesidad fundamental como seres humanos de vivir construyendo relaciones armoniosas y balanceadas entre las tres dimensiones o los tres círculos concéntricos, como se describen a veces, que constituyen nuestras vidas: nosotros en el centro, las extensiones de la sociedad humana alrededor nuestro y, luego, el medio ambiente en general.

Es extraordinario observar la manera en la que algunas de las más recientes teorías de los científicos y filósofos modernos recogen los mismos temas y expresan visiones extraordinariamente similares.

Jeffrey Sachs, por ejemplo, el reconocido economista estadounidense, al tratar de definir lo que él percibe como el singular reto que enfrenta la sociedad de hoy, de la que todos somos parte, aborda todas las dimensiones anteriormente mencionadas: nosotros mismos, la sociedad y el medio ambiente.

"La nuestra no es la generación que tuvo que enfrentar la Guerra Fría. La nuestra no es la generación que tuvo que lidiar por primera vez con el demonio nuclear, aunque seguimos luchando con él hoy en día. Nuestro reto, el reto singular de nuestra generación, es aprender a vivir en paz y de manera sostenible, en un mundo extraordinariamente saturado... enfrentándonos al reto de vivir juntos como nunca antes, y enfrentando un reto ecológico que nunca antes en la historia humana nos había amenazado de esta forma ..."[6].

Sam Harris, neurocientífico y filósofo, en su libro estimulante y controversial, *The Moral Landscape*, plantea lo que me parece ser un argumento extraordinariamente budista: que la base primaria para cualquier decisión debería ser la de incrementar el bienestar de la especie humana en su totalidad.

"A medida que entendamos mejor el cerebro, entenderemos cada vez más todas las fuerzas: la gentileza, la reciprocidad, la

confianza, el estar abiertos a nuevas ideas, el respeto por la evidencia, intuiciones de ecuanimidad, el control de los impulsos, la mitigación de la agresión, etc., que permiten que amigos y extraños puedan trabajar juntos en los proyectos comunes de la civilización. Entendernos a nosotros mismos de esta manera y usar este conocimiento para mejorar la vida humana será uno de los retos más importantes para la ciencia en las décadas venideras"[7].

"...que permiten que amigos y extraños puedan trabajar juntos en los proyectos comunes de la civilización..." es una frase poderosa que proyecta una visión inmensamente audaz; este vínculo inextricable y esencial entre el desarrollo del individuo y el progreso social. Se podría ver como la versión de un científico... o más bien de un neurocientífico, de la visión budista que mencionamos anteriormente, presentada por la eminente autoridad del budismo, Daisaku Ikeda.

"...solo una enseñanza que le da a cada individuo el poder para sacar a la luz su naturaleza buda puede llevar a todas las personas hacia la felicidad y transformar el ritmo de los tiempos. Es decir, la única manera de conseguir la felicidad y la paz para las personas, al final del día, es desarrollando nuestro gran potencial humano. No puede haber una solución sustancial a los problemas de la sociedad que no involucre el desarrollo de nuestro estado de vida"[8].

Nuestro estado de vida individual, nuestros propios valores y principios tienen un papel clave en la resolución de los profundos problemas que enfrenta la sociedad moderna. El budismo siempre nos ha enseñado que aunque una práctica budista es una actividad individual que permite que las personas comunes y corrientes construyan un ser interior más fuerte y resistente, solo tiene sentido si se vive en sociedad. Es decir, la determinación diaria de *vivir* según los principios budistas y no simplemente de conocer y comprender los principios, se vuelve visible sobre todo en nuestro *comportamiento,* y en la manera en la que manejamos las relaciones que ocurren a todos los niveles de nuestra vida, desde las más fugaz, hasta la más compleja.

Como es de esperar, hablamos mucho sobre la manera en la que una práctica budista nos puede ayudar como individuos a entender nuestras vidas y desarrollar relaciones felices y productivas dentro de un ámbito relativamente cercano, que incluye la familia, los amigos y los colegas. Por supuesto que estas son las relaciones que tienen la mayor influencia sobre nuestra vida; de hecho, se entretejen para crear la red que da forma a nuestras vidas, día tras día y año tras año. Y como todos sabemos, conseguir relaciones armoniosas, creativas y plenas incluso dentro de este pequeño espectro requiere de un considerable grado de esfuerzo, compasión y energía.

Pero la investigación de Nicolas Christakis y otras personas nos ofrece ahora una perspectiva diferente e inmensamente iluminadora frente a lo que siempre ha sido un tema importante entre las enseñanzas budistas. Esto es, que la manera en la que respetamos a los demás y reaccionamos frente a las personas que nos encontramos a lo largo de un día, desde nuestras parejas y colegas hasta los conductores de los buses y nuestros compañeros de viaje, tiene un claro efecto que se extiende mucho más allá de aquellas personas con las que nos hayamos encontrado, ya que ellas a su vez llevan esos efectos a sus propias relaciones y redes sociales.

El poder de la acción individual

Y ahora, así como nos lo recuerdan Jeffrey Sachs, Sam Harris y Daisaku Ikeda en sus opiniones tan cercanas, el reto más grande que enfrentamos todos los individuos en el siglo XXI es quizás aprender a levantar nuestra mirada, por decirlo así. Cómo extender este sistema de valores, tan importante y compasivo y que la práctica nos ayuda a desarrollar, más allá de nuestro círculo de amigos y colegas cercanos y hacia la sociedad más amplia, la sociedad global o la aldea global en la cual vivimos. Dicho de esta manera pareciera ser una simple ilusión. Pero el budismo siempre nos ha enseñado que ambas cosas están *indivisiblemente entrelazadas:* el individuo y lo social. Argumenta que el cambio fundamental hacia lo positivo tiene un *efecto dominó que perdura a través el tiempo,* ampliándose paulatinamente, quizás lentamente pero con un crecimiento continuo, desde nuestra familia hacia la sociedad local y más allá.

De hecho, el budismo nos enseña que una transición hacia una mejor sociedad con base en los principios de respeto hacia las demás vidas, simplemente no se puede crear a través de un proceso que vaya de arriba a abajo. Tiene que empezar con un profundo cambio que tome lugar en las vidas de numerosos individuos, lo que paulatinamente cambiará la manera en la que funcionan las comunidades.

Así que el budismo ubica el poder de la acción individual en el centro de su enseñanza ética, y no cabe duda, por ejemplo, de que la mayoría de los seres humanos quiere la paz, aunque la mayoría sin duda cree que es algo imposible de lograr. Y de todos modos, no parece haber ningún camino significativo que se pueda seguir para lograrla. El budismo, sin embargo, todos los días nos recuerda dos verdades poderosas: que sin importar cuán difícil sea conseguirla, la paz sigue siendo un objetivo significativo y deseable, y que rendirnos y pensar que no vamos a alcanzarla no es una opción válida. No importa cuán difícil sea el camino, este empieza a nuestros pies y podemos empezar a caminar por él en el momento que queramos. Es necesario que cada uno de nosotros entienda, con la vida entera, que no somos impotentes y que podemos, a través de nuestras elecciones y acciones personales, afectar de manera profunda y benéfica nuestra sociedad y el medio ambiente.

Lo que elijamos hacer, los valores y los principios que elijamos adoptar, sin duda, importan.

¿Qué queremos decir cuando hablamos de la moralidad?

Esta es una pregunta clave en nuestra comprensión del budismo. ¿Por qué? Porque estamos completamente acostumbrados, e incluso condicionados, a la idea de que las religiones tienen una serie claramente definida de mandamientos, un dogma, o unas reglas de comportamiento que básicamente nos dicen cómo deberíamos vivir. Unas reglas que debemos observar para vivir lo que cada religión define como una buena vida, para nosotros y para la sociedad que habitamos.

En el mundo occidental, los Diez Mandamientos proveen el ejemplo perfecto. En el judaísmo y el cristianismo, constituyen lo que ha sido descrito por los historiadores religiosos como el universal y atemporal estándar del bien y el mal, y están tan arraigados en la psiquis occidental que se han convertido en el modelo de las religiones. Aunque no seamos judíos o cristianos se nos facilita recordarlos todos. Para los judíos, los mandamientos cubren todos los elementos de fundamental importancia para un individuo que vive en sociedad. La obligación más grande, venerar solo a Dios. El daño más grande que se puede hacer a otra persona, matar. El daño más grande a los vínculos familiares, el adulterio. El daño más grande a la ley o al comercio, falso testimonio. La obligación generacional más grande, honrar a nuestra madre y padre. Y la obligación más grande a la comunidad en la cual vivimos, decir la verdad y no codiciar ni robar los bienes de nuestros prójimos.

Cuando el cristianismo se alejó de sus raíces judías se llevó consigo los Diez Mandamientos. Cuando el protestantismo se alejó de la teología católica, hizo lo mismo. Así que no debería sorprendernos el hecho de que estas religiones constituyen el modelo primario que la mayoría de quienes hemos sido criados en un entorno judeo-cristiano tenemos fijado en nuestras cabezas, en cuanto a lo que dicen las religiones sobre la moralidad. Y, por supuesto, algo parecido sucede en la otras grandes tradiciones religiosas; es decir que son altamente prescriptivas. El islam establece códigos de comportamiento muy precisos que incluyen los detalles de la vida diaria como, por ejemplo, cuándo hay que rezar, y cuándo y qué se puede o no comer. El hinduismo, incluso en el mundo moderno, tiene un estricto sistema de castas que establece los caminos de vida que las personas pueden o no seguir.

Tendemos a suponer que el budismo también tiene sus dogmas, o reglas de comportamiento, claramente definidos. *No los tiene.* Como hemos visto, Edward Conze de la Universidad de Cambridge nos recuerda en su historia del budismo, *"El Buda siempre recalcó el hecho de que era un guía, no una autoridad, y que todas las proposiciones religiosas se deben comprobar, incluyendo las suyas"*[9].

El budismo no es normativo
La implicación de esa descripción es profunda, y se podría argumentar que el gran poder social y ético del budismo –

en particular en el mundo moderno con su poderoso impulso hacia el liberalismo y la autonomía individual– yace en el hecho de que no es normativo. De hecho, el budismo busca hacernos mucho más conscientes de los efectos de nuestras acciones, sean estos buenos, malos o indiferentes, para nosotros y para los demás; y es siempre para nosotros y para los demás, ya que están inextricablemente vinculados. Practicamos para nosotros y para los demás. Y luego ubica la responsabilidad de estas acciones en nosotros. Se podría decir que la responsabilidad personal es la base misma de la ética budista. Nosotros y solo nosotros, enseña, somos responsables por las causas que emprendemos, y por los efectos que estas causas siembran en nuestra vida.

Se podría argumentar que rara vez ha habido una necesidad más grande de un principio como este en la sociedad occidental. No cabe duda de que si hubiera tal comprensión, tal movimiento para cultivar y nutrir un sentido profundo de responsabilidad personal por todas nuestras acciones, de modo que se generalizara en la sociedad, se enseñara en los colegios, se promoviera en la política pública, esto podría transformar la calidad de nuestras vidas, particularmente en nuestros pueblos y ciudades cada vez más pobladas.

Todos buscamos vivir en comunidades y sociedades en las cuales podamos experimentar libremente la imparcialidad, la justicia, la compasión y el respeto a los demás como el contexto de nuestra vida. Y crear tal contexto es precisamente el abrumador propósito y el impulso de la aproximación budista a la moralidad.

Así que el budismo se propone describir en gran detalle la manera en la que funcionan nuestras vidas: qué tipos de pensamientos y acciones son disfuncionales porque nos provocan ansiedad y sufrimiento, para nosotros y para los que nos rodean; cuáles pensamientos y comportamientos llevan a un sentido más amplio de esperanza, optimismo y bienestar, para nosotros y para los que nos rodean. Este es el acervo acumulado de entendimiento y sabiduría sobre el comportamiento humano que el budismo nos presenta. Se trata básicamente de esto; de un profundo entendimiento sobre los motivos e impulsos que orientan el comportamiento humano, y su efecto sobre nuestro sentido de bienestar. Esta es una de las razones, por ejemplo, por las cuales muchos psicólogos modernos están tan interesados en el cuerpo de conocimiento budista[10].

Es tu vida, y tú eres responsable por ella

Pero el punto clave que hay que recordar de esta breve exposición, es que el budismo es esencialmente *observacional* en lugar de *prescriptivo*. Esta es la diferencia clave entre el budismo y otras grandes tradiciones religiosas. Así que, ¿cómo funciona esto? ¿qué significa en los términos prácticos de nuestra vida diaria? Esencialmente significa que, a la luz de este profundo entendimiento de la naturaleza humana que nos presenta, el budismo argumenta que es *tu* vida. Nadie la puede vivir por ti. Nadie te puede decir cómo vivirla. Solo tú puedes resolver los diferentes impulsos, influencias, oportunidades y retos que te encuentras en tu *singular* trayecto de vida, nadie más lo puede hacer por ti y, por ende, solo tú puedes encontrar tu manera de resolver esas influencias. Este es el meollo del asunto.

Como lo ha expresado Daisaku Ikeda:

"El Buda Shakiamuni explicó el espíritu fundamental del budismo como un sentido de responsabilidad individual", eres tu

único maestro, ¿Quién más? Domínate a ti mismo y descubre tu maestro. "En otras palabras, cada uno tiene que ser responsable por su propia disciplina y por cultivar una vida con sentido"[11].

Así que el budismo nos abre una perspectiva totalmente distinta. Mientras que todas las demás religiones se construyen alrededor de lo que se podrían llamar *códigos de comportamiento* que describen, en términos precisos, como hemos visto en el caso de los Diez Mandamientos, lo que implica llevar una vida buena y generadora de valor. El budismo se construye esencialmente en torno a la idea de la *responsabilidad personal*. Las metáforas que se usan vívidamente refuerzan esta idea. Nosotros mismos somos los únicos jardineros de nuestro jardín de vida. Nosotros mismos somos los únicos actores de nuestra historia de vida. En todos los sentidos, es nuestro asunto, nuestra elección, nuestra responsabilidad, y tenemos que ocuparnos de hacerlo. Por supuesto que nos ofrece una guía clara en cada paso del camino; un manual de uso que se ha escrito con base en muchos siglos de experiencia sobre el comportamiento humano en un mundo complicado. Y la práctica diaria budista es el programa de soporte esencial que nos ayuda a desarrollar la *sabiduría*, la *compasión*, el *valor* y la *disciplina personal, para ayudarnos a manejar esta* responsabilidad de manera más efectiva.

Y, argumenta el budismo, la disciplina y el valor son muy necesarios.

La vida es dura

El budismo fue *creado* a partir del reconocimiento de que la vida es dura, y la manera en la que elegimos responder a esta dureza determina la naturaleza de nuestra vida. No solo para algunos sino para todos nosotros. Sin excepciones.

Para aquellos que tienen una porción generosa de los bienes del mundo, y para los que no. Lo único que cambia es la naturaleza de la dureza.

Quizás me aparte un poco del tema principal, pero quiero expandir sobre esa idea ya que nos dice algo muy importante sobre cómo funcionan las enseñanzas budistas en el mundo moderno. A menudo nos autoengañamos, pero no existe una defensa perfecta que podamos construir para mantener a raya el estrés y las tensiones que acompañan nuestra humanidad. Ninguna. Ni el estatus, ni la riqueza, ni el éxito, ni el poder. Puede que la prosperidad material cambie las circunstancias superficiales, puede ayudar a eliminar el hambre o el frío, pero no cambia la condición humana fundamental. En este sentido, todos estamos en el mismo barco. Y nunca ha sido tan evidente como lo es hora en esta denominada era de la celebridad, en la que las vidas de aquellos que llegan a tener el más mínimo atractivo son reveladas ante nosotros todos los días en las revistas dedicadas a esta tarea, sin hablar de los periódicos que siempre están a la búsqueda de los escándalos más recientes para vender unos ejemplares más.

Si miramos un poco más allá de la superficie de la vida de una princesa, un primer ministro, una estrella de televisión o un ícono del fútbol, es fácil ver que más allá de la superficie glamorosa ellos padecen del mismo dolor y sufrimiento que el resto de nosotros, y de hecho mucho más en algunos casos. La riqueza y el éxito traen sus propias presiones. Para resumir, nadie puede comprarse una manera de salir de las dificultades de la vida. Y como todos sabemos, una vez resueltos, los problemas actuales que podamos tener serán remplazados por otros, y así sucesivamente. Son una parte tan natural de la vida en este planeta como lo es la gravedad, y así como las manzanas siempre caen al suelo, de la misma manera la vida humana siempre está llena de complejidades y problemas.

Los problemas nos ayudan a entrenarnos

Así que el hecho claro y demostrable es que el budismo no tiene que ver con buscar un tipo de refugio que nos aísle de la complejidad de la vida moderna en un santuario interior. Ni se trata de e*stoicismo, o de soportar el peso y* aprender a agachar la cabeza y aguantarnos la tempestad. Tampoco se trata de permanecer calmados y pacientes cuando alrededor nuestro todos están más bien perdiendo la calma y la paciencia. Nada por el estilo. Si tuviera que escoger una sola palabra para describir la práctica budista, creo que esta palabra sería *desafío*. Porque justo en el corazón del budismo se encuentra la idea de que, aunque por supuesto no podemos cambiar la naturaleza compleja y problemática de la vida humana, sí es posible cambiar fundamentalmente *nuestra actitud* hacia los problemas recurrentes y difíciles. Es decir, podemos entrenarnos para desafiarlos y reaccionar de manera positiva en lugar de negativa.

A primera vista puede no parecer muy retador, ¿esto es todo? podrías pensar. Pero si lo pensamos bien por un momento nos damos cuenta de que sí es un desafío, y uno complicado. Básicamente, el budismo nos pide entender que los problemas y las dificultades que tanta ansiedad nos causan y que tanto intentamos evitar a causa de nuestra ingenuidad, no solo son una parte inevitable de la vida sino que también son importantes para nuestro bienestar, o de hecho pueden incluso ser esenciales. ¿Cómo puedo decir esto? Porque este flujo constante de dificultades y problemas nos proporciona la única plataforma de entrenamiento que puede existir, el único *gimnasio* en el cual podemos desarrollar nuestro músculo emocional y espiritual. Provee, nos recuerda el budismo, el único medio disponible para sacar el mejor provecho de quienes somos; para convertirnos en los individuos más fuertes, resistentes, recursivos y optimistas que seamos capaces de ser. Y todos queremos poseer estas cualidades ¿no? Pero no estamos tan seguros sobre la manera en la que las podemos conseguir. El budismo nos abre esta nueva percepción de cómo lo podemos hacer.

Si esto te suena como una propuesta un poco excéntrica, por no decir perversa, lo único que puedo decir es que yo también la sentí así al comienzo. *"¿Quién necesita problemas?"* fue mi respuesta inicial. Pero, por supuesto, *necesitarlos* no es el asunto, lo importante es cómo *ocuparse de ellos* cuando inevitablemente surgen y nos causan tanto dolor y sufrimiento. El budismo nos enseña que la clave para desatar una situación es verla como realmente es. No es tanto el problema lo que nos causa sufrimiento, sino nuestra respuesta frente al problema. Puede que suene a una distinción irreal, pero de hecho es una distinción de fundamental importancia. Tan fundamental que una vez que entendamos la verdad de este asunto nos puede cambiar la vida por completo.

De hecho, si esta es la única verdad de este libro con la que te quedes, entonces habrá valido la pena escribirlo. El budismo argumenta que, dependiendo de nuestra actitud, un problema se puede volver una causa de sufrimiento o una fuente de *crecimiento personal*. Y la diferencia en actitud, argumenta el budismo, el cambio de una mentalidad negativa a una positiva, es crucial cuando se trata de lograr esta enorme diferencia en el resultado. Y, seamos sinceros, esto es lo que todos queremos ¿no? Independientemente de nuestras circunstancias personales todos desearíamos residir en un estado de vida positivo en lugar de uno negativo.

Así que una práctica budista se enfoca básicamente en lograr este crucial cambio de actitud, y lleva a una fuente nueva de energía y determinación. No es posible simplemente pensar en hacerlo: *"De ahora en adelante voy a vivir de esta manera". La v*ida no es tan simple. Tenemos que aprender cómo hacer el cambio. Al igual que un atleta tiene que entrenar duro para desarrollar nuevos músculos y nuevos reflejos y así sacar el mejor provecho de su cuerpo, de la misma manera tenemos que aprender una nueva serie de habilidades, respuestas y maneras de pensar. No se trata de llegar a un destino, es un viaje continuo.

Existe un notable texto budista que dice *"No hay un camino a la felicidad… la felicidad es el camino". Y este es precisamente ese camino. Aprender a lograr este crucial cambio de* actitud frente a las cosas difíciles en nuestra vida.

La conexión entre causa y efecto
Una de las ideas centrales de la práctica budista es el principio de que somos responsables de nuestras acciones, o causas, tanto de las buenas como de las malas y de las indiferentes, y de la misma manera somos completamente responsables por los *efectos que estas causas plantan en nuestra vida, como semillas, bien sean* buenas, malas o indiferentes. El budismo enseña que en algún momento y en algún lugar, estas semillas van a dar fruto. Esta noción de causa y efecto abarca todo el espectro de comportamiento, pensamiento y hechos, y es claramente central a un entendimiento más completo de la ética budista.

Los budistas a menudo usan la frase "*El budismo es la razón*" para describir su práctica. No se trata solamente de que el budismo se asemeja mucho al sentido común. También observan que hay un profundo equilibrio, un sentido de una relación razonable, significativa e inevitable entre lo que hacemos, las *causas,* y los *efectos que esas acciones,* pensamientos, palabras y hechos siembran en nuestras vidas. Inevitablemente cosechamos lo que sembramos. Aunque sobra decir que solo rara vez, casi nunca, percibimos o entendemos la conexión entre las causas y los efectos que estas generan.

De hecho, incluso pensar que vamos a entender esta conexión significa de alguna manera que no captamos la idea desde el principio. Por supuesto que a todos nos puede ocurrir alguna situación en la que la conexión sea muy clara; por ejemplo, cuando hacemos grandes esfuerzos y logramos lo que queremos, o cuando no nos esforzamos lo suficiente y perdemos una oportunidad que estaba a nuestro alcance. Pero estas claras conexiones son la excepción y no la regla. Y ya que el budismo se trata de la realidad concreta de la vida diaria, no habla de una conexión directa y *perceptible entre las* causas que hacemos y sus efectos. Esto sería simplemente irreal.

Lo que sí enseña, sin embargo, es que una vez que adoptemos esta idea principal de aceptar la *responsabilidad total* por los *valores* que adoptamos, por nuestras elecciones y por nuestras acciones, y los percibamos como nuestras *causas*… entonces estaremos introduciendo una dinámica nueva y poderosa en nuestras vidas. Una dinámica que solo puede tener resultados positivos y benéficos para nosotros, nuestras familias, amigos, colegas y comunidades, porque nos empodera y nos deja a cargo de lo que se podría denominar las dos partes de la ecuación.

Hacer nuestra revolución humana

Por supuesto que esto es muy exigente, en particular si estamos atravesando un momento difícil en el cual preferiríamos culpar a otra cosa o persona. "Mira lo que *me sucedió*" decimos, o "Mira lo que me *hicieron* hacer". Normalmente señalamos cualquier otra cosa como la causa de nuestro predicamento actual, en lugar de mirar hacia adentro. Todos lo hacemos. Y por supuesto, aceptar la responsabilidad completa en cualquier esfera de la vida es algo retador. Se podría argumentar de hecho que el budismo Nichiren es al mismo tiempo inmensamente original porque no establece una serie de códigos de comportamiento a seguir, e inmensamente retador por el hecho de que nos pide *siempre* aceptar la responsabilidad total por las causas que hacemos.

Pero como ya hemos mencionado, si lo pensamos un poco podemos ver que es un acercamiento a la realidad diaria de nuestra vida que también está lleno de esperanza y optimismo, ya que una vez que aceptemos que las causas yacen en lo profundo de nuestra propia vida, entonces podemos inmediatamente entender que ahí también yacen los *remedios. Podemos ver qué cosas no están funcionando y ajustarlas. Puede que no siempre lo logremos pero podemos empezar a viajar por este camino.*

Los budistas Nichiren muchas veces se refieren a este aspecto de la práctica como *"hacer la revolución humana"*, y la frase es indudablemente apropiada en el sentido de que simplemente tener la confianza de que podemos encargarnos de la parte de nuestra vida que no esté funcionando, o que nos esté causando mucho sufrimiento, para así cambiarla, es indudablemente algo revolucionario. Todos quisiéramos poder hacerlo. Y si lo piensas bien, no existen muchas filosofías o técnicas de vida que nos ayuden a reconocer la fuente del problema de esta manera, y que ofrezcan métodos prácticos y comprobados para arreglar el problema.

Vivir con respeto

Déjenme terminar esta discusión mencionando brevemente el tema del *respeto*, porque resalta lo que es un punto general inmensamente importante. Sin duda, una de las contribuciones más importantes que se hace al introducir la consideración de los valores budistas en cualquier discusión sobre el comportamiento humano, es que realmente trascienden las culturas, no tienen límites, y son verdaderamente universales. Si nos preguntamos directamente, ¿qué es lo que el budismo nos pide *demostrar* en nuestras relaciones con los demás –todos los demás, sin excepciones– que nos ayudará a crear el valor más grande en nuestra propia vida y en nuestras comunidades? La respuesta muy clara tiene que ver con la noción del *respeto*. Es un pilar central y dominante del pensamiento budista.

Daisaku Ikeda nos recuerda constantemente su importancia,

"La desdicha de los demás es nuestra propia desdicha. Nuestra felicidad es la felicidad de los otros. Vernos a nosotros mismos en los demás y sentir un sentido interno de unidad con los otros representa una revolución fundamental en la forma en la que vivimos nuestras vidas. Por lo tanto, discriminar a otras personas es lo mismo que discriminarnos a nosotros mismos. Cuando herimos a otra persona nos estamos hiriendo a nosotros mismos. Y cuando tratamos a los demás con respeto estamos respetando y elevando nuestra propia vida"[12].

Tanto Shakiamuni como Nichiren tenían percepciones profundamente revolucionarias sobre la manera en la que deberían funcionar las sociedades para crear el valor más grande para todos. Esas percepciones estaban basadas esencialmente en que todas las personas aprendieran a respetar la dignidad y la humanidad de todos los demás seres humanos con quienes entraran en contacto, independientemente de las circunstancias. Era revolucionario entonces en el sentido de ser un ideal al cual aspirar. Y cuando se expresa en estos términos tan precisos sigue siendo bastante retador hoy en día. Pero seamos absolutamente claros sobre lo que nos pide, porque es un llamado difícil y que, si empezamos a practicar, no vamos a podemos esquivar.

Esencialmente, argumenta el budismo, si queremos vivir o criar a nuestros hijos en una sociedad que se basa fundamentalmente en el respeto por las vidas de los demás, como sin duda la mayoría de nosotros lo quiere, entonces tenemos que esforzarnos por ser nuestros propios *modelos de conducta* por decirlo así. Tenemos que *mostrar ese respeto como una cualidad indispensable en todos nuestros encuentros y relaciones. No quiere decir que todo el mundo nos tiene que caer bien, ni que tengamos que caerle bien a todo el mundo, ni mucho menos incluirlos en nuestra vida. Pero sí tenemos que ir más allá de lo que normalmente haríamos para reconocer nuestra humanidad común, independientemente de las circunstancias del encuentro. Este es el punto clave. Nada más, y significativamente, nada menos que eso. Como tantas otras cosas, el* budismo nos pide hacer esta elección positiva y creadora de valor.

La libertad de elección
El budismo se basa mucho en el principio de la libertad de elección. Recordemos que no es una moralidad que nos *diga* cómo comportarnos, nosotros *elegimos*. Y esta libertad de elección, junto con la responsabilidad fundamental de la que hemos estado hablando, se extiende a través de todo el

espectro de nuestra vida. Una interpretación importante de la palabra responsabilidad es de hecho: *responder-habilidad*. Es decir, siempre podemos elegir cómo respondemos. Así que la manera en la que experimentemos cualquier relación es una cuestión de elección. Buena o mala, negativa o positiva, constructiva o destructiva, nosotros elegimos.

No es algo que nos hagan, si lo podemos decir de esta manera. *Nadie nos lo hace.* Nosotros mismos lo hacemos. Claramente podemos elegir responder a las partes que no nos gustan, o que sentimos como las molestias, irracionalidades, o inconsistencias en el comportamiento de otra persona que *nos irritan*, o hacen que una relación se vuelva inconveniente o incómoda para nosotros. Esto lo podemos hacer si nos gustan las elecciones negativas. O podemos tomar la decisión positiva y buscar más profundamente entre nuestros recursos personales y determinar que vamos a crear valor a partir de la situación independientemente de nuestra reacción inicial. Claramente esto no ocurre siempre, solo somos humanos. Pero una práctica budista está dirigida a ayudarnos a ser más conscientes, y así reconocer lo que está pasando en el encuentro o en la relación con mayor rapidez, para de esta manera tomar una decisión positiva más a menudo.

Habrán visto que hemos estado usando la palabra *elección* a través de todo el argumento, y es inevitable que siga apareciendo muchas veces más a lo largo de este viaje, ya que es crucial a la hora de entender de qué se trata el budismo, y de hecho a la hora de entender de qué habla cuando habla de la felicidad o del bienestar en esta vida.

Muchas veces se ha expresado que no puede haber felicidad sin esperanza u optimismo, y no puede haber esperanza u optimismo sin la libertad de elección… junto con, yo añadiría, ese profundo sentido de responsabilidad personal del que hemos hablado. Las dos cosas tienen que ser inseparables.

Y de alguna manera este es el punto clave de toda esta discusión que hemos tenido sobre el budismo y la ética. Esta *es* la aproximación budista básica a todas las relaciones de todo tipo, a lo largo y ancho del campo de la experiencia humana. Se basa firmemente en la percepción central de Shakiamuni de que todo ser humano, sin excepción, tiene el profundo potencial para alcanzar la budeidad en su vida. Y el propósito de la práctica diaria es de alguna manera agudizar nuestro reconocimiento de ese potencial en nosotros mismos… y en los demás.

Y es hacia allá que nos dirigimos en el siguiente capítulo, a desmitificar la palabra práctica.

Capítulo Siete

El budismo y la práctica

Hay una frase llamativa que encontré años atrás y que no he podido olvidar. De vez en cuando, cuando las circunstancias lo ameritan, vuelve a surgir y a hacerse muy presente. La frase es:

"No vemos al mundo como es, sino como somos nosotros".

Lo que me llama la atención es que, en tan pocas palabras, encapsula una sabiduría tan profunda que una vez que la escuchamos es posible que nunca más la olvidemos. Esta frase en particular no deriva de la tradición budista, viene de los textos que constituyen el antiguo Talmud judío[1]. Sin embargo, expresa una idea que yace en el centro de la enseñanza de Shakiamuni, y es que, esencialmente, cargamos con nuestro entorno.

Nos recuerda que, aunque creamos que lo que hacemos cada día es pasar por una especie de realidad externa a la cual reaccionamos de diferentes maneras, en realidad no es así. Nos dice que es, de hecho, nuestro propio estado de vida, nuestra propia actitud, lo que somos en nuestras cabezas, lo que en realidad tiene un papel muy importante en la manera en la que experimentamos todo lo que nos encontramos en la vida y en nuestras relaciones. Es necesario que percibamos nuestra abrumadora responsabilidad de crear y dar forma a nuestra propia realidad y entorno.

Incluso con tan solo unos pocos instantes de reflexión podemos entender esta verdad esencial. Todos sabemos que somos capaces de tener días grises y tristes, y también de tener días brillantes y soleados que no tienen nada que ver con lo que esté pasando afuera de nuestras ventanas; son creados completamente por nuestro propio *clima interior*. Todos hemos experimentado, quizás más que todo en el ámbito laboral, el efecto alentador e inspirador de un colega que parece siempre tener una vida interior recursiva, brillante y optimista, y que consigue que todo un equipo se contagie y energice incluso ante una tarea abrumadora. Y todos hemos experimentado lo contrario; es decir, la manera en la que el ánimo de un equipo completo se puede bajar por la energía de un colega que llega a la oficina lleno de negatividad y la dispersa por todos lados.

Pero lo clave que deberíamos aprender de esta antigua enseñanza tiene que ver con la estrategia esperanzadora que propone. Porque nos asegura que sí tenemos la habilidad de *transformar* nuestras vidas. Si tan solo pudiéramos encontrar una manera de desarrollar y sostener un estado de vida interior que sea consistentemente esperanzador, optimista y resistente, entonces esta se convertiría en una perspectiva dominante desde la cual podríamos percibir y dar forma a nuestro entorno... nuestra realidad... nuestra vida.

Esencialmente, de esto se trata la práctica budista.

La práctica budista diaria se trata precisamente de desarrollar una consciencia mucho más amplia, o un *mindfulness* sobre nuestro *clima interior,* sobre dónde nos encontramos en nuestra cabeza y el profundo efecto que esto tiene en nuestras propias percepciones, y en todos los que nos rodean.Y busca incluso llegar más lejos, y ayudar a generar la determinación de hacer algo *positivo* al respecto. Es decir, de conducir todos los elementos de nuestras vidas hacia el extremo positivo del espectro, alimentando las cualidades de esperanza, optimismo y resiliencia para que se puedan convertir en una parte consistente de nuestro acercamiento diario a la vida.

¡Queremos convertirnos en el colega brillante, recursivo y optimista que todos quisieran tener en la oficina!

Un programa de entrenamiento diario

El budismo usa la palabra práctica de la misma manera en que la usamos cuando hablamos de cualquier otra esfera de la actividad humana. No es un termino técnico. Cuando practicamos algo, sea lo que sea, no lo hacemos simplemente porque sí, practicamos para desarrollar mejor las habilidades que estamos tratando de adquirir. Cualquier atleta, músico, o artista sabe que si no practica no puede alcanzar todo su potencial. Y tener un talento innato no significa que nos podamos dar el lujo de entrenar o practicar menos. Entre mayor sea el talento, más tienen que entrenar los atletas y los músicos porque tienen un potencial mayor que alcanzar. Hay pocas personas que entrenan tan duro como los atletas olímpicos o los miembros de una orquesta, por ejemplo.

Del mismo modo, sin importar lo inherentes que sean las cualidades que el budismo enseña que todos tenemos en el centro de nuestras vidas, se requiere un compromiso verdadero y una práctica sostenida para aprender a sacarlas a la luz, para entenderlas de manera más completa y usarlas fácilmente en nuestras vidas diarias. Así que, desde esta perspectiva, la práctica budista no debería ser considerada como un ritual religioso, sino como una disciplina personal. De hecho, se podría considerar una clase de *programa de entrenamiento* personal, que es diario y dura toda la vida, algo parecido a un programa de entrenamiento diario en el gimnasio, por ejemplo, orientado a lograr un mejor estado físico. Excepto que cuando se trata de la práctica budista, estamos hablando de desarrollar músculo *espiritual*, una resistencia y optimismo interior que sean lo suficientemente fuertes como para no ser desarmados por los problemas, las dificultades y el sufrimiento que todos inevitablemente encontramos en nuestra vida.

Y la palabra "entrenamiento" en este contexto es muy significativa, porque es precisamente lo que estamos haciendo con la disciplina de la práctica diaria, estamos *entrenando* nuestra mente, estamos dando forma a nuestro acercamiento a la vida. Y si analizamos el trabajo de los psicólogos y de otros científicos sociales en este campo, sus hallazgos apoyan directamente la idea de que una práctica *regular* y *continua* en el tiempo es absolutamente clave para desarrollar habilidades en cualquier campo, incluso para desarrollar estas habilidades de vida tan deseables de las cuales hemos estado hablando como, por ejemplo, la esperanza, el optimismo, el valor y la compasión.

El economista Richard Layard argumenta

"El hecho es que podemos entrenar nuestros sentimientos. No somos simples víctimas de nuestra situación o de nuestro pasado... podemos abordar nuestros malos sentimientos y remplazarlos con sentimientos positivos, aprovechando la fuerza positiva que todos tenemos, la mejor versión de nosotros mismos"[2].

Así que Layard habla directamente de usar este "entrenamiento" regular para crear o revelar *"la mejor versión de nosotros mismos"*. Y lo dice un científico social, ¡no un maestro budista!

Igual que Daniel Goleman, Layard también usa la analogía de los músicos profesionales. Solo puedes interpretar a Mozart en un concierto si tienes la determinación interior de practicar diariamente durante largos periodos de tu vida. Y este tipo de práctica diaria regular, explica Layard, bien sea para mejorar nuestras habilidades musicales o para *"entrenarnos en la habilidad de ser felices"*[3], sin duda tendrá un profundo efecto sobre la clase de personas que somos, y sobre cómo nos comportamos y reaccionamos frente a las circunstancias y las personas que nos encontramos en el camino.

El Profesor Ericsson de *Florida State University* es otro gran defensor del rol absolutamente primario del *esfuerzo y la práctica* en cualquier campo que queramos dominar. Su investigación nos aclara que no se trata de nuestras habilidades ni de talento innato (aunque claramente estas cosas son importantes), sino que el factor crucial para llevar cualquiera de nuestras habilidades a un nivel más alto es el *esfuerzo* que le dediquemos. Y equipara el esfuerzo directamente con el *tiempo que le consagremos a la* práctica, práctica, práctica[4].

El Profesor Martin Seligman de la Universidad de Pennsylvania, a quien ya hemos citado varias veces, no solo expresa su sincera concordancia con esta visión, sino que añade el comentario de que un aspecto crucial de todo el proceso es que nosotros somos los que elegimos practicar; *nosotros* hacemos el esfuerzo, es *nuestra* elección, "... *el ejercicio de la elección consciente*", *como él lo explica*[5].

Nadie nos obliga. El valor que nos puede transformar la vida yace precisamente en el hecho de que somos *completamente responsables* de decir cuánto esfuerzo, determinación, y práctica queremos invertir en cualquier cualidad o habilidad que queramos desarrollar. Y esto nos lleva de vuelta a la proposición budista más básica de que, si estamos preparados a invertir la suficiente *determinación* para lograrlo, y si le invertimos el esfuerzo necesario, podemos *elegir* la esperanza, el optimismo, la fuerza y el bienestar como las bases fundamentales de la vida que queremos vivir.

¿Pero cómo se logra?

Pero incluso a medida que escribo, soy muy consciente de que es mucho fácil decirlo que hacerlo. Independientemente de cuánto nos atraiga la idea, no podemos lograrlo sin ayuda, sin algún tipo de disciplina o estructura, algún tipo de andamiaje desde el cual podamos reforzar consistentemente nuestra determinación y fortalecer nuestro deseo de cambiar. Esta es la esencia de lo que nos ofrece la práctica budista. Provee la estructura esencial, el *método o la disciplina, que nos permite hacernos cargo de nuestras vidas de manera* racional y mesurada, para direccionarlas hacia la meta que queramos.

Así que, a pesar de los numerosos estereotipos e ideas equivocadas que prevalecen en el mundo occidental sobre el budismo, una práctica budista no es de ninguna manera esotérica ni de otro mundo. Claro que es diferente a nuestras normas culturales arraigadas, pero es siempre inmensamente práctico y pragmático. Un elemento clave que no se nos puede olvidar es que no tiene nada que ver con el tipo de resultado que normalmente asociamos con las costumbres religiosas, es decir, con una promesa de ser premiados en algún tipo de vida después de la muerte. Tiene que ver más bien con establecer un sentido más amplio de bienestar en medio de la dura realidad de esta vida.

¿Qué significa esto en términos de los altibajos de la vida diaria? Significa cambiar el patrón de nuestras reacciones a los altibajos, no reaccionar de manera positiva a las cosas buenas y negativa a las cosas malas, no subir y bajar según las circunstancias del momento, que es como vivimos muchos de nosotros. Y en su lugar buscar desarrollar, con la ayuda de la práctica, un núcleo interno de optimismo, resiliencia y confianza mucho más estable, para que podamos reaccionar de manera positiva y optimista más a menudo, independientemente de las circunstancias en las que nos encontremos. A menudo los practicantes dicen que el mayor beneficio que han recibido de la práctica es un sentido de estabilidad mucho mayor que no permite que las circunstancias externas los afecten tanto. No significa necesariamente que tengan más control sobre sus vidas, pero sin duda son más capaces de controlar sus reacciones.

¿Esto quiere decir que podemos disipar la ansiedad de nuestras vidas? Claro que no. Después de todo somos humanos y las dudas, las ansiedades y las frustraciones siguen siendo parte de la mezcla diaria de nuestra humanidad esencial. La diferencia clave en mi experiencia es que, aunque siguen siendo parte de nuestra vida, ya no tienen el poder de tomar las riendas. Las vemos antes, y podemos reconocerlas por lo que son, porque la práctica nos ayuda a aclarar y a fortalecer la crucial cualidad de la autoconsciencia, y porque estamos aprendiendo a reaccionar a las cosas negativas de manera más positiva y creativa.

Está claro para todos que tener la capacidad de reaccionar de manera fuerte y positiva a las cosas negativas es una cualidad de inmenso valor. A todos nos sirve tener esta cualidad. Es más, este propósito de la práctica está completamente en sintonía con lo que nos dicen los psicólogos modernos sobre las respuestas positivas y negativas. Por ejemplo, nos dicen que no podemos tener sentimientos negativos y positivos *al mismo tiempo*[6]. Por supuesto que podemos sentirnos confundidos, y a menudo nos sentimos así; podemos alternar entre el sentimiento positivo y el negativo, pero no los podemos sentir al mismo tiempo. Así que el objetivo se torna más claro; entre más aprendamos a sacar de nuestro interior respuestas positivas para lidiar con las cosas que nos presenta la vida, menos espacio tendremos para experimentar sentimientos negativos.

Un recurso adicional

Por sí sola, la anterior es otra lección que nos puede cambiar la vida, tan sencilla y al mismo tiempo tan poderosa en sus implicaciones. Y es precisamente lo que tengo en mente cuando hablo de la práctica budista como algo práctico y realista, y no esotérico y de otro mundo. Así que, por ejemplo, cuando los budistas Nichiren están conscientes de que se acercan a un periodo de más estrés y dificultades en sus vidas, como por ejemplo un cambio de empleo o una etapa de mucho estrés en una relación, o un cambio de residencia, o una enfermedad, o simplemente una serie de exámenes, empiezan a *entrenar* más. Incrementan su práctica para lograr una autoconfianza y una resistencia superior, y una fuerza vital más amplia que pueda apoyarlos a través de un momento difícil.

Es algo intencionado, consciente y práctico. Los budistas Nichiren usan la práctica como un recurso adicional que tienen a su disposición. *El budismo es la vida diaria...* y de alguna manera esta frase que suena tan simple se encuentra en el centro del mensaje budista. Estamos muy acostumbrados en Occidente... se podría incluso decir que estamos entrenados por la naturaleza de nuestro sistema educativo y por nuestra cultura, a vivir nuestras vidas impulsados por tres motores primarios; nuestro intelecto o la manera en la que pensamos, nuestras emociones o lo que sentimos y nuestra persona, nuestra apariencia o cómo nos presentamos. Ponemos mucho énfasis, como debe ser, en nuestra habilidad intelectual para pensar la manera de resolver nuestros problemas. Todos necesitamos esa racionalidad básica. Le otorgamos mucho valor a la expresión emocional o, como se dice hoy en día, a estar en contacto con nuestras emociones. Y nos preocupan cada vez más, probablemente hasta niveles excesivos, los elementos externos como, por ejemplo, nuestra apariencia física.

Esencialmente, lo que enseña el budismo es que eso está bien hasta cierto punto, pero no llega muy lejos. Hay más... hay un recurso espiritual interior que todos podemos alcanzar, y que es capaz de elevar nuestro desempeño de vida a otro nivel. Como nos recuerda el filósofo Robert Solomon:

"La espiritualidad... requiere de la acción como parte de su propia esencia. Se trata de un modo de hacer, además de un modo de ser, pensar y sentir"[7].

En el budismo Nichiren, la práctica diaria es el *método que se ofrece para permitirnos lograr la poderosa combinación de* espiritualidad en acción.

Abordar la práctica
Dado que es un asunto tan importante, hay una versión extendida y más detallada de esta explicación en el

Apéndice B. Lo único que quiero hacer acá es darle a alguien que nunca ha escuchado del budismo Nichiren, una comprensión general de lo que se trata la práctica, para que la palabra no le cause malestar cuando surja.

Así que los elementos de la práctica del budismo Nichiren se pueden expresar de muchas maneras, pero si la sintetizamos en sus elementos esenciales, son tres, estos son entonar, estudiar y tomar acción.

Una breve mirada a la entonación

La práctica primaria consiste en entonar en voz alta la frase Nam Myoho Renge Kyo, a diferencia de la meditación, en la que uno silenciosamente repite un mantra en su mente. La frase en sí es el título en japonés clásico del Sutra del Loto, y su significado se explica más detalladamente en el Apéndice B. Lo primero que resalta es que se trata de una acción física en lugar de una mental, así que tiene claros efectos fisiológicos. Por ejemplo, al entonar uno mueve una cantidad muy grande de aire a través de los pulmones, lo que estimula la circulación, y da pie a una sensación placentera, ¡de hecho muchos dicen que mejora la piel! Y es cierto que las personas parecen más estimuladas, incluso radiantes, después de una sesión de entonación. Pero más que todo es el sonido el que tiene el efecto más importante. Escuchar un grupo de personas entonando juntos es una experiencia inspiradora, aunque uno no sea practicante. A manera de ejemplo breve, recientemente estuve visitando a un amigo muy enfermo en cuidados intensivos, y me senté a entonar muy silenciosamente a su lado durante más o menos una hora mientras él dormía. Cuando me levanté para irme, unos visitantes del paciente de la cama al lado me preguntaron qué era ese sonido hermoso.

No hay una hora fija para entonar. Así como tantos otros aspectos de la práctica budista, el individuo decide. Es tu vida así que puedes entonar por tan largo o tan corto tiempo como tú quieras antes de tener que salir apurado para llegar a la oficina. La práctica es inmensamente flexible, de manera que encaja perfectamente dentro de las exigencias de la vida moderna. Pero normalmente, se entona dos veces al día. En la mañana para lanzarnos al día en un estado positivo, generoso y alegre –recordemos que vemos las cosas como somos nosotros– así que buscamos ese estado de vida positivo para dar forma a nuestra percepción de nuestro entorno. Por la tarde entonamos básicamente con un espíritu de gratitud por el día que hemos tenido, independientemente de lo que haya pasado. Si fue bueno, entonces hay mucho que agradecer, y si ha sido un día difícil el entonar nos ayuda a elevar nuestro estado de vida para así superar las frustraciones y enfrentar el día de mañana con más confianza.

Y debo resaltar que estas no son afirmaciones casuales. Representan un relato de mi propia experiencia y de la de muchos más. Por ejemplo, muchas personas tienen la energía más baja por la mañana, por ninguna razón en particular, sencillamente es su naturaleza. Para ellos, veinte o treinta minutos de entonación fuerte y enfocada antes de salir de casa eleva su espíritu tanto como para hacerles sonreír y caminar con la cabeza en alto. Pero incluso unos pocos minutos pueden tener un efecto notable en cómo nos sentimos.

Como lo expresó Daisaku Ikeda

"La continua trasformación que se da en nuestros corazones y mentes, y que activamos a través de entonar el daimoku, no solo

lleva a un cambio interior fundamental, sino también un cambio en la manera en la que entendemos nuestras vidas"[8].

Y, como todos podemos entender, al igual que en cualquier tipo de práctica en cualquier campo de acción, lo clave es la regularidad, la calidad diaria de la práctica. Ocurre lo mismo con la entonación. Es mejor hacerlo durante diez minutos dos veces al día que durante una hora los viernes por la mañana.

¿En qué pensamos mientras entonamos? Buena pregunta, y nos lleva a un punto importante. En general, pienso que es verdad decir que el mundo occidental no le da mucha importancia a una entonación repetitiva porque no es parte de nuestra tradición cultural, pero también porque comúnmente se considera como una especie de actividad sin sentido, como si estuviéramos dejando de lado nuestro intelecto.

Pero este es precisamente el punto. *Es* un momento para despejar la mente y dejar descansar el intelecto, para dejar que otras partes invaluables de la psiquis emerjan. Así que la intención no es *pensar*, sino escuchar el sonido y el ritmo, y permitirnos disfrutar la entonación solo porque sí. El momento para pensar es antes de empezar ¿para qué quiero entonar? Y después de terminar cuando la mente está despejada, el espíritu está en alto y estamos decidiendo qué acción tomar, si es que vamos tomar alguna acción.

Algunas investigaciones interesantes

Se han llevado a cabo investigaciones recientes muy interesantes en este campo que creo que vale la pena mencionar. Fueron llevadas a cabo por Herbert Benson en el

Massachusetts General Hospital, que tiene una reputación de calibre global por el rango y calidad de sus investigaciones médicas. Herbert Benson, profesor de Medicina en la Universidad de Harvard, llevó a cabo una larga serie de estudios en la década de los 90 sobre los efectos de varias formas de creencia religiosa sobre la salud y el bienestar general de las personas. Los resultados fueron presentados en su reporte titulado, *Timeless Healing: The Power and Biology of Belief* (Sanación atemporal : el poder y la biología de la creencia). Su conclusión fue esencialmente que muchas formas de oración repetitiva, que surgen de la creencia, pueden tener efectos poderosamente benéficos sobre factores fisiológicos cruciales, como lograr una tensión arterial más baja, un ritmo cardiaco más estable y un sistema inmunológico más fuerte. Sin embargo, esta investigación reciente llega incluso más allá, porque analiza el efecto de la entonación y la meditación sobre la manera en que algunos genes particulares se activan o desactivan, así que estudia a profundidad la base de nuestra humanidad.

El grupo de investigación era bastante pequeño, solo hubo 26 voluntarios, y ninguno de ellos tenía experiencia previa en entonar o meditar. Inicialmente, Benson y sus colegas realizaron un análisis de los genomas completos de los 26 voluntarios, y luego a todos se les enseñó una breve rutina de 20 minutos para entonar, respirar y despejar la mente. Los voluntarios llevaron a cabo la rutina, o la práctica, por decirlo así, todos los días durante ocho semanas. Al final de las ocho semanas volvieron a analizar los genomas de todos los voluntarios. Los resultados fueron asombrosos. Como lo expresaron en el informe científico:

"Conjuntos *de genes benéficos se volvieron más activos, y los dañinos se volvieron menos activos*"[9].

Los efectos benéficos estaban relacionados con la eficiencia energética de las células, el nivel de producción de insulina que a su vez mejora el control del azúcar en la sangre, y algunos efectos del envejecimiento. Los grupos de genes que se volvieron menos activos estaban asociados con la inflamación crónica, que puede provocar tensión alta y enfermedad cardíaca[10].

Así que el proceso de entonar no solo crea un espacio en el cual, si nos encontramos en una situación difícil, podemos despejar la mente para así responder a la situación de manera más positiva y creativa, en lugar de reaccionar impulsivamente. También es una actividad verdaderamente re-energizante y revitalizante. Esta siempre ha sido una parte de la experiencia personal de un practicante. Ahora, esta experiencia recibe un profundo apoyo gracias a esta extraordinaria investigación.

¿Para qué entonamos?

Esta es una pregunta muy importante. Entonamos esencialmente para alcanzar este potencial, este recurso que todos tenemos adentro y que nos ayuda a vivir en un estado de vida más alto durante una proporción mayor del tiempo. Es decir, más optimismo, más esperanza, más valor, más resiliencia, independientemente de la turbulencia en nuestra vida o de la circunstancia en la que nos encontremos en determinado momento. Este es el pensamiento subyacente dominante. Pero el hecho es que, como hemos dicho tantas veces, *el budismo es la vida diaria,* así que entonamos por cualquier objetivo que queramos lograr en nuestra vida o en las vidas de los que los rodean. Al comienzo, la mayoría de las personas no comienzan a entonar por *salvar el planta*. Es mucho más probable que empiecen a entonar por cosas más cercanas y personales; por tener el valor para enfrentar una grave enfermedad, por ejemplo, o por un empleo más satisfactorio y gratificante, o por sanar un quiebre en una relación, o simplemente para disfrutar de un buen día. Muchas personas entonan por estos y otros deseos normales y mundanos de todos los días. Son parte de nuestra humanidad común y corriente y, por ende, son una parte integral de nuestra práctica budista.

No dudo que mi práctica budista trae un inmenso valor a cada área de mi vida diariamente. Enriquece y fortalece mi matrimonio, por ejemplo, de numerosas maneras. Ningún matrimonio puede estar totalmente libre de tensiones y conflictos, y en este sentido el budismo es una gran ayuda. O quizás es mejor decir que es una ayuda para las relaciones en general, no solo los matrimonios, ya que las discusiones entre personas que comparten sus vidas tan íntimamente son las más destructivas, pues cada uno conoce muy bien las vulnerabilidades del otro. El punto al que quiero llegar es que la práctica diaria le otorga a cada una de las personas en una relación un poderoso mecanismo, no solo para resolver de manera mucho más rápida las peleas sino también para sanar las heridas y para crear valor mediante la posibilidad de aprender de la situación. ¡Hablo por experiencia propia!

¿Y qué hay de las cosas materiales?

Entonar para lograr cosas en nuestra vida, incluyendo cosas materiales, es contrario a las creencias populares sobre el budismo, según las cuales dicha religión se trata esencialmente de renunciar a muchas cosas mundanas como un paso necesario para avanzar en el camino hacia un estado espiritual más alto. Sin embargo, el budismo Nichiren nos enseña que el mero acto de la renuncia en sí no nos ayuda a nada. Argumenta que, por el contrario, el deseo de tener cosas es un deseo básico en la vida humana, y a medida que haya vida existirá el deseo instintivo en los corazones de las mujeres y los hombres de sacar el mejor provecho de ella; es decir, de vivir, crecer, amar y tener.

Nichiren vio muy claramente que no hay mucho que ganar si se invierten grandes cantidades de pensamiento, tiempo y energía en tratar de *extinguir* una fuerza que yace en el núcleo de nuestras vidas. Por el contrario, se puede lograr mucho más si aceptamos este deseo como una parte fundamental de la humanidad de todo el mundo, para así emplearlo como un poderoso motor para el crecimiento individual. Y de hecho existen muchas historias de personas que empezaron a entonar impulsadas principalmente por lo que percibían como sus necesidades personales, y que ahora miran hacia atrás y sonríen internamente pensando en esos comienzos tan poco profundos, sabiendo ahora que estos llevaron al cambio que se ha dado en sus vidas, y a que sus preocupaciones ahora sean no solo por crear valor en sus propias vidas sino también por el bienestar de sus familias, amigos y colegas.

Pero independientemente de lo que podamos estar buscando para nuestras propias vidas en cualquier momento dado, es importante aferrarse a la *visión*, o al objetivo. Y el objetivo principal del budismo Nichiren es el de un mundo constituido por personas y comunidades que en todos los niveles vivan en paz, respetándose los unos a los otros. Entonamos y trabajamos para esto todos los días.

¿Qué queremos decir cuando hablamos de estudio?

Nuevamente, el budismo es esencialmente como cualquier otra materia que nos interese, en el sentido de que, para obtener el mayor valor a raíz de nuestra práctica, entonces claramente tenemos que invertir suficiente tiempo estudiándolo para entender con mayor claridad sus principios y creencias básicas. Es una parte integral del compromiso, parte integral de la responsabilidad que aceptamos cuando integramos la práctica a nuestra vida, estudiar una amplia gama de cosas, desde las cartas y los escritos de Nichiren hasta los comentarios escritos por estudiosos del budismo, pasando por relatos de budistas individuales sobre la manera en la que su práctica ha cambiado su vida. Nichiren recalca la importancia del estudio diciendo:

"Esfuércese en los dos caminos de la práctica y del estudio, pues el budismo no existe sin práctica y estudio" [11].

No hay forma más directa de expresarlo, y de alguna manera el estudio se convierte en un proceso continuo. Muchos practicantes lo incorporan en sus vidas diarias durante algunos pocos minutos que pasan leyendo o estudiando un texto budista o un comentario, porque es una filosofía muy amplia.

Habiendo dicho esto, también es muy importante recalcar que esta no es una práctica intelectual. No se trata tanto de conocimiento sino de espíritu. Así que el estudio no es para adquirir conocimiento de manera egocéntrica, es decir, el conocimiento como fin en sí mismo. Se trata de profundizar nuestro entendimiento sobre los principios que informan la práctica y sobre cómo se manifiestan en la vida diaria. Ya que en el análisis final estamos hablando de *nuestros* valores y *nuestro* comportamiento, y de cómo buscamos la manera de crear valor a través de las situaciones y las personas que encontramos a medida que vivimos nuestra vida diaria.

Tomar acción

Este es el tercer pilar que es igual de esencial para la práctica, y que aterriza el entonar y el estudio en la realidad de la vida diaria. Tomar acción, ponerlo en práctica, algunos dirían que es la lucha por incorporar los principios y valores budistas en la tela de nuestra vida, para así *vivirlos* y no solo percibirlos o entenderlos. Esto se ilustra de manera simple pero perfecta en el ejemplo de cocinar arroz. Si quieres comer arroz, cuenta la historia, lo puedes preparar, poner en la olla, y poner la olla en la estufa y luego puedes ir a entonar... puedes entonar todo lo que quieras pero ni un grano del arroz se va a cocinar hasta que no tomes acción... hasta que te levantes y enciendas la estufa. Así que entonar es el preludio esencial, el hacer uso de la sabiduría, el valor, la compasión y la fuerza vital que te permitan tomar acción y realizar el cambio que quieres en tu vida.

Y la razón para usar la palabra "lucha" en la lista de arriba es porque muchas veces estamos profundamente involucrados en el *cambio*; buscamos cambiar y mejorar las cosas que no funcionan o que no nos gustan en nuestras vidas, y como todos sabemos, hay pocas cosas más difíciles de cambiar que los patrones arraigados e inconscientes de pensamiento o comportamiento. Estos patrones podrían ser impulsados por la falta de consciencia, por ejemplo, o por una ira habitual, o por egoísmo o una falta de preocupación básica por las necesidades o las opiniones de los demás. Esto hace parte de la experiencia de todos. Todos sabemos que el alto volumen de nuestras propias necesidades y preocupaciones hacen que difícilmente escuchemos las de los demás. Una práctica budista, con la *compasión y el altruismo que lleva en su núcleo, conduce a la trasformación interior hacia un respeto fundamental por las vidas de todas las demás personas. Por supuesto que no es un trayecto continuo hacia adelante. Para nada. Generalmente se trata de dar un paso hacia adelante para luego dar dos hacia atrás, pero a medida que continuamos con la práctica, mejoramos en este aspecto.*

Buscando la prueba real

La práctica budista es demasiado extensa y con muchos niveles como para poder resumirla de alguna manera significativa. El ya difunto historiador y filósofo Arnold Toynbee, quien se interesó profundamente por las enseñanzas budistas, lo expresó de la siguiente manera:

"El análisis budista de las dinámicas de la vida es más detallado y sutil que cualquier análisis occidental que yo conozca"[12].

Pero si tuviera que aislar una sola idea que transmita la esencia de su significado y propósito, sería quizás que nos permite entender de manera más clara y vívida que la vida no es algo que simplemente nos sucede, *nosotros hacemos que suceda*. Esta combinación de disciplina y creencia en uno mismo, que yace en el centro del budismo, nos ayuda a reunir la determinación, el esfuerzo y la perseverancia que realmente pueden cambiar nuestra vida, y las vidas de los que nos rodean.

Pero es de crucial importancia añadir que en ningún momento nos pide aceptar los beneficios de la práctica de los cuales hemos estado hablando como un asunto de *fe ciega*. Desde el comienzo, el budismo Nichiren nos pide considerar las pruebas reales y demostrables de los beneficios o los efectos de la práctica en nuestras vidas diarias como la prueba crucial de validez. De hecho, el término *prueba real* se usa para aclarar este punto, y si lo pensamos bien, esta es de hecho la pregunta fundamental. ¿Funciona o no en nuestra vida? ¿Realmente nos ayuda a resolver nuestros problemas y a enfrentar los retos? ¿Mejora nuestra calidad de vida? ¿Nos ayuda a vivir de manera más positiva y creadora de valor a pesar de las dificultades que encontramos como seres humanos? Estas son las preguntas que esta práctica nos invita a responder. Como ya mencioné, no requiere de nada que se pueda describir como una fe ciega. Pero sí requiere del compromiso y la determinación para, por lo menos, poder probar si funciona o no en nuestra vida.

Cuando empecé la práctica hace tantos años, me aferré a la pregunta clave, ¿funciona? Y, al responderla, diría que uno toma nota de las dudas sobre la práctica que sin duda surgen, particularmente al comienzo de la práctica, pero que pueden surgir en cualquier momento. Y uno pregunta más y lee más para encontrar las respuestas a estas preguntas. Pero a la hora del análisis final, no es, en mi opinión, lo que se lee ni lo que nos dicen sobre el budismo lo que nos puede convencer de su valor, aunque ambas cosas tienen un lugar importante, sobre todo al comienzo. Al final, es la acumulación paulatina de las experiencias propias lo que nos comprueba si la práctica tiene sentido en el contexto de nuestra vida o no. Ambas opciones son válidas. La práctica es demasiado exigente como para seguirla con base en lo que nos diga otra persona al respecto. La creciente creencia y júbilo, así como el poder que tiene la práctica en cuanto a cambiar nuestras vidas, tiene que surgir, y solo puede surgir, desde nuestro interior.

Capítulo Ocho

El budismo y la vida cotidiana

Mucho antes de sentirme preparado para empezar a practicar de manera significativa, una de las cosas que más me impactó cuando empecé a asistir reuniones de estudio y seminarios budistas, fue la manera inmensamente positiva en la que las personas hablaban del efecto de la práctica en sus vidas cotidianas. Por ejemplo, hablaban de tener un sentido más claro de propósito, y dirección, y una estructura de valores que los ayudaba a pensar sobre sus vidas de manera constructiva. A menudo decían que se sentían más enfocados aunque no eran capaces de describir precisamente cómo ni por qué. O que ya no se sentían tan afectados por eventos aleatorios que sucedían en sus vidas, o que podían tomar decisiones más firmes porque tenían una idea más clara de quiénes eran y qué querían de sus vidas.

En cada caso había una sensación de personas comunes y corrientes sintiéndose mejor con respecto a su manera de lidiar con sus relaciones y con los eventos de sus vidas, y capaces de crear más valor como resultado de esto. Más allá, todas las cualidades que mencionaron (un sentido más claro de propósito y dirección, más enfoque, más decisión) aparecen prominentemente en los trabajos de los sociólogos cuando escriben sobre cómo establecer un sentido de bienestar estable y consistente en nuestras vidas, y cómo contribuimos a las vidas de los que nos rodean.

Para resumir el asunto tanto como es posible, el budismo esencialmente presenta el flujo de la vida como una serie constante de elecciones que se encuentran en alguna parte del espectro entre lo negativo y lo positivo. Así que todos los días, cada semana, innumerables veces, el budismo nos llama a elegir si queremos ser positivos y creadores de valor o negativos y de alguna manera destructivos. Y lo que busca hacer, como lo ilustraron las personas en aquellas reuniones, es ayudarnos a ser mas consientes de que en todas esas situaciones, *nosotros* somos los que tomamos las decisiones, los que tenemos las riendas. Como ya hemos mencionado, la vida no es algo que nos sucede, nosotros hacemos que suceda. *Así que en lugar de simplemente dejarnos llevar por los hábitos, la práctica nos ayuda a tener un claro sentido de direccionarla y darle la forma que queramos. O, como lo describieron las personas en las reuniones, tenían un sentido más claro de* valores, propósito, y estabilidad, subyacente al flujo inevitable de los eventos diarios.

Y en su núcleo, la práctica budista se trata precisamente de tener esa conciencia elevada, que podemos alimentar, así como alimentaríamos una habilidad deportiva o musical, como un acto consiente, un proceso consiente de cambio en el cual invertimos tiempo, esfuerzo y energía para desarrollar la fuerza interior, ya que es precisamente esta fuerza interior, el músculo emocional, lo que nos permite *reconocer y rechazar* lo negativo, por persuasivo y atractivo que parezca, para así cada vez más tomar la opción positiva. Y no es que tengamos que ser perfectos, basta con escoger lo positivo más a menudo. La negatividad está constantemente presente en la vida de todos y siempre encuentra la manera de hacerse sentir, independientemente de las defensas que construyamos.

Pero el progreso continuo nos permite ser más capaces, más efectivos, más contributivos en todos los roles que tengamos que cumplir: el de padres, parejas, profesores, colegas y amigos. Y, por supuesto, el de personas responsables que viven en una sociedad, que es esencialmente lo que vamos a discutir en este capítulo.

Y podríamos añadir también, con un sentido de bienestar más amplio. Esta afirmación se apoya mucho en el amplio cuerpo de investigación social sobre las cosas que contribuyen a un sentido de bienestar estable. Está claro que tener conciencia de nuestra autoconfianza mejorada y nuestra mayor capacidad de contribuir positivamente a las vidas de los demás, tienen un papel clave en lo que constituye la felicidad en esta vida. Fundamentalmente, todos queremos ser personas capaces en todos los roles que habitamos.

Como hemos visto, el budismo denomina *budeidad* a esta fuerza interior resistente y capaz de cambiar vidas, y denomina *iluminación* al pleno reconocimiento de su existencia. Las anteriores son palabras inusuales e infrecuentes en nuestro vocabulario occidental, pero no son más que nombres. No deberíamos dejar que su rareza nos desvíe del hecho central de que las cualidades que representan no son de ninguna manera esotéricas, sino que son, demostrablemente, parte de nuestra realidad cotidiana. Pero antes de mirar algo de la importante e inmensamente reveladora investigación social que he mencionado, miremos brevemente este concepto central de la budeidad.

¿Qué queremos decir cuando hablamos de budeidad?

Estamos acostumbrados en el mundo occidental a pensar que "el buda" fue la gran figura histórica de Shakiamuni. Hay muchos otros hombres que han recibido el título de buda a lo largo de los siglos, pero cuando le agregamos el artículo determinado, nos referimos sin lugar a duda a Shakiamuni. Como mencionamos antes, Shakiamuni en ningún momento de su vida declaró un vínculo divino o inspiración divina. De hecho, prohibía que sus seguidores hicieran este tipo de conexión. Sin embargo, es indudable que en las mentes occidentales Shakiamuni ocupa un lugar al lado de otros grades fundadores de religiones como por ejemplo Jesús y Mahoma, quienes *sí* afirmaron una conexión divina como la base de sus vidas en la Tierra. Afirmaban ser el único canal a través del cual el mensaje de Dios o Alá se podía trasmitir a la humanidad.

Como resultado de este estatus paralelo, si lo puedo llamar así, en Occidente estamos acostumbrados a atribuirle al título de buda algo muy parecido a las cualidades especiales de la divinidad. Para todos los efectos, el buda se ha convertido en algo parecido a un dios. De hecho, en gran parte del sureste asiático Shakiamuni ha sido prácticamente deificado con enormes estatuas doradas en los templos. Y dado que este fue el budismo encontrado y descrito por los primeros viajeros occidentales, este sentido de deificación afecta en gran parte la respuesta occidental a la palabra buda.

Es una cualidad universal

Así que nos sorprende cuando encontramos por primera vez que en las enseñanzas del Sutra del Loto y del budismo Nichiren, la budeidad, o la naturaleza buda como se denomina a menudo, no es una cualidad que posee un hombre especial o un grupo de hombres especiales en la historia. Aprendemos que la budeidad es un potencial inherente a todo el mundo, todos sin excepciones, es simplemente parte de nuestra humanidad esencial. El budismo Nichiren argumenta que aunque no lo aceptemos y no tengamos el menor interés en entender sus implicaciones, todos tenemos este potencial en nuestra vida; todas las personas que nos encontremos en el bus, en el centro comercial, el señor que nos vende el periódico en la mañana, todos los colegas con quienes tenemos que ver todos los días… ¡los que queremos y también los que no!

La naturaleza buda, nos dicen, es una *cualidad universal* que todos podemos aprender a hacer surgir y usar en nuestra vida diaria.

Nuevamente, es una idea inmensa y capaz de cambiar nuestra vida, nada menos que una revolución espiritual en la historia de la humanidad. Fue central para la iluminación revolucionaria de Shakiamuni, que reveló por primera vez en el Sutra del Loto. Fue una idea revolucionaria cuando Nichiren invirtió gran parte de su vida en explicar sus implicaciones al Japón del siglo XIII, y sugiero que sigue siendo revolucionaria hoy en día, en el sentido de que es difícil de entender y de aplicar como la *inspiración central* de nuestra vida en medio del desorden de la vida mundana.

Y como hemos visto, la esencia de la práctica diaria es ayudarnos a integrar este entendimiento en nuestras vidas, lo que implica tomar esta enseñanza audaz e intransigente, e incorporarla a la textura de nuestras vidas hasta que se vuelva *indistinguible del resto.* En mi experiencia no es algo fácil de hacer, y requiere de un compromiso verdadero y de mucha perseverancia. Pero la recompensa –

un sentido duradero de gratitud y bienestar– es, en mi experiencia, inigualable. ¡Si no fuera así, no estaría escribiendo todo esto!

Cualidades a escala humana

Entonces ¿qué queremos decir cuando hablamos de la naturaleza buda? ¿Cómo deberíamos aceptarla y representarla para nosotros mismos de modo que tenga sentido en un contexto cotidiano? El hecho sorprendente es que se define muy simplemente en términos de cualidades y características comunes y corrientes y al alcance del ser humano. No hay nada superhumano o esotérico, son cualidades que todos podemos usar: un poderoso recurso interior de valor y resiliencia independientemente de los retos que enfrentemos; un sentido de sabiduría que nos permite entender con mayor claridad cómo y dónde podemos crear valor; y un abrumador sentido de compasión que nos permite acercarnos a las personas siempre de manera cálida y estando preparados para apoyarlos.

Por supuesto, todos somos seres humanos comunes y corrientes y, por lo tanto, alcanzar estas cualidades no es un estado estático, no es un lugar al que llegamos. Es como la vida misma, dinámica y cambiante, por eso la importancia de la práctica *diaria*. Pero el punto clave quizás es la esencia humana de la idea; todos los budas históricos fueron *seres humanos comunes y corrientes*. Es de crucial importancia recordar que podemos llegar a ser inmensamente sabios y perceptivos, y profundamente compasivos, pero seguimos siendo comúnmente humanos, con nuestra dosis de cualidades humanas básicas que todos reconocemos como parte de nuestra vida. Es decir que la budeidad no tiene nada que ver con una aspiración a la perfección, nada que ver con habilidades superhumanas o trascendentales.

Así como el budismo se trata de la vida cotidiana, la budeidad solo se revela en las vidas de las personas comunes y corrientes que viven su vida cotidiana.

Valor sabiduría y compasión

Así que el *valor* no es como el coraje de un soldado. No es tanto la *ausencia* del miedo, como el valor para *superar* el miedo y la negatividad que todos experimentamos en la vida y que a veces llega a paralizarnos. El miedo a tantas cosas, al fracaso, al rechazo, al aislamiento, a la ineptitud. Superar nuestros propios bloqueos negativos es muchas veces la parte más difícil de cualquier reto. Necesitamos este tipo de valor cotidiano para enfrentar los problemas a medida que surgen en lugar de negarlos hasta que se agrandan tanto que nos abruman. Como todos sabemos, hay que tener mucho valor para enfrentar nuestras debilidades más grandes.

La *sabiduría* no tiene que ver con las percepciones profundas de un filósofo, sino con una consciencia más amplia de lo que realmente está pasando en una situación y un sentido común alerta y sagaz en cuanto a la mejor acción que podemos tomar. También se trata de un conocimiento más profundo y más cercano de nosotros mismos, nuestras fortalezas y nuestras debilidades y la habilidad de ver los patrones repetidos en nuestro comportamiento que nos causan tanto sufrimiento, para así poderlos cambiar.

La *compasión* no es una preocupación por los menos afortunados que nosotros, sino la capacidad de ver y comprender la verdadera naturaleza de nuestra vida y su relación con las vidas de los que nos rodean. Tiene mucho más que ver con un profundo respeto y entendimiento hacia nosotros mismos y los demás. Muchas veces somos muy duros con nosotros mismos, pero por lo general es muy difícil ver las cosas desde el punto de vista de otro; por ejemplo, en un desacuerdo con una pareja, o una discusión fuerte con un colega. La compasión es lo que nos ayuda a cultivar el *deseo de entender* el punto de vista de la otra persona, incluso cuando es diametralmente opuesto al nuestro. Creo que se podría argumentar que hay escasez de verdadera compasión en el mundo de hoy. El hecho es que nunca será suficiente.

Pero saber de estas cualidades no es lo mismo que *experimentarlas. Acepto totalmente que estos no son más que descripciones verbales, un montón de palabras. En el papel significan algo, pero inevitablemente transmiten muy poco sobre el reto que implica ponerlos en práctica.* Y aún menos sobre la riqueza de la experiencia personal a medida que caemos en cuenta de que estas cualidades están informando una parte cada vez más grande de nuestra vida.

Pero dejémoslo acá por el momento y miremos un entendimiento paralelo que surge del mundo de la investigación social, porque nos ofrece una perspectiva iluminadora bastante diferente sobre el mismo asunto: cómo vivir nuestra vida cotidiana de manera más efectiva y más creativa.

Una breve mirada a la investigación

El número de investigaciones que se han llevado a cabo a lo largo de la última década es notable. Estas han buscado definir qué es lo que hace que las personas se sientan bien consigo mismas y con respecto a sus vidas y sus relaciones; un sentido de estabilidad, o una sensación generalizada de integridad y bienestar que abarca la totalidad de sus vidas.

El punto clave es que estamos considerando la *totalidad* de la vida, el sentido general de equilibrio y bienestar para remplazar las inevitables fluctuaciones a corto plazo de todos los días.

Este tipo de investigaciones han incrementado continuamente y han pasado de ser algunas pocas, hace más o menos una década, a ser una especie de avalancha en años recientes. Y debo decir que lastimosamente muchos de los hallazgos nunca se difunden al público general, ya que la mayoría solo se publican en revistas académicas que son para la mayoría de nosotros remotas e inaccesibles, como por ejemplo la *Revista de psicología conductual y social* o la *Revista estadounidense de sociología,* que por lo general solo leen expertos en el campo. Es una lástima porque este campo de investigación nos está abriendo un nuevo mundo de hallazgos en cuanto a qué es lo que hace que las vidas de las personas estén llenas de alegría, satisfacción, y plenitud. Cosas que son indudablemente muy importantes para todos nosotros.

Miremos por ejemplo algo relativamente simple como escribir un *diario de gratitud. Esto implica tomarse el tiempo, una o dos veces a la semana, para escribir algunas cosas, de las tantas en nuestras vidas, por las cuales nos sentimos realmente agradecidos. Muy fácil ¿cierto? pero numerosos estudios revelan que algo tan simple y fácil de hacer puede incrementar nuestro sentido de bienestar de manera genuinamente poderosa.* Lo que es más, este resultado altamente deseable parece ser verdadero, independientemente de nuestras circunstancias de vida en el momento. Si lo pensamos, lo que están haciendo estas personas es simplemente tomarse el tiempo de expresar su gratitud, incluso si es solo para ellos mismos.

Otros estudios, como mencionamos en un capítulo anterior, confirman lo ampliamente que nuestros cambios personales positivos pueden llegar a filtrarse en nuestras redes sociales y emocionales, y llegar mucho más allá de lo que podríamos esperar razonablemente. Otro grupo de hallazgos tiene que ver con el hecho de que claramente los cambios positivos en nuestro propio *estado de vida,* como lo expresamos los budistas, un incremento en nuestro sentido de bienestar, no se limita a la esfera de nuestras actividades mentales y emocionales; es decir al interior de nuestras cabezas. Es sin duda una experiencia del cuerpo entero o de la vida entera. Como lo expresó uno de los investigadores más prominentes y respetados del campo, cuando sentimos un bienestar más profundo y estable:

"... también mejoramos otros aspectos de nuestras vidas, como nuestro nivel de energía, nuestro sistema inmune, nuestro compromiso con el trabajo y con las demás personas, y nuestra salud mental y física. Al sentirnos más felices también reforzamos nuestra autoconfianza y valor propio, y empezamos a verdaderamente entender que somos personas dignas y merecedoras de respeto. Y otro aspecto, quizás menos apreciado, es que si somos más felices no solo nos beneficiamos a nosotros mismos sino también a nuestras parejas, familias, comunidades e incluso a la sociedad más amplia"[1].

Pensaría que estas son cualidades de vida que todos quisiéramos lograr para nosotros mismos. Así que, claramente, estos hallazgos no son asuntos marginales a nuestra experiencia de vida. Se tratan de asuntos que yacen en el centro de nuestras vidas día tras día, es decir, nuestra vida cotidiana. Y hay un par de cosas que me impactan particularmente a medida que las leo, y creo que es importante señalarlas.

La conexión budista

Una es que los asuntos sobre los cuales están escribiendo los científicos y los sociólogos, menos el lenguaje y la fraseología que emplean por supuesto, serían inmediatamente reconocidos por cualquier persona que asista regularmente a las reuniones de estudio y seminarios budistas, ya que son ideas que se consideran en estas reuniones. Estas son las cualidades que la práctica budista busca iniciar y alimentar en nuestra vida. Es decir que las enseñanzas budistas y estos estudios sociológicos habitan el mismo campo; nuestra vida cotidiana, y expresan ideas familiares sobre cómo mejorarla.

La segunda es más significativa de muchas formas, ya que muchos de los artículos científicos enfatizan un punto que vemos muchas veces en las enseñanzas budistas, y que la mayoría de nosotros, budistas o no, encontramos difícil de entender o de creer; que tenemos la capacidad de crear para nosotros mismos un profundo y estable sentido de bienestar, *casi independientemente* de las circunstancias y eventos del momento. Esto es, como ya he mencionado, algo que tiende a ser muy difícil de creer, y los sociólogos claramente entienden y aceptan esta persistente dificultad. Sin embargo, como dicen los estudios, las *circunstancias y los eventos* en nuestra vida de hecho tienen un efecto muy leve sobre nuestro sentido general de bienestar. Parece claro que es nuestra *actitud básica,* o nuestro *acercamiento a dichas* circunstancias, lo que tiene el papel dominante sobre nuestro estado de vida más constante. De hecho los científicos están tan seguros de esto que nos lo demuestran en cifras.

Y antes de que exclamen exasperados, lean este texto que viene de la investigación psicológica que citamos antes.

"Independientemente de lo significativos que sean los eventos importantes de la vida para cada uno de nosotros, los estudios sugieren que de hecho determinan solo un pequeño porcentaje de nuestra felicidad... muchas investigaciones anteriores revelan que todos los eventos y circunstancias de la vida sumados solo dan cuenta del 10% de la felicidad de las personas... por difícil de creer que sea"[2].

Debo decir de una vez que no me siento personalmente apegado a esa cifra del 10% y no estoy pidiendo que el lector lo esté. Cito el párrafo simplemente para recalcar el punto de que claramente existen ideas de ambos campos, las establecidas enseñanzas budistas, y ahora los estudios objetivos y científicamente manejados, que nos invitan a desafiar nuestras profundas suposiciones y convicciones de que nuestras circunstancias de vida tienen *el* rol más importante en cuanto a nuestro sentido de bienestar. No es así. Como lo expresa otro sociólogo de manera audaz en una sola frase:

"No somos simples víctimas de nuestra situación ni de nuestro pasado"[3].

Tenemos que hacer un esfuerzo muy grande para entender que la idea a la cual nos seguimos aferrando, de que nuestras *circunstancias son el aspecto dominante de* nuestras vidas, es una ilusión o una idea equivocada. Somos libres de elevarnos más allá de nuestras circunstancias, tan pronto decidamos hacerlo. Y los sociólogos y psicólogos creen firmemente que ahora tienen una comprensión más amplia de los valores y comportamientos que nos permiten lograrlo.

¿Y qué nos dicen los sociólogos sobre el asunto?

Así que uno de los primeros, más repetidos y de alguna manera más sorprendentes resultados es que la riqueza, es decir, cuánto dinero ganamos no es un factor importante, ni mucho menos dominante, que afecte nuestro sentido de bienestar más básico. Nuestras abuelas tenían razón en decirnos que la felicidad no se puede comprar. Muchos estudios llevados a cabo a lo largo de muchas décadas y en países donde rige un estilo de vida occidental han revelado este hecho muy sorprendente. Parece que, aunque todos le demos tanta importancia al dinero e invirtamos tanto esfuerzo y energía en tratar de acumular riquezas, como si nuestras vidas dependieran de ello, el hecho es que una vez que hayamos asegurado una base económica estable para nuestras necesidades básicas, la riqueza adicional no tiene mucho que ver con qué tan fundamentalmente felices nos sintamos. Hay un gran cuerpo de investigación que respalda este punto de vista aunque este desafíe nuestras profundas suposiciones. Miraremos este fenómeno más a fondo en el capítulo once. Pero, para ponerlo en evidencia por el momento, quiero citar solo uno de los muchos economistas experimentados que argumenta su caso de manera muy convincente:

"Este no es un cuento de abuelas. Es un hecho que ha sido comprobado por muchos estudios científicos… toda la evidencia afirma que en general las personas no son más felices ahora que hace cincuenta años. Sin embargo, al mismo tiempo, el ingreso promedio es más del doble que hace cincuenta años. Esta paradoja aplica de la misma manera para los Estados Unidos, Gran Bretaña y el Japón"[4].

Pero cuando los psicólogos y los sociólogos describen los tipos de valores y el comportamiento que han identificado como la fuente de un profundo sentido de bienestar, confianza y estabilidad en las personas, el tipo de cualidades que permiten que las personas y las sociedades trabajen y vivan de manera armoniosa y productiva, se hace inmediatamente aparente lo cerca que estos reflejan los tipos de valores y el comportamiento que yacen en el centro de las enseñanzas budistas.

Altruismo

Algo importante, por ejemplo, es que reconocen que desarrollamos un poderoso efecto de felicidad en nuestras vidas cuando nuestro acercamiento a ella es fundamentalmente aportador y generoso en lugar de consumidor y centrado en uno mismo. Así que muchos estudios muestran que actos altruistas incluso muy pequeños, como por ejemplo ofrecer una sonrisa, una palabra de consuelo o una pequeña ayuda, traen consigo un sentido de calidez y conexión que perdura mucho más allá del momento pasajero. Cuando somos capaces de dar libremente nuestro tiempo y energía para preocuparnos de manera más profunda por las necesidades y ansiedades de otros en lugar de, como hacemos muchas veces, concentrarnos en nuestros propios problemas, se ha demostrado que este nivel de altruismo puede llevar a un cambio fundamental en lo que sentimos acerca de nuestras *propias vidas*. Nos incrementa el sentido de valor en cuanto a nosotros mismos y nuestras vidas. El budismo por supuesto siempre ha enseñado que esforzarnos de esta manera, enfocándonos hacia afuera en lugar de hacia adentro, en las necesidades de otras personas en lugar de en las propias, nos puede causar el más rápido crecimiento en nuestra propia fortaleza e iniciativa. Ahora, como lo describen los sociólogos, un acercamiento que se enfoca hacia fuera y que es generoso dispara una cascada de efectos positivos.

Así que aunque para los biólogos evolucionarios sea difícil encontrar la manera de ofrecer una explicación evolucionaria sobre cómo opera el altruismo entre los seres humanos, los psicólogos de hoy no tiene dudas sobre la contribución enriquecedora, armónica y creadora de valor que el altruismo aporta a nuestras vidas. Y un aspecto inmensamente valioso del altruismo por supuesto es la renuncia a nuestra necesidad de *criticar*, criticar a las personas, cosas, eventos, o cualquier cosa que no nos guste o que sea de alguna manera diferente de nosotros mismos. Simplemente renunciar a la necesidad constante de criticar tiene un efecto poderosamente liberador.

Gratitud

El altruismo es un familiar cercano de la gratitud, y hay mucha discusión en los hallazgos de las investigaciones sobre el poder trasformador de un espíritu de gratitud[5], que es capaz de desatar muchos efectos positivos y beneficiosos para quien da, además de quien recibe, y para cualquiera que esté cerca. Está claro que construir una fuerte dimensión de gratitud en nuestras vidas es una muy buena noticia. Se ha comprobado por ejemplo que simplemente hacer el esfuerzo de expresar gratitud hacia alguien tiene un efecto positivo en nuestro sentido de bienestar, incluso días después de que ocurra el evento en sí. Pero, según los investigadores, es importante reconocer que la gratitud va mucho más allá de simplemente darle las gracias a alguien por su ayuda o apoyo. Hablan de la gratitud como algo mucho más amplio, una actitud integral frente a la manera en la que enfrentamos cada día, por ejemplo, de tener un sentido de aprecio por las cosas cotidianas de la vida, no dar las cosas por sentado, reconocer todo lo que tenemos en lugar de enfocarnos en los que no tenemos, los investigadores resaltan la importancia de la gratitud como un elemento esencial en la manera en que experimentamos todo lo que nos sucede.

Y yo diría que es en este caso que se asemeja más a la descripción budista de la gratitud, como algo fundamental para un estado de vida positivo. Un sentido de gratitud literalmente elimina los pensamientos negativos. No podemos tener gratitud y ser negativos al mismo tiempo. De hecho, los científicos sociales recalcan mucho esta idea en su trabajo y dicen que la gratitud es *"incompatible con"* las emociones negativas como la rabia y el resentimiento. Una psicóloga lo expresa de la siguiente manera: *"La gratitud nos ayuda a hacerle frente al estrés y al trauma"*[6].

Así que claramente la gratitud es una cualidad enormemente poderosa y valiosa que podemos alimentar en nuestra vida y, nuevamente, es una poderosa combinación de perspectivas científicas y budistas.

Enfocarse en las fortalezas en lugar de las debilidades

Los investigadores hablan del inmenso valor de entender más claramente nuestras verdaderas fortalezas y de ser completamente honestos con nosotros mismos en cuanto a nuestras verdaderas debilidades. Esto es algo esencial cuando queremos desarrollar una estrategia de vida mucho más efectiva. Es mucho mejor, dicen, enfocar nuestras energías y nuestros planes alrededor de nuestras fortalezas, en lugar de estar continuamente ansiosos por nuestras debilidades o, peor aún, tratar de ignorarlas.

Esto parece cierto ¿no? todos somos conscientes del hecho de que gastamos tanto tiempo y energía *preocupándonos por*, y tratando de alguna manera de *compensar* nuestras debilidades, que esto nos desvía de lo que realmente queremos lograr. Es mucho mejor construir nuestras vidas alrededor de lo que sabemos que sí podemos hacer bien y donde tenemos una fuerte base de autoconfianza. Este tipo de autoconocimiento inmensamente práctico es una de las cosas a las cuales se refiere el budismo cuando habla de nuestra *sabiduría innata*. Es ser honestos con nosotros mismos lo que nos permite responder de manera más eficaz y creativa a los eventos que encontramos en los varios sectores de nuestra vida, y esto puede tener el efecto subyacente más poderoso sobre nuestra autoconfianza y autovaloración, ya que todos queremos ser vistos y valorados como personas capaces y recursivas.

El Profesor Ruut Veenhoven por ejemplo, de la Universidad de Erasmus en Rotterdam, uno de los profesores más respetados en este campo, habla del inmenso valor de este tipo de autoconsciencia práctica y realista. Argumenta que uno de los menos conocidos secretos para tener un sentido de bienestar, es aprender a sentirnos cómodos con quienes somos y con nuestras cualidades, *aprendiendo a amar la vida que tenemos*[7]. Esta es una perspectiva muy cercana a lo hemos venido diciendo en relación con la gratitud y el aprecio por lo que *tenemos,* en lugar de gastar nuestras energías añorando lo que *queremos tener*.

Vivir en el ahora

De hecho, todas estas cualidades que los sociólogos describen como fundamentales para un sentido de bienestar estable están relacionadas muy cercanamente; el altruismo y la compasión, ser compasivos con nosotros mismos en el sentido de enfocarnos en nuestras fortalezas en lugar de castigarnos por nuestras debilidades, y tratando de entender el valor del *momento*. A primera vista podríamos pensar que están hablando maestros budistas, pero son sociólogos, y hablan en gran detalle de la importancia que tiene para todos nosotros aprender a vivir en el ahora, aprovechando al máximo *este* momento, *este* trabajo, *este* momento de descanso, *esta* conversación... la persona parada en frente de nosotros ahora es *en este momento* la persona más importante en nuestra vida. En lugar de, como hacemos a menudo, simplemente pasar por esta actividad que estamos realizando, a veces ciegamente, ya que estamos demasiado ocupados o ansiosos para realmente disfrutarla. Muchas veces estamos tan envueltos en nuestra ansiedad por algo que ya pasó y que permitimos que siga dando vueltas en nuestra cabeza, o pensamos por anticipado en algo que va a suceder más tarde, o mañana, o pasado mañana.

Si lo pensamos incluso brevemente, lo que decidamos notar, a lo que decidamos prestar atención, es nuestra experiencia. Es decir, es *nuestra* vida. O, como lo expresó Eckhart Tolle,

"¿Quiero que el momento presente sea mi amigo o mi enemigo? El momento presente es inseparable de la vida, de modo que en realidad estás decidiendo qué tipo de relación quieres tener con la vida"[8].

En ambos casos, esto nos lleva directamente a la lección que yace en el centro de la práctica budista: que podemos elegir. La *causa* que realizamos al prestarle atención al ahora en nuestra vida, tiene como *efecto* una experiencia de vida mucha más rica.

Inténtenlo. Yo soy una persona extremadamente activa, hiperactiva de hecho, y siempre estoy de afán. Pero he hecho un gran esfuerzo a lo largo de los últimos 6 o 7 años por ir más despacio, para así poder experimentar lo que esté haciendo en cada momento. Con nuestras mentes tan activas e inquietas, no es una habilidad fácil de fortalecer. Hay tantas cosas que nos llegan de todas partes en nuestras vidas modernas e impulsadas por la adrenalina. Y sentimos mucha culpa si no seguimos pensando en la lista de cosas que todavía no hemos hecho, el correo difícil al que no hemos contestado, la entrevista que tenemos en unos días, o el recado que prometimos hacer.

Pero es difícil incorporar a nuestras vidas las cosas de valor. Una vez que seamos conscientes de ello, podemos aprender cómo hacerlo de la mejor manera, y la recompensa es enorme y crece cada vez más. Es una habilidad de vida muy importante. De hecho, me parece interesante que en su reciente libro, *Flourish (Florecer), que está dedicado precisamente a este asunto de cómo podemos enriquecer y profundizar* nuestro sentido de bienestar, Martin Seligman escribe sobre lo que llama, "*la virtud de la lentitud*",

"La agilidad mental tiene un costo. Pasaba por alto matices y tomaba atajos cuando debería haber tomado el equivalente mental de un respiro profundo. Resumía y ojeaba cuando debía leer cada palabra. Descubrí que no prestaba atención a los demás. Resumía la intención de la gente después de unas pocas palabras y luego interrumpía. Estaba ansioso la mayoría del tiempo; la ansiedad y la agilidad mental van de la mano"[9].

Creo que todos podemos reconocer inmediatamente la verdad esencial de lo que escribe. Todos hemos tomado atajos, y no prestado suficiente atención a lo que alguien nos cuenta. Y ya que conocemos el fenómeno, estoy seguro de que podemos reconocer el beneficio que obtendríamos si tuviéramos una consciencia más amplia de que donde estamos en este momento es donde deberíamos enfocar nuestra atención.

Tener objetivos significativos

Todos necesitamos objetivos significativos o caminos que sean más grandes y más amplios que el simple progreso cotidiano de nuestras vidas. Cosas que requieren mucho esfuerzo y energía, y que son actividades que nos hacen crecer y nos sacan de nuestras zonas de confort habituales. Quedarnos en esa zona de confort se puede volver poderosamente restrictivo hasta el punto de que desarrollamos no solo una fuerte resistencia a establecer objetivos más altos, sino también una especie de miedo, un miedo al fracaso o al rechazo, que se vuelve tan fuerte como para prevenirnos a la hora de intentar hacer cualquier cosa vagamente retadora.

Existen muchas investigaciones que demuestran que si podemos construir este deseo, esta disposición a fijarnos objetivos para nosotros mismos, hasta el punto que esto se vuelve una parte integral de nuestras vidas, con un verdadero compromiso en cuanto a determinarnos y tomar una verdadera decisión de poner en marcha lo que haya que hacer para lograr cualquier objetivo, entonces esto puede llegar a afectar positivamente muchas otras áreas de nuestras vidas, incluso las que no están relacionadas de ningún modo, como nuestras relaciones de pareja o las sociales, nuestro trabajo o vida profesional, entre otras. Parece ser que la simple disciplina de fijarse un objetivo, y la *perseverancia* que se requiere para alcanzarlo, puede actuar como un catalizador para desencadenar estos efectos beneficiosos en las demás áreas de nuestra vida.

Podrían estar preguntándose ¿qué tiene que ver todo esto con el budismo? Bueno, pues una práctica budista se trata precisamente de hacer crecer y elevar a las personas, de motivarnos y retarnos a fijar objetivos y determinaciones para lo que realmente queremos lograr en la vida. Es muy fácil decirlo, por supuesto, pero se requiere de verdadero compromiso y aplicación para lograrlo. La práctica diaria nos ayuda a lograr la aplicación y el esfuerzo necesario. En algún sentido, este es precisamente el punto, es una disciplina estructurada, un programa de entrenamiento estructurado para ayudarnos a lograr más.

La vida conectada

Esto nos trae a la última y sin duda una de las más significativas estrategias de vida de las cuales hemos estado hablando; la podríamos llamar la *vida conectada*, porque este es el importante tema que surge a partir de muchas investigaciones; la importancia de un sentido de conexión y compromiso como se describe a menudo, un sentido verdadero de estar involucrados en las vidas de los miembros de nuestra familia, nuestros amigos, colegas y comunidades, como un recordatorio de nuestra humanidad más amplia. Este parece ser el factor fundamental de una vida feliz y bien equilibrada. Los biólogos evolucionarios nos dicen que somos por naturaleza animales cooperativos, que sobrevivimos y crecemos a raíz de nuestra capacidad de vivir, trabajar y cooperar en familia y en grupos sociales. Como lo expresa Sam Harris en *El paisaje moral*:

"Puede que no exista nada más importante que la cooperación humana…. Las vidas humanas significativas y las sociedades viables están constituidas por la cooperación"[10].

Los psicólogos positivistas nos dicen algo muy parecido:

"No se puede enfatizar de manera suficiente la importancia que tienen las conexiones sociales en cuanto a nuestra salud y bienestar"[11].

Lo que nos dicen es que, una vez que logramos construir o experimentar estas relaciones armoniosas, estas no solo nos hacen sentir bien con respecto a nuestras vidas, sino que refuerzan todas nuestras energías creativas para que nos sintamos libres para hablar y empoderados para perseguir muchas otras actividades y objetivos gratificantes en nuestra vida.

Y esto llega aún más lejos. La fuerza de nuestras conexiones sociales, los niveles de altruismo, compasión y disposición a ayudar a los demás, son factores decisivos en cuanto al funcionamiento de comunidades enteras. En algunas de las investigaciones más recientes, sociólogos como Robert Sampson de Harvard han identificado una cualidad que denominan *"efecto vecindario"*, que no solo determina cómo las comunidades son capaces de superar y recuperarse de grandes crisis como el tsunami del 2011 en el Japón, y la tormenta que afectó a Nueva York en 2012, sino también cómo son capaces de enfrentarse a lo que él llama los *"desafíos cotidianos"* como el comportamiento antisocial[12].

Así que nuestra conexión, nuestro compromiso, es claramente un factor crucial para la calidad de nuestra vida cotidiana.

¿Cómo se relaciona todo esto con el budismo?

Lo anterior es una muy breve exposición de tan solo algunos de los más importantes hallazgos que han surgido de un gran número de estudios sociales, llevados a cabo a lo largo de la última docena de años[13]. Vale la pena añadir quizás que cada vez que planteo alguno de estos puntos como tema para una reunión de estudio o una charla, muchas veces la respuesta general es ..."*Pues es sentido común ¿no? Si tenemos incluso solo unas pocas de estas cualidades en nuestra vida, estamos destinados a ser felices, pues son tan positivas y fortalecedoras*"[14].

Esto sencillamente reconoce la validez de la investigación. Pero seamos muy claros sobre lo que tenemos acá. Tenemos científicos sociales modernos que definen en gran detalle el tipo de *valores*, el tipo de elecciones y el tipo de conducta que, como saben ahora con mucha seguridad, mejoran las vidas de las personas. También aclaran que su trabajo representa una *adición importante a nuestro entendimiento* sobre qué es lo que hace que las personas se sientan bien acerca de sus propias vidas, y qué tipo de valores y comportamientos ayudan a las personas y a las sociedades para que trabajen de manera armoniosa y creativa. Y eso es lo que todos queremos, ¿o no? Queremos vivir en sociedades pacíficas, cooperativas y solidarias, en las cuales las personas se preocupan y tienen un genuino interés en lo que les pasa a las personas de sus comunidades, y respetan totalmente las vidas de los demás.

El punto clave que quiero resaltar es el grado de coincidencia, las similitudes, y los ecos entre lo que ha enseñado el budismo por tanto tiempo y los hallazgos de estos sociólogos y psicólogos modernos. Como mencioné antes, es importante por supuesto no enfatizarlo más que eso, no inferir más de lo debido. Claramente no deberíamos adoptar la investigación como un tipo de *andamiaje científico alrededor de una percepción b*udista en particular, porque no lo es.

Sin embargo, me parece que lo que hace la investigación es abrir una serie de nuevas perspectivas inmensamente interesantes e iluminadoras, y estamos hablando de cosas que nos conciernen a todos. ¿Qué queremos decir cuando hablamos de la felicidad en esta vida, o cuando hablamos acerca de crear valor en nuestras relaciones? ¿Qué queremos decir cuando estamos tratando de responder la profunda pregunta de cómo deberíamos vivir?

Para cualquier budista practicante debe ser inmensamente alentador y debe generar una sensación de confirmación el aprender que las respuestas de los sociólogos modernos están tan cercanamente relacionadas con los tipos de valores, principios y modos de comportamiento que yacen en el corazón de un acercamiento budista a la vida.

¿Pero, qué cambia?

De muchas maneras, esa notable conjunción de perspectivas nos recuerda la máxima que nos ofreció Einstein hace tantos años.

"La ciencia sin religión está ciega y la religión sin la ciencia está coja".

Incluso hoy en día esta afirmación representa quizás la expresión más concisa y poderosa del hecho de que necesitamos contribuciones de ambos campos.

Esto quiere decir que la ciencia nos proporciona la disciplina objetiva y el método para observar los aspectos de la motivación y la conducta humana. Y la religión, el budismo en este caso, con su amplio cuerpo de entendimiento sobre el funcionamiento de la naturaleza humana, construido a lo largo de muchos siglos, puede no solo obtener valor y apoyo, sino también una nueva perspectiva a partir de los hallazgos científicos modernos, y así crear una combinación de perspectivas ricas y fructíferas. Y quiero recalcar que esto no solo tiene importancia en el ámbito teórico o académico, sino que tiene inmensas implicaciones para las sociedades del futuro ¿Por qué?

Todos estamos muy preocupados por el hecho de que vivimos en tiempos de mucha turbulencia que, en gran proporción, está relacionada con la violencia entre religiones. De hecho, la violencia del conflicto interreligioso es sin duda uno de los asuntos más desafiantes de nuestra era. Y nadie parece ser capaz de ofrecer un camino convincente hacia adelante, mucho menos una solución. Puede parecer algo fantasioso sugerir que el budismo puede ofrecer una estrategia para lidiar con estos problemas generalizados y aparentemente insuperables, pero esta es precisamente la promesa que hace. Esto representa, en un sentido muy real, el objetivo máximo de la práctica budista. Dado que el budismo no se adhiere a ningún tipo de definición de divinidad, no tiene límites. Como hemos visto, no se excluye nada ni a nadie. Es decir, no tiene los límites a través de los cuales se lleva a cabo mucha de la violencia hoy en día. La única calificación necesaria es hacer parte de la especie humana.

El Acta Constitutiva de la UNESCO contiene un sentimiento que refleja el latido de la visión budista de un mundo en paz. El Acta afirma,

"...puesto que las guerras nacen en la mente de los hombres, es en la mente de los hombres donde deben erigirse los baluartes de la paz"[15].

El budismo podría añadir las palabras *individuo por individuo,* porque es así, argumenta, que se debe empezar, en las *mentes* de innumerables individuos. Dicho simplemente, el budismo enseña que, en cualquier momento dado, el entorno en el que nos encontramos es, en gran parte, un reflejo de nuestro estado de vida subjetivo en ese momento. Si nos sentimos llenos de ira, destructivos, y agresivos, esto es lo que se nos refleja desde las acciones de los que nos rodean y de las situaciones que surgen en nuestras vidas. Si, por el contrario, nos encontramos en un estado de vida alto y nuestro acercamiento a ella es consistentemente optimista y creador de valor, entonces, argumenta el budismo, esto será lo que fluye en nuestro entorno y lo que tendrá un efecto sobre las personas con quienes nos encontremos y sobre la manera en la que evolucionan las situaciones en las que nos encontramos.

Yo argumentaría que esta afirmación, por grande que sea, encaja completamente con nuestra experiencia común. Incluso sin las investigaciones recientes de las que hablamos antes, somos conscientes de que el pesimismo y el optimismo son altamente contagiosos. Todos preferimos vivir entre personas positivas y optimistas. Todos sentimos que nuestra energía se absorbe y nuestro entusiasmo se extingue cuando estamos en compañía de personas que son persistentemente pesimistas. Y, de igual manera, es fácil que nos sintamos perturbados cuando nos encontramos entre personas que son persistentemente agresivas o combativas.

Podemos cambiar las cosas si lo queremos

El argumento budista es que esta comprensión de que nosotros en gran parte creamos nuestro entorno, esencialmente aplica incluso cuando estamos hablando de comunidades e incluso de la sociedad de naciones. Aunque a primera vista esta puede parecer una posición difícil de aceptar, solo tenemos que analizar la historia reciente, en Europa por ejemplo, o el Medio Oriente, para encontrar innumerables ejemplos que sugieren que está pasando algo muy parecido; que una nación encontrará en su entorno el reflejo de su propia agresión.

Se podría argumentar que los últimos cien años han demostrado claramente tal circunstancia. Se ha descrito como el siglo más sangriento en la historia humana, a medida que los ciclos de agresión y revancha entre naciones se ha reflejado una y otra vez. Más de 70 millones de personas han muerto en las guerras, y los historiadores estiman que esta cifra es mayor que la suma de todos los siglos anteriores. Y sin embargo, a pesar de este sufrimiento global y de la destrucción masiva, está muy claro que la historia, en el sentido de la experiencia humana, ha provisto muy pocas estrategias para romper este círculo: la diplomacia no ha funcionado y tristemente tampoco las Naciones Unidas. O por lo menos no todavía. Ha habido más de doscientas guerras desde la última gran conflagración global, y el mundo está cundido de armas más poderosas que nunca.

Si consideramos también la máquina de noticias que funciona las 24 horas y que nos despierta y nos acuesta con historias de violencia y desastre desde todos los rincones de la tierra, podemos ver claramente lo que motiva ese sentido de *impotencia* que puede afectar las vidas de tantos de nosotros. Podemos afligirnos o incluso donar algunos dólares a una ONG, pero, ¿qué más podemos hacer?

La respuesta inmediata del budismo es que podemos mirar el entorno de nuestra propia vida, porque es ahí donde empieza el cambio, a través de incontables *individuos*. Con individuos que se determinan a asumir la responsabilidad por sus propias vidas, y que se disponen a desarrollar el valor, el optimismo, la compasión y la sabiduría para tener un efecto creador de valor, positivo y pacífico sobre las vidas de las personas que los rodean.

Como dijo una vez Daisaku Ikeda con absoluta claridad de visión, *"nadie nace odiando a otra persona"* [16].

La gran visión

Así que la visión budista es que cada vez haya más personas que aprovechen la oportunidad –y la palabra aprovechar es importante porque expresa el concepto de tomar positivamente algo que uno se ha encontrado en su vida– de crear esta trasformación en sus propias vidas, no solo para sí mismos sino también por el bien de sus familias, amigos, colegas y todos los que habitan el círculo más amplio de sus vidas. Así podríamos llegar a ver un cambio acumulado en la manera en la que funcionan los grupos, las comunidades, las sociedades e incluso las naciones. Esta por supuesto es una trayectoria de mucha visión y su objetivo distante es inmenso ... nada menos que la paz y la armonía en este mundo tan turbulento.

Pero el argumento budista constante es que no es una trayectoria *remota ni inaccesible*. Todos podemos elegir unirnos a ella, ya que empieza a nuestros pies. La paz, como lo explica el budismo, ...*empieza conmigo*. Y por audaz que suene es una visión que han compartido grandes líderes internacionales a lo largo de los años, desde Gandhi y Martin Luther King hasta Nelson Mandela y John F. Kennedy. En su discurso de inauguración, el Presidente Kennedy dejó clara su visión personal de lo que podría generar un acercamiento audaz y positivo al conflicto. Declaró:

"Primero examinemos nuestra actitud hacia la paz en sí. Muchos de nosotros creemos que es imposible. Demasiados creen que es irreal. Pero esa una creencia peligrosa y derrotista. Lleva a la conclusión de que la guerra es inevitable, de que la humanidad está condenada, de que somos presa de fuerzas que no podemos controlar. No tenemos que aceptar ese punto de vista. Nuestros problemas son provocados por el hombre, por lo tanto, pueden ser resueltos por el hombre. Y el hombre puede ser tan grande como lo desee. Ningún problema del destino humano está más allá de los seres humanos. La razón y el espíritu del hombre con frecuencia han resuelto lo aparentemente imposible de resolver, y creemos que pueden hacerlo nuevamente"[17].

Es una visión y un mensaje que sin duda sigue resonando en nuestras vidas hoy en día. El budismo también argumentaría que "No tenemos que aceptar ese punto de vista. Nuestros problemas son provocados por el hombre, por lo tanto, pueden ser resueltos por el hombre" si cada uno de nosotros toma la determinación de crear paz en nuestra propia esfera.

Capítulo Nueve

El budismo y la negatividad

Empezar esta práctica es una invitación a hacer parte de lo que se podría describir como un enorme experimento a largo plazo. Se podría decir que nosotros somos el enfoque del experimento, y nuestra vida es el laboratorio. Nos enseñan a practicar sin resentimiento y con convicción, a intentarlo de manera sincera y entregada, y luego a buscar los cambios en nuestra vida. Dicho simplemente, el cambio que estamos buscando es mover nuestras vidas hacia el extremo positivo del espectro. Y a medida que lo hacemos, a medida que nos alejamos de un estado de vida básicamente centrado en nosotros mismos, nuestras propias necesidades y nuestro ego, y nos acercamos a un acercamiento más compasivo hacia los demás, terminamos encontrando que estas cualidades se reflejan hacia nosotros desde nuestro entorno. Los retos y los problemas no son menos frecuentes ni menos severos, pues el budismo es la vida real, no es magia y no tiene por qué serlo, así que no puede simplemente deshacerse del flujo normal de la vida. El cambio fundamental yace en la *claridad con la cual percibimos los problemas, y nuestra fortalecida capacidad de responder ante ellos de manera positiva.*

La claridad es un factor importante. De hecho, Nichiren describe que uno de los beneficios de la práctica es que trae una mayor claridad de percepción; lo él que describe como una purificación de los sentidos. ¿Pero qué significa esto exactamente? El hecho es que muchas personas muy racionales que practican el budismo hablan por ejemplo de que ven oportunidades en su entorno que antes no habían notado, o de que son capaces de ver los problemas cuando están en etapas más tempranas y es más fácil resolverlos. A menudo, dicen que sus vidas trascurren de manera más fluida o que se encuentran en el lugar correcto en el momento indicado. ¿Pura coincidencia? Por supuesto que no hay ninguna investigación que compruebe si lo es o no, ni esperaríamos que hubiese, pero de cualquier forma este no es el punto. Estamos hablando de lo que sienten las personas acerca de sus vidas. El hecho es que muchas personas expresan este mayor sentido de estabilidad en sus vidas, que ya no se sienten tan fácilmente desviados por eventos externos y que son más capaces de tomar decisiones positivas con mayor frecuencia porque tiene un sentido más claro de dirección.

Puede haber también un profundo cambio en términos de nuestra esperanza y ambiciones, de lo que estamos preparados a exigirle a nuestras vidas. Por ejemplo, muchas veces nos hemos permitido hacer grandes sacrificios para aceptar una situación o circunstancia, a pesar de que sabemos en lo profundo de nuestro ser que la situación no es satisfactoria, o que incluso es la causa de mucho estrés o infelicidad. Podría ser un empleo que no nos ofrece la oportunidad de expresar nuestros talentos o que no nos permite crecer, una relación que hemos descuidado, o una situación familiar que se ha vuelto conflictiva. Por miedo, apatía o falta de valor, o simplemente porque no se nos ocurre cómo iniciar el cambio sin causar una ruptura, las soportamos y aprendemos a vivir con este tipo de situaciones dominando nuestras vidas, a menudo durante años.

Como todos sabemos, hay pocas cosas más difíciles que generar cambios verdaderos y duraderos en nuestra conducta o nuestras actitudes. Se han consolidado a lo largo de toda nuestra vida y obviamente vamos a requerir mucha energía, determinación y valor para cambiarlas. Sobre todo, quizás necesitemos *esperanza,* un sentido de que las cosas pueden cambiar. Y este es precisamente el rol que la práctica budista puede desempeñar. Una de las afirmaciones que se hacen más frecuentemente, por ejemplo, y que se incrustó en mi mente cuando empecé a practicar, es que cuando enfrentamos una situación profundamente difícil y no sabemos a qué aferrarnos, si empezamos a entonar "*de la nada… llega la esperanza*".

Por supuesto que no es *de la nada*, viene desde *nuestro interior*. Y llega en el momento en que nos desvinculamos de la inmediatez de la situación o crisis, y nos permitimos el espacio para entonar y volver a pensar. Y muchas veces nos entrega la energía inicial y el valor que necesitamos para tomar acción decisivamente y así empezamos el proceso de cambio.

¿Y qué pasa con las dudas y la negatividad?
Pueden pensar que eso está muy bien para los que tienen la gran suerte de tener una profunda convicción en la práctica. ¿Pero qué pasa con las personas que tiene dudas? Hay muchos escritos budistas que nos dicen que nunca deberíamos tener dudas. Personalmente, no veo cómo puede ser posible no tener dudas ya que son parte de nuestras vidas, así como la negatividad también es una parte inherente de ellas. Aunque es muy importante reconocer que no son la

misma cosa. Tenemos que examinar la causa de la duda, por supuesto, pero las dudas pueden llevar a la cautela, y no hay nada malo con tener un poco de precaución en un mundo peligroso como el nuestro. Como he escrito en otras partes, se podría llamar *prudencia,* si esa no fuera una palabra tan pasada de moda en el léxico del siglo XXI.

Pero la negatividad es un asunto muy diferente. La negatividad es algo que nos puede desarmar o tornar incapaces de tomar acción. Nos puede decir, por ejemplo, que una práctica budista puede lidiar con los problemas de los demás pero no con *este*, no con el que nos acaba de sorprender en *nuestra* vida. Porque, nos dice nuestra negatividad, este problema es totalmente diferente o particularmente profundo, o porque se trata de una situación particularmente intricada. Nuestros propios problemas siempre parecen tener un elemento *singularmente* complicado.

Todos tenemos una voz negativa

Los psicólogos nos dicen que todos conversamos con nosotros mismos casi todo el tiempo, en un diálogo continuo en el que razonamos con nosotros mismos y ensayamos situaciones. De hecho, es una parte tan grande de nuestra vida que tendemos a dar por sentada esta voz interior. Pero una de estas voces es *negativa*, una poderosa defensora de no hacer las cosas, de no desafiar nuestra situación, de no hacer el esfuerzo, porque…pues, ¿para qué? ¿Cuál es el punto? … esta vez no vamos a ganar.

Ese entendimiento psicológico moderno está muy en línea con la percepción budista de la naturaleza humana, según la cual todos tenemos un lado negativo en nuestra personalidad, incluso quienes han sido bendecidos con un temperamento brillante y positivo. De hecho, el budismo enseña que siempre lo tendremos como una parte fundamental de nuestra humanidad, independientemente de cuán positivo llegue a ser el espíritu que aprendamos a desarrollar y mantener. Y, como todos sabemos gracias nuestra experiencia personal, por no hablar de las enseñanzas budistas, este es de hecho uno de nuestros estados de vida potenciales, siempre al acecho, listo para atacar si permitimos que nuestro estado de vida baje. Aunque usualmente no lo describimos abierta y directamente como nuestra *negatividad*. En su lugar, hablamos de sentirnos un poco bajos de ánimo, o de no tener tanta confianza en nuestras propias capacidades en este momento, o de tener dudas o estar poco dispuestos a desafiar esta situación en particular.

Sentirnos bajos de ánimo parece ser una experiencia que tenemos en común

Muchas personas dicen que amanecen con su negatividad, porque es el momento en que muchas veces puede suceder. Para muchas personas, por ejemplo, la madrugada es un momento muy bajo, cuando tienen que luchar para salir de un hueco. A eso se debe quizás la adicción global a la cafeína para despertarnos. Pero no es solo en la mañana ¿cierto? Muchas veces la negatividad nos acompaña todo el día. De hecho, la expresión "me siento un poco bajo de ánimo" parece ser muy común para muchos de nosotros hoy en día. Los psicólogos por ejemplo dicen que un grado de ansiedad generalizada es una de las características de nuestra era. El psicólogo Daniel Goleman, por ejemplo, ha denominado nuestra era como *la era de la melancolía,* porque parece haber más personas deprimidas que en generaciones previas.

Incluso Martin Seligman, el optimista sin límites, y fundador del movimiento de la psicología positivista en los EE.

UU., habla sobre este particular aspecto de la sociedad occidental moderna. Escribe:

"¿Por qué la ansiedad, la ira y la tristeza permean tanto nuestras vidas, cuando al mismo tiempo existe tanto éxito, tanta riqueza y una ausencia de necesidades biológicas en las vidas de los privilegiados estadounidenses?"

Podemos remplazar *estadounidenses* por todos los que vivimos en las partes privilegiadas del mundo en las que se vive un estilo de vida occidental. El escritor explica que:

"Las personas en general se sienten atraídas por la interpretación catastrófica (es decir, la negativa) de las cosas. Esto no solo es cierto para los neuróticos y depresivos…. sino para la mayoría de nosotros, la mayoría del tiempo"[1].

Seligman elige usar frases que son ampliamente incluyentes, *"personas en general"* y *"para la mayoría de nosotros, la mayoría del tiempo"*. *Si tomamos el comentario al pie de la letra, parecería que muchas personas comparten esta ansiedad generalizada de bajo nivel de la cual hemos estado hablando. Pienso que esta es una percepción significativa que nos puede servir para, de alguna manera, despertar.*

Y si vamos un poco más allá, y nos preguntamos por qué nos pasa esto, por qué interpretamos los eventos en nuestras vidas de manera negativa, por lo menos una parte de la explicación puede yacer en el hecho de que esa voz negativa nos conoce muy íntimamente. No nos podemos esconder de ella. Conoce todas nuestras debilidades y nuestras vulnerabilidades… porque, por supuesto, *es uno mismo*. Así que es capaz de enmarcar los argumentos que nos susurra todo el tiempo para que estén exactamente a la par con nuestras debilidades y vulnerabilidades. Y si la dejamos, puede seguir afectando nuestra autoestima y nuestro valor durante casi todo el día, aprovechando las dudas e incertidumbres que van surgiendo de nuestro interior. Así que sabemos precisamente por ejemplo *por qué* no vamos a tener éxito en este u otro emprendimiento, o *por qué* no nos van a dar el trabajo, o *por qué* no nos van a ascender, o *por qué* no vamos a pasar los exámenes que tenemos que pasar, etc.

Cuando tenemos confianza en nosotros mismos y contamos con un *estado de vida elevado*, o cuando hemos tenido una victoria, muchas veces somos capaces de ignorar esa crítica negativa, o de reírnos de ella. Pero cuando nos sentimos bajos de ánimo, y con un *estado de vida bajo*, o cuando nos han rechazado, y en particular cuando sabemos que lo que queremos lograr esta vez no es tan fácil, entonces la voz criticona nos puede lanzar a un estado mental profundamente derrotista.

Como hemos visto en toda la investigación social de la cual hablamos antes, esto no nos afecta solo a nosotros sino que contagia a todos los que nos rodean. Y si este patrón se repite mucho se puede instalar en nuestra vida y convertirse en lo que el budismo llama una *tendencia de vida dominante*, una mentalidad habitual.

Y esto nos puede cambiar la vida de manera negativa. Nuestro diálogo interno se vuelve algo como, *"no vale la pena intentar"*, en lugar de, *"creo que puedo con esto"*.

La negatividad es muy real
Esta discusión se dirige hacia el punto clave de una claridad más profunda. Fue aquí que empezamos, en la crucial

importancia de la *claridad*, o de la autoconsciencia; un mayor entendimiento y una consciencia más amplia sobre algo que se puede ubicar en los márgenes de nuestra consciencia. Porque, independientemente de lo prevalente que puede ser, no hablamos mucho de nuestra parte negativa. Pero el budismo argumenta que para reconocerla y combatirla de manera efectiva tenemos que tener mucha claridad sobre cuán poderoso y dañino puede ser el efecto de esta negatividad en nuestra vida. De hecho, habla de luchar contra ella todos los días, y de ahí lo diario de la práctica.

La negatividad es tan real como lo son las rocas, solo que está hecha de un material diferente.

Y para destacar cuán real es este punto, en caso de que les cueste trabajo creerme, recientemente encontré algo en una de las investigaciones que me impactó. De hecho, lo hubiera rechazado si no fuera por sus impecables credenciales académicas[2]. Me refiero a algo que se llama la *línea de Losada,* llamada así por el psicólogo Marcel Losada, quien aparentemente estableció las bases. Básicamente es la proporción entre las frases o palabras negativas y las frases o palabras positivas, que ocurren en las comunicaciones entre individuos o grupos de personas. Lo que me impactó fue que cuando los investigadores miraron las implicaciones de esta proporción, los resultados fueron sorprendentes.

La línea de Losada
Se le permitió a uno de los grupos de investigación, por ejemplo, asistir a las reuniones de negocios de más o menos sesenta empresas. Lo que hicieron fue aparentemente sencillo. Trascribieron todo lo que se dijo en las reuniones.

Todo. Luego calcularon la proporción de palabras y frases negativas y positivas. Y las implicaciones fueron asombrosas, porque encontraron que había un marcado punto de corte. Las empresas en las que había una proporción mayor de comentarios positivos entre los gerentes, o para ser más precisos, tres comentarios positivos por cada comentario negativo, tenían un fuerte crecimiento. Si se encontraban por debajo de esta proporción, es decir, tres comentarios positivos por cada comentario negativo, las empresas no estaban marchando muy bien. Este hallazgo se usa ahora en numerosos cursos de entrenamiento para gerentes. Y esto no termina aquí.

John Gottman, por ejemplo, es uno de los investigadores estadounidenses más importantes con respecto al matrimonio, él explora y explica qué es lo que hace que un matrimonio o una relación sea exitosa, y qué es lo que lleva a que las parejas se separen. Puede pasar fines de semanas enteros con parejas, observando cómo interactúan el uno con el otro, y también aplicó la línea de Losada en sus estudios. Y sí, encontró casi exactamente el mismo resultado. Encontró que cuando hay menos de tres comunicaciones positivas por cada comunicación negativa, la relación no iba por buen camino[3]. De hecho, argumenta que se requieren por lo menos *cinco* comentarios positivos por cada comentario negativo para tener una relación fuerte y duradera.

El resultado por supuesto es sorprendente, pero pienso que lo que aclara, sobre todo, es lo inconscientes que podemos llegar a ser con respecto a los elementos negativos de nuestro comportamiento y conversaciones, y lo poderosas que son las implicaciones de esta negatividad inconsciente para nuestras relaciones.

Estoy seguro de que la mayoría de nosotros, sin saber si quiera sobre la línea de Losada, hemos experimentado situaciones en las que esta negatividad subliminal nos afecta en nuestra vida diaria. Como hemos mencionado, todos conocemos la enorme diferencia que existe entre el colega optimista, positivo y lleno de esperanza, que todos conocemos en el trabajo y que hace las cosas e inspira a los demás, y lo contrario, el colega negativo y destructivo que tiene un efecto paralizante sobre todos.

¿Cómo nos puede ayudar el budismo?
Nuestra propia negatividad, cuando no la reconocemos y no la superamos, también puede tener efectos poderosamente negativos, no solo en nuestras vidas sino también en las vidas de las personas que nos rodean. Y como ya sabemos gracias a los resultados de investigaciones sociales[4], el efecto va mucho más allá y llega a tocar las vidas de nuestros amigos y colegas también. Y aquí la palabra *"reconocer"* obviamente es de crucial importancia, porque, como argumenta el budismo, es el reconocimiento más que cualquier otra cosa, o nuestro sentido creciente de conciencia de lo que está pasando, lo que nos lleva a tomar acciones positivas. Es solo cuando estemos constantemente atentos y tomemos consciencia de la realidad de nuestra negatividad, y de su potencial influencia sobre nuestro estado de vida, que podremos luchar contra ella y así empezar el proceso de cambio para establecer el control sobre las funciones negativas de nuestra vida.

Por supuesto que esto no es fácil, ni podemos ganar del todo. Como ya he mencionado, el budismo muchas veces presenta la lucha contra la negatividad como un encuentro diario que nos ayuda a mantener un espíritu optimista y positivo para librarnos de la negatividad. Y es importante ser claros en que el ser positivos no es sinónimo de ser *poco realistas.* Así que no tiene que ver con negar la existencia de lo negativo ni de simplemente apartar cualquier información negativa que nos llegue. No significa constantemente tratar de controlar las situaciones que simplemente no se pueden controlar. Lo que significa es que tenemos que hacer un esfuerzo constante para tomar el camino más difícil, el de la positividad, en lugar de la decisión fácil que es hundirnos en lo negativo. Nuestro optimismo tiene que ser lo suficientemente amplio y profundo para abarcar la tristeza, el dolor y el sufrimiento, así como la alegría de la vida.

Independientemente de lo difícil que pueda ser lograrlo, esta es sin duda una estrategia que funciona. Al tiempo que escribo este libro, estoy saliendo de una lucha contra el cáncer que se extendió durante los últimos tres años. Felizmente ahora puedo hablar en pasado, porque ya lo superé y ¡mi médico me acaba de dar de alta! Así que ahora puedo decir que *fue* una batalla que involucró un sustancial dolor físico y mental. Pero el punto clave que quiero resaltar es que tan pronto como me enteré de la existencia del cáncer, también me enteré de mi capacidad de aceptarlo como parte de mi vida. Una parte no bienvenida pero parte de mí de todos modos, y al aceptarlo me sentí en capacidad de luchar contra él de manera positiva, en lugar de tenerle miedo. Y todo el tiempo estaba muy consciente de que mi optimismo estable en cuanto a mi vida, mi sentido de bienestar generalizado, no dependía de que solo me pasaran cosas buenas.

Como lo explicó el profesor de psicología Tal Ben Shahar en su libro *La búsqueda de la perfección*[5], ser optimista no se trata de estar eternamente sonriente. Sobretodo tenemos que ser realistas, y estar eternamente sonrientes es enormemente irreal. Se trata de construir nuestro sentido de esperanza y optimismo, literalmente aceptando nuestros dolores y problemas como una parte normal de nuestras vidas, en lugar de tratar de esquivarlos.

Lo que es notable es cuán cercanos son estos consejos al sentimiento expresado por Nichiren Daishonin en una de sus cartas a sus seguidores, hace tanto tiempo:

"Sufre lo que tengas que sufrir; goza lo que tengas que gozar. Considera el sufrimiento y la alegría como hechos de la vida, y sigue entonando *Nam-myoho-renge-kyo*, pase lo que pase"[6].

Así que aprendemos que es solo cuando nos acercamos a nuestros problemas que los podemos realmente entender. Y es solo cuando buscamos las semillas de lo positivo, incluso en las cosas que andan muy mal, en lugar de dejarnos abatir por los efectos negativos, que los podemos trasformar.

Como he mencionado muchas veces porque tuvo un efecto muy importante en mí, una de las cosas que más me impactó cuando empecé a asistir a reuniones budistas fue el poderoso sentido de optimismo, incluso cuando las personas estaban hablando de todo tipo de problemas diarios. Para esas personas la vida se trataba claramente de ser realistas, de ver los problemas por lo que son y desafiarlos en lugar de darse por vencidas. Personas comunes y corrientes con problemas comunes y corrientes, aprendiendo a ver la vida de otra manera, enfocando todo a través del lente de la práctica budista. Y es fácil ver cómo este tipo de acercamiento hace posible establecer en nuestra vida un proceso de autorefuerzo en el que todos ganan;

entre más reconozcamos y superemos la negatividad, más la debilitamos, mientras fortalecemos nuestro optimismo y esperanza.

Y en mi experiencia es precisamente esta la grandeza de la práctica budista, su inmensa *practicidad*. Nos entrega un método que ha permitido que muchas personas comunes y corrientes, de todas las personalidades y antecedentes, hayan podido lograr este cambio de perspectiva... desde lo negativo hacia lo positivo. No se trata de una revolución, sino de un pequeño cambio, y por extraño que parezca esto es todo lo que se requiere. Puede que sea un cambio pequeño, pero parece ser suficiente para ayudarnos a aceptar el problema o a manejar la ansiedad con una actitud optimista, que produce resultados tangiblemente positivos.

¿Pero qué nos dice el budismo acerca de la ira, esa forma de negatividad extrema que nos ataca muy frecuentemente?

Capítulo Diez

El budismo y la ira

La visión budista de la rabia y la ira es muy clara. Aunque el budismo entiende el potencial poderosamente destructivo de esta emoción, que puede provocar estragos en la vida humana, va más allá de simplemente lamentar su presencia y condenar sus efectos dañinos. La acepta exactamente por lo que es, como una parte íntegra de lo que significa ser humano, una parte profundamente arraigada en la psiquis humana que siempre nos acompañará. Lo que debemos hacer es aprender a vivir con ella y a limitar el daño que puede causar en nuestra vida. Como lo explicó un compañero budista, *"La rabia es como el estiércol, ¡es mejor manejarla fría!"*

Quizás sea una dosis de sabiduría casera, sin embargo, es muy sabia y su verdad ha sido corroborada ampliamente en la investigación social moderna.

Así que el budismo nos dice que es necesario que reconozcamos que la rabia siempre será parte de nuestra vida, y tenemos que ser prudentes y aprender más acerca de esta emoción: de dónde viene, y cómo manejarla de la mejor forma. La psicología moderna entiende la rabia de la misma manera, es decir, que hace parte de nuestra humanidad común.

"Nuestra ira tiene una larga historia que se remonta a antes de nuestra niñez e incluso a antes de la de nuestros padres. Se remonta a las luchas de vida o muerte de nuestros ancestros humanos, y aun más allá a nuestros ancestros primates... la capacidad human de sentir ira es una de las razones principales por las cuales somos nosotros, y no otra línea de primates, la especie dominante en la tierra"[1].

Así que la rabia está profundamente arraigada en nuestras raíces evolucionarias y con un rol positivo, y ahora tenemos que aprender cómo manejar su potencial destructivo en nuestras sociedades modernas cada vez más pobladas. Pero esta perspectiva nos ayuda a aceptar nuestra ira como una parte integral de nuestra vida, porque esto es lo que debemos hacer para entenderla de manera más completa y evitar o superar el daño que puede causar. Pienso que también nos ayuda a entender lo que según los psicólogos es el factor desencadenante más común para que se desate la ira en nosotros: la sensación, correcta o no, de que *'Se están transgrediendo mis límites'*. Transgrediendo en muchos sentidos, bien sea porque se nos trata injustamente o se nos insulta, o muchas veces debido a la sensación de que nuestra autoestima o dignidad está bajo amenaza.

Como bien sabemos, cuando hay ira las cosas pueden escalar tan rápidamente que muchas veces no nos damos cuenta conscientemente de esa sensación, pero, nos dicen los psicólogos, en alguna parte de nuestro ser nos sentimos trasgredidos, y la ira es una forma de contraataque para acabar con dicha trasgresión. Y simplemente entender que la trasgresión probablemente es un ataque percibido y no real a nuestra autoestima nos puede ayudar a controlar nuestra respuesta[2].

Los diez estados de la mente

El budismo describe la Ira como uno de los diez estados de vida que todos experimentamos a diario. No vamos a analizar demasiado profundamente este concepto budista por el momento, pero es esencial para nuestro entendimiento y es por eso que he añadido en el Apéndice A un informe detallado sobre los diez estados de vida y la importancia de su rol en el budismo Nichiren. Pero muy brevemente, el concepto de los Diez Mundos, o los diez estados de vida, es un análisis de las dinámicas de la vida humana diaria. Su propósito es describir de manera sistemática, práctica y útil, algo que todos experimentamos, pero que damos por sentado y ni siquiera pensamos. Este algo es la extraordinaria *cambiabilidad* de nuestro estado mental a lo largo de nuestra vida cotidiana. Todos sabemos que nuestro estado de vida, o la manera en la que nos sentimos, cambia constantemente a lo largo del día; cambios desencadenados por un flujo constante de pensamientos en nuestro interior y por los eventos que ocurren en nuestro exterior, así de rápida es la respuesta de la mente a cada estímulo. Cada hora puede ser diferente, cada minuto, a veces cada segundo, así de rápida es la capacidad de la mente de responder ante lo que está pasando dentro y fuera de nuestras cabezas.

El budismo argumenta que el primer paso para agudizar nuestra consciencia sobre lo que está pasando en nuestra vida y así manejar nuestras vidas de manera más efectiva, es tener un panorama mucho más claro de estos estados mentales cambiantes. Así que nos ofrece pequeñas representaciones de cada uno de ellos para que los estudiemos.

¿Por qué diez? Buena pregunta. La respuesta corta es que pasa la prueba de *practicidad.* Si hubiera 50 o 100 estados de vida, se volvería totalmente inmanejable e impráctico.

Más allá, este concepto ha, sin duda, sobrevivido la prueba más difícil de todas, la prueba del tiempo, y ha seguido siendo una idea inmensamente útil que podemos continuar usando en nuestra cotidianidad hoy en día.

La perspectiva budista de la ira

El budismo describe la ira como un estado de vida en el que no solo estamos dominados por las manifestaciones externas de la ira - gritar, amenazar y las tormentas de mal humor - sino también por las constantes exigencias de nuestro propio ego. Porque en su núcleo la ira tiene que ver con un sentido de superioridad sobre los demás, y con todas las *distorsiones de perspectiva* que esto trae. *Yo tengo la razón.* Tú estás equivocado. De esta manera tenemos el control, tener la razón sobre algo nos ubica en una situación de superioridad moral. La necesidad constante de tener la razón o de constantemente quejarnos de una situación son expresiones comunes de un estado de vida de ira.

Así que ocurrirán aquellos destellos de ira que al parecer surgen de la nada, mientras tratamos de imponer nuestra superioridad, y que a menudo sorprenden tanto al dueño de la ira como a su víctima. Pero también hay muchas otras cosas inmensamente *destructivas y anti-sociales como la intolerancia desenfrenada, el cinismo, el sarcasmo, la falta de gratitud y la constante crítica al trabajo de los demás. Para quienes habitan el estado de ira es difícil vivir con ellos mismos, así como para los demás es difícil estar cerca de ellos, ya que no parecen ser capaces de controlar la fuente de su ira*. El temperamento irascible y el cinismo corrosivo a menudo parecen surgir de la nada, casi como si tuvieran vida propia.

Sobra decir que este tipo de ira puede ser inmensamente destructivo en cuanto a las relaciones personales, bien sea rompiéndolas o volviéndolas un sufrimiento intolerable para la pareja. Pero a un nivel más amplio de la sociedad, la ira en este sentido de superioridad, claramente yace en el fondo de una amplia gama de injusticias inaceptables desde el racismo violento y la intolerancia religiosa, hasta la opresión de las mujeres y de muchos grupos minoritarios.

Así que la ira como estado de vida es muy negativa pero la visión budista es muy equilibrada en el hecho de que no excluye la posibilidad de beneficio de la *pura energía* que puede emitir esta emoción, si solo se pudiera direccionar de manera apropiada. Acepta que la ira puede contribuir al cambio, como un conductor poderoso y energizado, por ejemplo en la lucha contra la apatía, o cuando se opone a las situaciones que amenazan la dignidad o las vidas de los individuos.

El budismo nos anima a tener el valor de cambiar la injusticia siempre que nos enfrentemos con ella.

Cómo perciben la ira los psicólogos

Es notable lo cercanamente relacionados que están la visión budista clásica de la ira, y sus implicaciones sobre la manera en la que vivimos, y los más recientes análisis psicológicos. Ellos también afirman que la ira tiene un rol positivo cuando estamos, por ejemplo, luchando por la justicia, o cuando nos preocupamos por tratar de *"corregir lo que está mal y generar cambio"*[3].

Pero argumentan poderosamente sobre el inmenso daño que la ira descontrolada puede causar en vidas individuales y en las relaciones, y cómo esta puede alterar y distorsionar nuestra visión de lo que está sucediendo en una determinada situación. La ira es una emoción muy desorganizadora que puede llevar a que nuestro juicio esté totalmente reprimido o apagado, y terminamos actuando en medio de una confusión hasta el punto de que actos inocente e inocuos, realizados por personas de nuestro entorno, pueden, a través de la lente distorsionada de la ira, llegar a ser considerados altamente agresivos y amenazantes, y por lo tanto desenlazar una respuesta agresiva que está totalmente fuera de lugar y es inapropiada[4].

Martin Seligman, por ejemplo, habla de la ira como una emoción que impulsa la violencia y el abuso en la sociedad y en las relaciones personales, hasta el punto de que puede llegar a destruir muchas vidas.

"La ira es rápida y caliente", escribe, *"su contenido, sin censura, es destructivo. Una persona con rabia nunca ve las cosas desde la perspectiva de la persona que es su blanco... las palabras y los actos impulsivos no se pueden borrar como sí se puede hacer con los pensamientos. A lo largo de nuestra vida, la mayoría de nosotros destrozamos docenas, incluso cientos de relaciones en un momento de ira incontrolable"*[5].

Y como si eso no fuera suficiente, añade otro punto que, al menos, debería hacernos pensar. Nos dice que la ira es muy mala para nuestra salud. Ceder a nuestro deseo de explotar nuestra ira por algún evento frustrante o por una injusticia percibida es malo para nuestra presión sanguínea y para nuestros corazones[6].

Esta particular visión pareciera confirmar la profunda verdad de un texto budista sobre la ira que se atribuye a Shakiamuni.

"Aferrarse a la ira es como guardar un pedazo de carbón ardiente en la mano, con la intención de lanzarlo a alguien. ¡El que se va a quemar con eso eres tú!'

Podría seguir pero creo que lo que he dicho es suficiente para explicar lo dañina que puede llegar a ser la ira para nuestras vidas. Pero la pregunta clave es obviamente ¿qué hacer al respecto? Tanto el budismo como la psicología moderna afirman que no podemos erradicar la ira de nuestras vidas y, como lo expresa un psicólogo,

"De todas las emociones que las personas quieren evitar, la ira parece ser la más intransigente"[7].

Entonces tenemos que aprender a convivir con ella. Se acomoda dentro de nuestra psiquis, así como un tigre en hibernación, esperando el momento para actuar cuando lo provoquen. Pero ¿es posible domarlo? El budismo Nichiren nos persuade de que sí, siempre y cuando tomemos la determinación de hacerlo y convoquemos la perseverancia para lograr el cambio, a pesar de las dificultades que sin duda encontraremos en el camino.

Domar el tigre

Es interesante que tanto los psicólogos como los comentaristas budistas —aunque como hemos mencionado en otras partes la investigación moderna y las milenarias enseñanzas budistas no tienen ninguna conexión verdadera— llegan a conclusiones muy parecidas. La clave para superar los estallidos furibundos y las respuestas cínicas y cortantes que pueden tener un efecto tan destructivo sobre nuestras parejas, familias y amigos es la *autoconsciencia;* es decir, entender el estado de vida en el que nos encontramos para así poder controlarla.

Este es el propósito esencial de la definición budista de los Diez Mundos, que hemos mencionado brevemente en este capítulo y que se explica de manera más detallada en el Apéndice A. Es solo cuando incrementamos nuestra conciencia de que efectivamente nos encontramos en el estado de ira, argumenta el budismo, que podemos aprender a crear un espacio fraccional entre el ser conscientes de lo que percibimos como una violación y el reaccionar de manera violenta. Puede que sea solo un breve momento, pero es todo lo que necesitamos. Es suficiente para controlar nuestra lengua y apaciguar la expresión explosiva de la rabia.

El consejo de contar hasta diez cuando estamos en una situación de potencial ira puede ser muy antiguo, pero no deja de ser un consejo muy sabio. De hecho, como lo expresa un psicólogo moderno, ¡cuenta hasta diez, cuenta hasta veinte consúltalo con la almohada si puedes![8] Así te das un espacio para calmarte y volver a evaluar la supuesta ofensa. Al igual que el estiércol, la ira también se maneja mejor cuando está fría.

Y claramente sobra decir que no siempre somos capaces de manejarla. Nos sorprende y estalla casi sin darnos cuenta. Pero entre más practicamos, más hábiles nos volvemos para darnos cuenta tempranamente y calmarnos antes de causar algún daño.

El poder de la autoconsciencia para manejar nuestras relaciones se discute ampliamente en los hallazgos de las investigaciones modernas. El psicólogo Daniel Goleman, por ejemplo, nos dice,

"La autoconsciencia, o el reconocer un sentimiento a medida de que va sucediendo, es la clave de la inteligencia emocional"[9].

Declara que es el fundamento esencial para reconocer las emociones de los demás, para entender qué sienten las otras personas y sus respuestas, o sentir empatía, es decir, tener la capacidad de ver la situación desde el punto de vista del otro. Y la empatía es obviamente la base del altruismo y la compasión, y el enemigo más grande de la ira. Todos buscamos una empatía más amplia y la mayoría de nosotros estamos hartos de nuestros estallidos de ira.

Como ya hemos visto en nuestra discusión sobre superar la negatividad, estas perspectivas están totalmente en línea con las enseñanzas budistas. Así que la clave para superar la naturaleza destructiva de la ira tiene que surgir desde adentro, desde esa autoconciencia más amplia. No la podemos apagar o redireccionar desde afuera, simplemente porque entendemos intelectualmente lo dañina que puede ser. Entender la teoría no es suficiente, cada uno de nosotros tiene que luchar para domar el tigre, determinarse a hacerlo y usar la disciplina de la práctica diaria para asegurarse de perseverar hasta lograrlo.

Pero fundamentalmente pensaría que esto nos devuelve a un principio que ya hemos discutido ampliamente ya que es tan central en el acercamiento budista a la vida, y es la idea de aceptar la plena responsabilidad por lo que pasa en nuestras vidas.

¿Quién es responsable de verdad?
Vale la pena volver a la discusión, ya que superficialmente la idea de la responsabilidad personal no es una idea particularmente retadora ¿cierto? No nos sorprenderíamos de encontrar esas palabras en la letra menuda de algún manifesto político como una cualidad que debería ser fuertemente valorada, o incluso en el currículo de las

escuelas secundarias de todo el país. De hecho, esa sería una iniciativa que valdría la pena implementar. Constituida correctamente y puesta en la práctica, tiene el poder de ofrecerle a las comunidades un camino para salir de tanta desconsideración y comportamiento anti-social que se extiende a lo largo de tantas de esas comunidades.

Pero es muy fácil señalar con el dedo de esta manera. El punto verdadero que tendríamos que entender es que no se trata de ellos. Se trata de nosotros. Estoy seguro de que a todos nos gusta pensar que somos responsables por todo lo que decimos y hacemos. Sin duda, claro que lo somos. Somos personas muy responsables. Siempre lo hemos sido.

"Excepto…" podríamos añadir después de pensarlo un poco… "en esos momentos en los que la responsabilidad era claramente de otra persona…"la responsabilidad de una discusión amarga y dolorosa porque ellos fueron tan irrazonables, o de una pelea fea en el bar o en el colegio, o de un matrimonio que se disuelve, o cualquier cosa parecida.

"No se puede esperar que aceptemos la responsabilidad por estas cosas también…¿cierto? Digo, estas cosas que fueron culpa de otra persona".

Lo que hace el budismo de manera brillante es explicarlo clarísimamente para que no queden dudas sobre dónde yace la responsabilidad. Sin excusas y sin peros. *Nosotros* somos los responsables de lo que sucede en nuestras vidas. Punto. Aunque, como nos pasa a todos, preferiríamos no serlo y echarle la culpa a alguien más para poder exclamar y protestar o gritar sobre de quién es la responsabilidad en este caso en particular.

El budismo lo dice muy claramente: no busques las causas afuera de ti, búscalas dentro de tu propia vida porque es ahí que las vas a encontrar. Y es más, argumenta que siempre vamos a beneficiarnos de adoptar esta visión de las cosas, porque si aceptamos que las causas están adentro, entonces podemos hacer algo al respecto.

Una vez más, como ocurre muchas veces con el budismo, es un principio difícil de adoptar e incorporar a la vida entre familiares, amigos y colegas. No olvidemos que el budismo no es la opción fácil, porque la vida no es una opción fácil. Y, como todos sabemos, parece estar en oposición a lo que nos nace instintivamente. Es mucho más fácil e inmensamente satisfactorio ceder a la ira, la frustración o la intensa sensación de autocomplacencia, y adjudicar la culpa fuera de nosotros. Descargarla sobre otra persona o situación. Lo que sea para liberarnos de ella. Todos lo hacemos casi sin pensarlo.

Básicamente, el budismo nos pide pensar dos veces. Hacer lo que es más difícil y retador. Calmarnos, respirar, contar hasta diez o mejor aún, hasta veinte. *Recordar que somos budistas,* y que revelamos este hecho por encima de todo en nuestro comportamiento, en cómo respondemos a esta *situación en particular*. De hecho, a todas las situaciones en particular. Como acabamos de ver, tanto el budismo como los psicólogos de hoy hablan del inmenso valor de la empatía; de aprender a ponernos en los zapatos del otro, de preguntarnos cuáles fueron las causas que realizamos para llegar a esta situación. Incluso se ha sugerido que nos inventemos una frase que nos podamos decir cuando nos encontremos en estas situaciones de confrontación y que nos ayude a apaciguarlas. Por ejemplo:

"Yo sé que esto parece ser un insulto personal, pero no lo es. Es simplemente un reto que tengo que superar y usar mis habilidades para hacerlo"[10].

Habilidades que he desarrollado a través de la determinación de que voy a ser el maestro de mi ira, y que voy a perseverar en mi esfuerzo para lograr ese objetivo.

Cómo funciona

Considero que hay un par de puntos clave que surgen del breve vistazo que le hemos dado a la negatividad en el capítulo anterior, y a la ira en este, y que nos hablan sobre algunos elementos fundamentales de la manera en la que el budismo funciona en la vida diaria, y que vale la pena resaltar.

El budismo nos pregunta, nos anima, nos ayuda a ser claros y a no confundir los asuntos; es decir, a tener claro y a estar seguros de quiénes somos y cuáles son nuestros valores. En la mayoría de las situaciones es mucho más fácil echarle la culpa a las demás personas o a otros eventos de las cosas que no funcionan en nuestra vida, pero todos lo hemos intentado muchas veces, y como bien sabemos este acercamiento a la vida no resuelve nada. Nada mejora. Generalmente esa actitud simplemente sirve para prolongar el conflicto, o el dolor, o el sufrimiento, y entonces las relaciones se acaban, o las situaciones se tornan insoportables.

Aunque sea mucho más difícil y retador aceptar que la responsabilidad es nuestra, y mirar hacia adentro para buscar las causas de lo que sea que no haya funcionado, es sin duda la elección más esperanzadora y productiva. No perdemos, ganamos. De esta manera siempre ganamos porque la ira se resuelve, la situación mejora y todos seguimos adelante.

Además, no tardamos en reconocer que con la práctica budista, no estamos hablando de cambios enormes de actitud. De hecho, como dicen muchas personas cuando empiezan a estudiar el budismo, las enseñanzas parecen ser puro sentido común. Es lo que funciona. Se trata de volver a mirar algunas de las suposiciones diarias que llevamos todo el tiempo con nosotros, y quitarles la familiaridad. El budismo habla muchas veces sobre aclarar nuestra visión, o tomarnos el tiempo de mirar claramente nuestra vida, para acostumbrarnos a entender cómo el dejar de lado nuestro enfoque en nuestro propio ego, y empezar a reconocer las necesidades de los demás, crea y hace fluir todo tipo de relaciones productivas.

Sigue siendo el mismo mundo, pero nuestra percepción de él cambia, esta es la clave. Todo en nuestra vida es impulsado por nuestras percepciones, la manera en la que pensamos, que gobierna lo que decimos y cómo actuamos. Así que un cambio en nuestras percepciones, por pequeño que sea, puede generar un cambio fundamental en nuestro comportamiento hacia nosotros mismos y los demás. Puede que sea solo un pequeño cambio pero, en mi experiencia personal, una y otra vez esto resulta ser suficiente para ayudarnos a resolver el problema con una actitud diferente e infinitamente más productiva. Y cada vez que esto sucede nos sube un poco el ánimo. Nos da un sentido más amplio sobre nuestra propia capacidad de resolver los problemas, y tomamos nota de tratar de resolver el siguiente problema de la misma manera *responsable personalmente*. Significa que abrimos una posibilidad de cambiar nuestra actitud generalmente negativa y pesimista por una que es positiva y optimista. Y esto nos puede cambiar toda la vida.

Por supuesto que no siempre avanzamos fácilmente. Somos humanos y por lo tanto se trata de dar un paso hacia adelante y dos hacia atrás. Muchas veces. Pero el punto es que ya no estamos estancados. Estamos desarrollando una habilidad que no solo es invaluable para nuestros asuntos diarios, sino que también es un enorme paso en el camino hacia la construcción de una vida más feliz para nosotros mismos y para quienes nos rodean.

Capítulo Once

El budismo y el dinero

Dado que el budismo afirma tratarse de la vida diaria, y dado que el dinero es una parte de nuestras vidas –todos tenemos que pagar las cuentas y todos tenemos ambiciones que queremos alcanzar– evidentemente es importante que tengamos una idea muy clara sobre qué dice el budismo acerca de nuestra relación con las cosas. De hecho, el dinero, con una forma un poco distinta pero que cumplía la misma función, llegó al mundo y empezó a tener su efecto sobre el comportamiento de las personas más o menos al mismo tiempo que Shakiamuni estaba viajando y enseñando en el norte de la India.

Fue creado por alguien a quien todavía asociamos con el dinero hoy en día, el Rey Creso, el ultimo rey de Lidia, reino situado donde se encuentra hoy en día Turquía, en el siglo VI AEC. Hasta ese momento, dejando de lado el trueque, las compras se hacían intercambiando objetos por pedacitos de metal –en su mayoría oro y plata– que, en cada transacción, se pesaban y evaluaban en cuanto a su pureza. Además de ser un proceso laborioso y engorroso, también podía estar sujeto a la manipulación y la corrupción, y por lo tanto era causa de muchos conflictos y controversias. Así que la historia cuenta que fueron los consejeros en la corte del Rey

Creso quienes tuvieron la idea práctica de producir pequeños pedazos de oro y plata previamente marcados para validar su peso y pureza. Así las monedas tenían la garantía de la tesorería de Lidia en cuanto a su valor. Fue un paradigma totalmente nuevo, y los historiadores afirman que así nació el sistema monetario que conocemos hoy.

Sardes, la capital de Lidia, rápidamente se convirtió en la meca de los negociantes de todo el mundo gracias a garantía que suponían sus monedas, y Creso se ganó una reputación por su gran riqueza que resonó a lo largo de los siglos hasta hoy en día. Todavía usamos la frase *"ser tan rico como Creso"* para indicar cuando una persona es *muy* rica. De hecho, he visto que en la página de Wikipedia sobre Creso citan a Bill Gates como el ejemplo moderno del fenómeno de Creso. Aunque Creso perdió su reinado pues fue derrotado por los persas, ellos también pensaron que el dinero acuñado era una idea tan buena que siguieron con lo que él había empezado. Y así sus monedas viajaron por el mundo y se han encontrado entre tesoros de los vikingos en lugares tan lejanos como York e Inglaterra anglosajona.

Y básicamente el mismo modelo –un sistema monetario garantizado por la tesorería nacional– ha seguido su función hasta hoy en día. Los economistas siguen considerando el dinero de manera desapasionada como un recurso *lubricante,* un medio impersonal de trueque que sigue cumpliendo la misma función para la cual fue inventado por Creso; es decir, hacer que las transacciones, el comercio y los mercados funcionen fluidamente.

Pero todos sabemos que ha llegado a ser mucho más importante que eso. Mucho más personal e íntimo, y mucho más influyente en todos los sentidos. Puede que no pensemos en ello muy a menudo o muy profundamente, quizás ni siquiera pongamos nuestros pensamientos al respecto en palabras, pero todos reconocemos de manera subliminal que el dinero está muy ligado a nuestro sentido de autovaloración, por ejemplo. Y esta perspectiva personal está confirmada por lo que nos dicen los sociólogos.

Un artículo en una revista popular, pero genuinamente científica, por ejemplo, motivado por los efectos que tuvo sobre tantas personas la crisis económica, llevaba el subtítulo: *Por qué el dinero confunde la mente*. El artículo explica en detalle hasta dónde puede llegar la confusión que produce el dinero:

"Algunos estudios siguieren que el deseo por el dinero de alguna manera se cruza con nuestro apetito por la comida. Y dado que tener dinero significa que podemos comprar muchas cosas es prácticamente sinónimo de estatus... hasta tal punto que perderlo puede llevar a la depresión y hasta al suicidio"[1].

Y aunque la afirmación a primera vista puede parecer exagerada, y nos decimos *"a mí no me puede afectar así"*, la evidencia es muy clara. Todos sabemos de los cientos de suicidios que siguieron a la Gran Crisis del 29 en Estados Unidos; personas dispuestas a quitarse la vida por la caída de la bolsa de valores. Algo parecido sucedió en el Reino Unido, aunque en una escala mucho menor, con la caída del Mercado de Seguros Lloyds en los años 90. Y cuando estaba investigando para este libro, la prensa y la televisión estaban cubriendo la historia trágica de un hombre de negocios de 50 años, un equilibrado y amoroso esposo y padre, que se derrumbó con la idea de su inminente quiebra y el miedo de perder la riqueza y las posesiones que había acumulado a lo largo de los años, y simplemente no pudo enfrentar la posibilidad de vivir sin ellas. Así que se transformó en una persona diferente, una capaz de dispararle a su hija y a esposa, y de luego morir en el incendio que inició para destruir su casa. De alguna manera, su casa se había vuelto más importante que su vida o las vidas de su familia. ¡Una manera muy trágica de confundir la mente!

No es un asunto marginal

El anterior es, por supuesto, un caso extremo, y lo menciono con considerable difidencia porque es algo muy triste. Pero el hecho de que este tipo de cosas puedan suceder resalta el punto clave que queremos expresar: que nuestra relación emocional con el dinero claramente no es un asunto marginal. Cuando pensamos en nuestra relación con el dinero, con la riqueza, con la acumulación de riqueza en todas sus formas, estamos hablando de algo que puede sin duda tener efectos muy profundos sobre cómo nos percibimos a nosotros mismos, hasta el punto de cambiar lo que creemos ser. E independientemente de si lo hemos pensado o no, o si estamos listos para aceptarlo, sería muy extraño que todos nosotros no estemos formados, condicionados y afectados hasta cierto punto por este entorno supremamente adquisitivo y materialista que habitamos.

Si nos preguntamos directamente cómo nos ha afectado el dinero, puede que encontrar una respuesta sea difícil, pero esto no debilita la validez de la pregunta. Ciertamente es un debate que no podemos eludir los que vivimos en partes del mundo donde se vive un estilo de vida occidental. Ni deberíamos tratar de hacerlo dado que el efecto que tiene el dinero en nuestro sentido general de satisfacción con la vida es tan importante. Parece tener un lugar en cualquier imagen de felicidad que visualicemos para nosotros. Querer un estilo de vida que solo se puede comprar con mucho dinero parece ser algo profundamente arraigado en el psiquis occidental.

Entonces, ¿cómo podemos definir este complejo asunto?

¿De qué se trata nuestra vida?

En palabras simples, el punto crucial del argumento que plantean los sociólogos parece ser que hemos permitido que el ciclo sinfín de ganar y gastar, de comprar y adquirir, se convierta en lo más importante de nuestras vidas. Esta ha sido la marca distintiva de nuestros tiempos, aunque no suene ni distinguido ni mucho menos, deseable. ¿Es así como queremos que se recuerden estos tiempos en los cuales vivimos? Los sociólogos, por ejemplo, hablan sobre cómo hemos remplazado el *sentido* de la vida por la mera búsqueda del dinero, y cambiado la verdadera *calidad de vida* por un simple *nivel de vida*. Como lo describe un comentarista por ejemplo, cuando escribe sobre algunas de las disfuncionalidades de la cultura materialista:

"Una de esas fallas puede ser que perseguimos el dinero a costa del sentido. Demasiadas personas en el mundo occidental han convertido el materialismo y el ciclo de 'trabajar y gastar' en su principal objetivo. Y luego se preguntan por qué no son felices"[2].

Y más adelante en el mismo ensayo escribe:

"Paradójicamente, es precisamente este incremento del dinero —que crea la riqueza tan visible en la sociedad moderna— lo que dispara ese descontento. A medida de que las expectativas materiales siguen aumentando, más dinero solo genera más deseos"[3].

Así que de alguna manera, se podría decir que todos estamos persiguiendo nuestras propias colas. El Dr. Edward Diener de la Universidad de Illinois, y uno de los personajes más importantes en el área de la psicología positivista, tiene una perspectiva muy parecida. Habla sobre el hecho de que estamos tan condicionados por nuestro entorno que nos enfocamos constantemente en lo que *no* tenemos, en lugar de en lo que *sí* tenemos. Y así, a medida que mujeres y hombres van subiendo la escala económica, la mayoría de ellos inmediatamente dejan de pensar y de sentirse agradecidos por sus nuevas y mejoradas circunstancias. Estas simplemente se convierten en el nuevo *status quo*, la nueva línea de base, y otra vez se enfocan en lo que no tienen[4]. Esta no es la única paradoja aterradora que encontramos cuando miramos este asunto. Nuestra relación con el dinero es ciertamente mucho más profunda y nos involucra y afecta mucho más aunque no lo admitamos. Pero cambiemos de dirección por un momento, e intentemos determinar qué dice el budismo sobre este asunto tan complejo.

¿Qué tiene que decir el budismo sobre todo esto?

Como mencioné antes, dado que el budismo se trata de la vida cotidiana común y corriente, y dado que el dinero tiene un papel muy importante en la vida cotidiana, el budismo tiene que aceptar e incluir este hecho en sus enseñanzas. Las escrituras cristianas nos dicen que no solo de pan puede vivir el hombre, pero ¡sí tiene que poder *comprar* el pan! El budismo tiene mucho que decir, de manera refrescantemente directa, sobre la riqueza y la mejor forma de relacionarnos con ella. Quizás el punto crucial que tenemos que entender —principalmente porque va en contra de muchos estereotipos— es que el budismo

Nichiren no se trata de no *querer* tener cosas ni de *renunciar* a ellas. Obviamente no podría tratarse de esto porque tiene que ver con la vida diaria, y parte de esa realidad para muchos de nosotros es tener cosas.

El budismo Nichiren no tiene nada que ver con disminuir, reducir o establecer limitaciones arbitrarias sobre lo que podemos tener o no. Para nada. Simplemente nos enseña que, como claramente tenemos necesidades físicas y espirituales, tenemos que atenderlas para lograr la vida más significativa y gratificante posible. Enseña que este es el propósito mismo de nuestras vidas y, de acuerdo con el budismo, la clave para lograr el éxito en esto, y en tantas otras cosas, es establecer un profundo sentido de *equilibrio.*

Los deseos mundanos

A menudo, las necesidades físicas se describen como deseos mundanos, no de manera peyorativa ni despectiva, sino simplemente en el sentido de que son necesidades y deseos relacionados con los aspectos materiales de nuestra vida, y el budismo los acepta claramente como elementos esenciales para nuestro sentido de bienestar. Es decir, no son marginales de ninguna manera. Querer tener cosas es parte de nuestra humanidad básica y lo ha sido desde que existen cosas para desear, desde hachas de piedra, hasta conchas bonitas, o un trabajo más satisfactorio y mejor remunerado, y una casa cómoda o un carro lo suficientemente grande para poder cargar a toda la familia y al perro, y algo de dinero de sobra para poder ir de vacaciones. El budismo *es la vida diaria común y corriente.*

El budismo es muy claro cuando dice que no deberíamos de ninguna manera intentar rechazar estos deseos naturales en nuestra vida, ni verlos como algo aparte o en conflicto con nuestra vida espiritual. Porque no hay ningún conflicto, o por lo menos no a *este nivel* de desear. No importa qué nos conduzca a establecer objetivos en nuestra vida, puede ser algo material o algo espiritual. Lo importante es que estar determinados a alcanzar estos objetivos nos ayuda en la práctica para fortalecer nuestra vida. El entendimiento que yace en el centro del budismo, y que se ha comprobado durante muchos siglos, es que una vez que empezamos el camino, inevitablemente surgirá la percepción de que lo que realmente buscamos en la vida es *sentido y propósito,* y un sentido de autoestima que surge del ejercicio de la compasión y el altruismo, independientemente de si logramos los objetivos materiales que establecimos.

Un sentido de equilibrio

Entonces, ¿dónde está la línea entre lo que tiene sentido para nuestra vida y lo que no? Lo clave, dice el budismo, es trabajar duro para mantener el sentido de *equilibrio que mencioné, entre lo* espiritual y lo material. El punto medio se podría decir[5]. No dejarnos llevar por la fuerte corriente en ninguna de las dos direcciones, porque ambas causan mucho sufrimiento.

Esto quiere decir que no debemos ser fanáticamente espirituales, por ejemplo, haciendo demasiadas actividades budistas y descuidando las necesidades materiales genuinas que tenemos nosotros y quienes nos rodean. Dedicarle tiempo a nuestra pareja o a nuestros hijos, por ejemplo, es una necesidad material crucial, entre muchas otras.

Y, viceversa, el budismos nos enseña que estamos en problemas cuando el hambre por el dinero, por tener siempre más cantidad de cosas, más bienes materiales, nos consume y se vuelve una condición de vida abrumadora.

Puede que no lo veamos de esta manera ya que estamos *dentro* del deseo. Nos convertimos en él. O puede que no lo veamos a tiempo, ya que estas cosas tienden a sorprendernos. Puede que lo consideremos simple ambición, o el deseo de sacarle más provecho a la vida. Pero, de acuerdo con el budismo, cuando el impulso por tener aún más riqueza y aún más posesiones materiales se vuelve nuestra motivación principal, o lo que más placer nos causa, y nos dejamos llevar cada vez más en esa dirección, con cada vez menos tiempo y espacio para dedicarle al sentido de nuestra vida, a nuestros valores y a las vidas de los que nos rodean, hemos perdido el camino. Estamos fuera de equilibrio. Y los efectos del equilibrio pueden fluir hacia otras partes de nuestra vida, incluso sin que caigamos en cuenta.

De hecho, el budismo usa un lenguaje muy parecido al que se usa en el artículo que mencionamos hace unos momentos. Describe la *avaricia*, porque, seamos claros, es de esto precisamente de lo que estamos hablando, como un veneno o una adicción en nuestro sistema que puede infectar todas las dimensiones de nuestra vida y ser una fuente de profundo dolor y sufrimiento.

La paradoja en el corazón del estilo de vida occidental

Esto nos lleva directamente al gran número de estudios, realizados a lo largo de los últimos 20 años por economistas y sociólogos, y a la notable paradoja que han sacado a relucir. De hecho, es tan contraintuitivo que creo que para la mayoría de nosotros será difícil aceptarlo. Pero ayuda si nos ceñimos estrictamente a la ciencia y no a nuestra propia respuesta instintiva. Uno de los primeros, más repetidos e indudablemente más sorprendentes hallazgos de toda esta investigación es que la riqueza, o cuánto dinero ganamos, *no* es un factor sustancial para nuestro sentido básico de bienestar. Lo que revelan los estudios es que una vez que nuestras necesidades básicas están satisfechas, la riqueza adicional parece tener un papel cada vez más reducido en cómo nos sentimos acerca de nuestras vidas, hasta que finalmente deja de ser un factor contribuyente.

Uno de los sociólogos europeos más importantes describió esta conclusión como *"la paradoja en el corazón de la sociedad occidental"*[6]. ¿Por qué paradoja? Porque parece estar fuera de sintonía con nuestra sociedad actual tan intensamente agresiva, materialista y consumista. La mayoría de quienes vivimos en las partes del mundo donde se vive un estilo de vida occidental, y en otros lugares también, estamos profundamente condicionados a creer que nuestra felicidad y lo que describimos como *Éxito* con E mayúscula, yace en la búsqueda de una riqueza económica siempre mayor.

El hecho es que todos gastamos mucho tiempo y mucha energía a lo largo de nuestras vidas para lograr más riqueza. Si nos preguntan directamente, todos sabemos que queremos ser más ricos ¿cierto? ¿Por qué? Porque todos creemos con *convicción absoluta que, aunque no resolvería todos nuestros problemas*, sí sería la solución a la mayoría de ellos. Y seríamos mucho más felices ¿cierto? Y, si soy honesto, a medida que escribo estas palabras una gran parte de mí quiere gritar la respuesta *¡Sí!*

Pero la respuesta correcta a esta pregunta, y que proviene de los científicos, no lo olvidemos, es un no rotundo. Miremos lo siguiente, por ejemplo, que nos llega de un economista británico:

"Existe una paradoja en el centro de nuestras vidas. La mayoría de las personas quieren un mayor ingreso y luchan por ello. Sin embargo, a medida que las sociedades occidentales se han vuelto más ricas, las personas no han ganado en felicidad.

Esto no es un cuento chino. Es un hecho comprobado por muchas investigaciones científicas. Como voy a mostrar, tenemos muchas maneras de medir la felicidad en las personas y todo apunta a afirmar que en promedio las personas no son más felices hoy de lo que eran hace 50 años. Sin embargo, en promedio, las personas están ganando más del doble que hace cincuenta años. Esta paradoja aplica tanto para los EE.UU., como para Gran Bretaña y el Japón"[7].

O lo siguiente, de un sociólogo estadounidense:

'A lo largo de las últimas dos décadas, de hecho, un cuerpo cada vez más importante de investigación en el campo de las ciencias sociales y la psicología ha mostrado que no existe una relación significativa entre lo que gana una persona y si se siente bien o no con su vida. Una encuesta en los Estados Unidos, realizada por Time en diciembre, encontró que la felicidad tiende a aumentar a medida que el ingreso se incrementa hasta llegar US$50,000 dólares al año. Después de esto, mayores ingresos no tienen un efecto dramático. Edward Diener, psicólogo de la Universidad de Illinois, entrevistó a miembros de la lista Forbes 400, los estadounidenses más ricos. Encontró que los 400 eran tan solo un poco más felices que el público general"[8].

"...*tan solo un poco más felices que el publico general*". Una afirmación extraordinariamente reveladora, porque muestra el alcance del *delirio*—no se me ocurre una mejor palabra para describirlo—que la mayoría de nosotros padecemos. Si nuestro sentido de bienestar incrementara incluso mínimamente a medida que incrementa nuestro ingreso, como tendemos a creer, entonces los Forbes 400, las personas más ricas de Estados Unidos, deberían estar permanentemente dichoso, ¿no es cierto? Estarían en las nubes. Pero la verdad improbable, sorprendente y difícil de aceptar es que *no lo están*. No son más felices que el resto de nosotros, con nuestros ingresos promedio.

Es decir que más dinero, después de un nivel bastante modesto, simplemente no incrementa nuestra felicidad. Y tampoco lo hacen las cosas que podemos comprar con ese dinero.

"Si hiciéramos un gráfico de la vida en ambos lados del Atlántico desde que terminó la Segunda Guerra Mundial, todas las líneas que tienen que ver con el dinero y con las cosas que se pueden comprar con el dinero estarían disparadas hacia arriba. Sería un monumento estadístico al materialismo. El ingreso per cápita, ajustado para la inflación, en Europa y en los EE.UU. se ha más que duplicado a lo largo de los últimos 35 años. Tener un pequeño coche solía ser un objetivo; ahora una familia en EE.UU. tiene en promedio casi tres coches, mientras que en el Reino Unido existen ahora más teléfonos celulares que personas. Todo es de diseñador y los electrónicos personales y otras cosas que no existían hace medio siglo ya están al alcance de todos. Independientemente de cómo se registran las tendencias de las ganancias y los gastos, todo va en subida. Pero si hiciéramos un gráfico de la felicidad durante el mismo periodo, las líneas serían tan planas como el techo de un Mercedes clase S. Encuestas en EE.UU. y Europa muestran que las tasas de felicidad han cambiado poco desde que Europa empezó a reconstruirse (después de la Segunda Guerra Mundial) y Estados Unidos se convirtió en la superpotencia económica y militar del mundo"[9].

Esta información es impresionante. De hecho, si no fuera por el gran peso de la evidencia, la historia que nos cuenta no sería creíble. Pero la respaldan los datos citados por otro investigador. Cuando se llevan a cabo estas investigaciones, los científicos hablan con una muestra de personas seleccionadas para representar una sección típica de la población, y luego estas innumerables entrevistas se reducen a números y curvas en gráficos que los sociólogos y economistas pueden usar para comparar los resultados obtenidos en diferentes momentos y lugares. El *American National Opinion Research Centre*, por ejemplo, ha realizado básicamente la misma encuesta desde la década de los 50, de modo que podemos comparar directamente lo que sentían las personas acerca de sus vidas en 1950 y 1960 con lo que sienten hoy en día.

Por ejemplo, en la década de 1950, cuando los niveles de riqueza y confort material eran mucho más bajos, se les pidió a los estadounidenses calificar su satisfacción general con la vida, y registraron un puntaje promedio de 7,5 sobre 10. A pesar de los grandes cambios en los niveles de riqueza material y confort en el último medio siglo, el puntaje promedio para la misma encuesta hoy en día es solo…¡7,2! Así que estos grandes cambios en la riqueza material que han ocurrido a lo largo de los últimos 60 años no se han igualado en términos de nuestro sentido de bienestar general[10].

El callejón sin salida del materialismo

Pero de hecho, y por cierto, esto no se limita a la riqueza. En casi cualquier criterio que queramos observar en estas partes del mundo donde se vive un estilo de vida occidental, podemos ver que tenemos más que nunca. Más de todo; más comodidad, más comida, más casas, más salud, más ocio, más parejas, etc. Sin embargo, parecería que lo que no tenemos es precisamente más felicidad.

¿Qué tipos de respuestas nos dan los investigadores para explicar este mal moderno? Solo cuando entendamos mejor el fenómeno podremos llegar a hacer algo al respecto y tratar de alejarnos de la tendencia. Como es de esperar, no existen respuestas únicas o simples, pero existen unas percepciones maravillosas que ayudan a abrir nuestros ojos en cuanto a lo que está pasando. Parece que es muy fácil para todos nosotros encontrarnos atrapados en un callejón materialista sin salida.

El profesor Layard, por ejemplo, habla de *"la rueda de andar hedonista"*[11]. *Tenemos otra vez esta palabra griega que significa placer, y la rueda de andar es como la que existe en una jaula de hámster, e indica que gastamos mucho tiempo dando vueltas sobre lo mismo. Se trata del fenómeno del que hablamos hace un momento, entre más tenemos... parece que más queremos.* En una era de inmensa abundancia hay tanto por desear que esto puede llegar a socavar, disminuir o incluso a cancelar del todo el placer y la alegría que podemos sentir por todo lo que sin duda tenemos. Vamos a volver a este tema cuando hablemos más adelante sobre el mundo del hambre, ya que este nos ofrece un vínculo fascinante entre la investigación social y lo que el budismo nos dice sobre este asunto clave.

Los psicólogos nos dicen que compararnos con los demás hace parte de la manera en la que funcionamos como seres humanos, y es algo que se encuentra profundamente arraigado en nuestra psiquis. Todos lo hacemos, aún sin darnos cuenta. Así que afecta de manera constante e inmensa nuestro sentido de autoestima y nuestro sentido de satisfacción o descontento con la vida. Como lo expresa la psicóloga Sonja Lyubomirski:

"Entre más comparaciones sociales hagamos, mayor es la probabilidad de encontrar comparaciones desfavorables; y entre más sensibles seamos a las comparaciones sociales, mayor es la probabilidad de que suframos por sus consecuencias negativas... no podemos ser envidiosos y felices al mismo tiempo"[12].

Qué advertencia tan importante *"... ¡no podemos ser envidiosos y felices al mismo tiempo!"*.

Esta en esencia es la paradoja revelada. Parece que en lugar de disfrutar un sentido sólido de *satisfacción* por nuestras propias circunstancias mejoradas, sucede todo lo contrario. Nuestra conciencia de la riqueza y las posesiones de los demás parece haberse vuelto una fuente de descontento mucho más amplia. Esta es la ansiedad comparativa que mencionamos antes y que acaba con nuestra gratitud por todas las cosas buenas que sin duda tenemos en nuestra vida.

El estado de vida de Hambre

Pero la cosa extraordinaria para mí, debo decir, es lo cercano que está el análisis científico *moderno* sobre los efectos inquietantes de la constante obsesión con adquirir más cosas, a la *clásica* descripción budista del estado de vida de *Hambre*, que mencionamos antes. (Ver Apéndice A). Esto resalta nuevamente cuán preciso y desde luego cuán valioso es para nosotros un análisis budista sobre las dinámicas de la motivación y el comportamiento humano. El budismo describe este estado de vida como la causa de mucho dolor y sufrimiento autoinfligido. Pero es algo que *nosotros* elegimos.

Brevemente, el *Hambre* es el estado de vida en que nos encontramos convencidos de que nuestra felicidad yace en la adquisición de algo que está, por alguna razón, fuera de nuestro alcance. La agonía yace en el hecho de que para muchas personas en este estado de vida, *siempre* hay algo… que está apenas fuera de su alcance. Abarca, por supuesto, un amplio rango de cosas materiales, pero no se limita a ellas. Se extiende en todas las direcciones hacia el deseo de tener más. Una red social moderna como Facebook por ejemplo, incluso estimula el deseo de tener y mostrar que uno tiene más amigos. Y en Twitter, más seguidores. Como si fueran mercancías.

Y este es el asunto crucial. Mientras nuestras preocupaciones se centran en la adquisición de cosas nos estamos tratando como animales materiales. Pero en el fondo, sabemos que esto es falso. Sabemos que todos tenemos una dimensión espiritual aunque lo escondamos detrás de una máscara de cinismo por ejemplo. Lo físico y lo material no son suficiente, y mientras tratemos de vivir como si lo fueran sabemos que estamos *disminuyendo* nuestra existencia o, en términos budistas, nos estamos autocalumniando.

Una vida espiritual con sentido
Una vez más, Nichiren Daishonin da en el clavo cuando escribe en sus cartas: *"Más valioso que los tesoros en un depósito"*, es decir, las cosas materiales, *"son los tesoros del cuerpo"*…es decir, la salud, *"y los tesoros del corazón son los más valiosos de todos ..."* es decir, una vida espiritual con sentido[13].

Y en lo profundo de nuestro ser sabemos que siempre que logramos tener una pausa en el ritmo y el ajetreo de la complejidad constante de la vida moderna, y tomamos conciencia de quiénes somos, dónde nos encontramos en la vida y lo que realmente nos importa, sabemos que lo que buscamos son los tesoros del corazón. Necesitamos una profunda conciencia del *sentido* y el *valor* de nuestra vida, junto con relaciones significativas con todos los que nos rodean, independientemente de la riqueza o las pertenencias.

Es como volver a casa.

Y creo que es posible argumentar que este tipo de búsqueda para encontrar algo más en la vida, es parte de la razón por la cual, a lo largo de las últimas décadas, ha tomado lugar lo que se podría llamar una revolución silenciosa. En este tiempo, miles de personas en Europa, América y en otras partes, personas comunes y corrientes como nosotros, que tienen trabajos, que se están enamorando y criando hijos, preocupándose por pagar los recibos o por los familiares ancianos, han tomado la decisión de poner todo esto bajo la luz de los principios y valores budistas. Y para este creciente número de personas, lo que ofrece el budismo es, al parecer, una solución significativa a los retos que presenta la vida moderna en Occidente. Una forma de vida significativa y más feliz, ¡porque no habría tantas personas siguiendo el budismo si las hiciera menos felices!

También es posible argumentar, pensaría, que este fuerte movimiento de valores y principios budistas hacia Occidente es solo una de las muchas influencias que están ejerciendo un profundo efecto sobre la manera en la que estamos aprendiendo a reevaluar la idea del éxito en la sociedad moderna, de manera no tan centrada en la riqueza sino en medios más significativos que tienen que ver con la calidad de vida y el bienestar.

Capítulo Doce

Un nuevo comienzo

En este punto creo que estamos cerrando el círculo y es hora de atar cabos. Este se ha convertido en un viaje mucho más divergente de lo que planeé al principio. Me ha llevado a profundizar en muchos más campos científicos de lo que había anticipado, e incluso en algunos que para muchos son algo fuera de lo común. A pesar de que con cada uno de estos asuntos, incluso los que al principio parecían secundarios, en cada caso han tenido algo especial que contribuir a la búsqueda central que trata de contestar la pregunta de, en este mundo moderno, ¿qué hacemos para calibrar nuestra brújula moral? ¿De dónde obtenemos un entendimiento más profundo sobre cómo construir una vida que sea verdaderamente gratificante, esperanzadora y optimista y que al mismo tiempo cree valor para las comunidades y sociedades que habitamos?

Como describí al comienzo, empecé mi propio largo trayecto hacia el budismo con bastante renuencia. Admito que al principio no tenía una visión clara o un sentido de dirección. No tenía una idea dominante u objetivo obvio por lograr. Creí que había encontrado algo que podía contribuir mucho valor a mi vida, y las vidas de los que me rodean. Pero todos somos, en cierta medida, presos de nuestra época, y sugiero que el espíritu que prevalece en nuestros tiempos es el de un profundo *escepticismo frente a prácticamente todas las instituciones, y sobre todo a las que tienen alguna base religiosa.* En nuestra cultura moderna hay una fuerte necesidad de *no creer*. Una necesidad de desmenuzar las cosas y cuestionarlas hasta que se vuelvan pedazos, antes de considerar la posibilidad de integrarlas a nuestras vidas. Lo anterior, sin duda, fue para mí un asunto importante cuando encontré el budismo.

Y, debo decir, considero que el escepticismo es una fuente de fortaleza y no de debilidad. Es un camino hacia un entendimiento mucho más fuerte y profundo, siempre y cuando no permitamos que ese escepticismo se reduzca a cinismo, pues esta debe ser una de las cualidades más comunes y disfuncionales de nuestra sociedad. El cinismo puede parecer algo interesante en la superficie, pero nunca se ha creado algo de valor con ello.

Pero si intento volver a ubicarme en aquella situación, está muy claro que ha habido una resolución en este sentido también. Estaba determinado a que una vez emprendiera ese camino algo inesperado, seguiría hasta estar seguro, de una forma u otra, de los efectos de una práctica budista en mi vida. Era muy fácil para los demás decirme que el budismo es la vida diaria, pero mi pregunta era si realmente funcionaba a este nivel. ¿Era capaz de realmente cambiar mis reacciones hacia las personas y situaciones en mi trabajo y vida cotidiana?

Y si lo pensamos bien, esta es la prueba de fuego ¿no? No es la teoría lo que va a cambiar nuestras vidas, es la práctica. De qué manera los valores y principios budistas afectan la manera en la que percibimos y respondemos al constante flujo de eventos y encuentros que constituyen lo cotidiano de nuestra vida, en su forma inesperada, retadora, caótica y, a veces, inspiradora. La respuesta se puede expresar de muchas formas, pero la que tiene más sentido para mí es que el budismo es al mismo tiempo *edificante e intensamente práctico*. Edificante porque nos entrega una visión de una vida humana común y corriente que siempre está llena de esperanza e inspiración, y que es inmensamente positiva y creadora de valor. No en vano la filosofía budista se ha descrito como la creación más importante de la mente humana. Al mismo tiempo, es inmensamente práctica en términos de que provee una estrategia muy práctica para ayudarnos a vivir el día a día.

Marca una profunda diferencia cuando uno se da cuenta de que el budismo no está motivado por el acatamiento de un conjunto de reglas o mandamientos procedentes de una divinidad externa. Tiene que ver con la lealtad hacia uno mismo. Claramente, esto tiene un impacto profundo en la manera en la que nos relacionamos con nosotros mismos, nuestro sentido de autoestima, y cómo nos relacionamos no solo con personas cercanas, como la familia, los amigos y colegas, sino con todas las personas que nos encontramos de manera casual y poco frecuente. Todo el mundo.

Otra profunda diferencia está en el hecho de que el budismo ofrece una visión del mundo totalmente incluyente. Busca romper las barreras entre "uno" y "el otro". En este sentido trasciende la raza, los grupos étnicos, otras nacionalidades y culturas. Se podría decir que, viviendo en un mundo cada vez más saturado en el cual incluso nuestro clima y nuestras tierras están bajo tanta presión, nunca antes en la historia de la humanidad habíamos necesitado una visión tan incluyente de la vida para romper las barreras entre la gente.

Jeffrey Sachs el importante economista estadounidense lo expresa de la siguiente manera.

"...Nuestro reto, el reto singular de nuestra generación, es aprender a vivir en paz y de manera sostenible, en un mundo extraordinariamente saturado"[1].

En cuanto a ser totalmente práctico y realista, significa que no se trata de esperar encontrar un espacio propio en un más allá celestial. El budismo es la *vida diaria*, así que tiene que ver con encontrar soluciones para el aquí y el ahora. Busca generar cualidades totalmente realistas, tales como la perseverancia frente a los contratiempos, el valor para enfrentar los problemas en lugar de apartarlos, y la toma de conciencia del valor de los demás. Busca engendrar y alimentar las cualidades prácticas que necesitamos todos los días, como el valor de enfrentar los problemas en lugar de esconderlos debajo de la alfombra, y la *resiliencia* y *perseverancia* frente a los contratiempos y las profundas pérdidas que inevitablemente encontraremos. Y la consciencia compasiva que nos permite siempre estar presentes para nuestros vecinos cuando nos necesiten.

También tiene que ver con el equilibrio. En Occidente, y con nuestra cultura esencialmente judeo-cristiana, estamos acostumbrados a separar al César de Dios, al Estado de la Iglesia, y a entender las aspiraciones espirituales como diferentes y separadas de las aspiraciones materiales, e incluso como más valiosas también. El budismo nos enseña que ambos aspectos son esenciales para la felicidad humana. No es que una de las dos dimensiones tenga más valor; tiene que ver con crear un equilibrio en nuestra vida que nos permita vivir la vida más creativa y gratificante para nosotros, y la que más apoye a los demás.

Hace parte de ser completamente responsables por nuestras propias vidas.

Interconectado e interdependiente

Una parte crucial de esa practicidad es entender con nuestra vida entera la profunda interconexión entre todas las cosas. Puede que no seamos capaces de verlo con nuestros ojos o experimentarlo con nuestros sentidos, pero el budismo, y ahora la ciencia moderna, nos piden entender que todo lo que existe está interconectado y es interdependiente en el nivel más profundo. Al igual que sucede con una isla que, vista desde la superficie, parece estar separada de la tierra firme, pero que realmente, si vamos a las profundidades del océano, resulta ser parte de un todo. Cada ola en la superficie del mar puede parecer individual y separada, pero en realidad no es más que una parte del gran cuerpo de agua que es el océano. Pero estas son solo metáforas para ilustrar la idea. De hecho, esta visión tan arraigada en el budismo, que data de más de 2.500 años, concuerda de muchas formas con lo que nos enseña la ciencia moderna.

Por ejemplo, nuestro ADN nos conecta con todos los demás seres vivos; no solo con otros seres humanos, sino con todos los organismos vivos que han existido sobre la faz de la tierra. Esta es una idea extraordinaria, explicada apasionadamente por uno de los más importantes filósofos estadounidense, Daniel Dennet.

"Compartimos ancestros comunes con cada chimpancé, cada gusano, cada brizna de hierba y cada árbol de secuoya"[2].

Y el gran ambientalista keniano y Premio Nobel, Wangerie Maathai, nos recuerda algo que nunca podríamos percibir solo con nuestros sentidos: que todos los seres humanos en el planeta se derivan del mismo árbol genealógico.

"Hasta ahora toda la información que tenemos sugiere que venimos de esta parte del mundo, de África del Este, lo que debe sorprender a muchas personas porque creo que estamos tan acostumbrados a estar tan divididos étnica o racialmente y siempre buscamos razones para ser diferentes el uno del otro. Así que debe resultar sorprendente para algunos de nosotros caer en cuenta de que, por lo general, lo que nos hace diferentes son cosas muy superficiales como el color de la piel, los ojos o la textura de nuestro cabello. Pero esencialmente, todos venimos de la misma raíz, del mismo origen. Así que pienso que, a medida que sigamos intentando comprendernos y apreciarnos, y sobre todo cuando comprendamos que todos tenemos el mismo origen, seremos capaces de liberarnos de muchos de los prejuicios que hemos albergado en el pasado"[3].

El budismo, y ahora la ciencia moderna, quieren que entendamos que este es el poderoso vínculo que nos une tan cercanamente a todo lo que constituye nuestro entorno. Y extraordinariamente esto no termina aquí, ya que el material mismo del que estamos hechos nos conecta íntimamente con cada roca, cada planeta y cada galaxia que existe. Estamos hechos del mismo material. Es simplemente imposible concebir cómo un joven que vivía en la India hace tantos años, y que quería entender la naturaleza de la realidad, pudo percibir tal nivel de conexión, pero estamos verdaderamente conectados con todo el universo, hasta el nivel de cada molécula y cada átomo. Un físico de partículas contemporáneo nos explica:

"…Se sabe que la materia que compone la tierra es igual a la materia que compone las estrellas… existen los mismos tipos de átomos allá y acá. Se han observado los mismos átomos en los seres vivos y en los elementos inanimados..."[4].

Aclaremos lo que tenemos hasta este punto. Este es un concepto pensado por un físico teórico moderno, y se acerca asombrosamente a una de las declaraciones más pasionales de Nichiren, el revolucionario social budista, pronunciada alrededor de 700 años atrás.

"En todo momento la vida abarca el cuerpo, la mente, el Yo y el entorno de todo ser sensible en los diez mundos, así como el de todos los seres insensibles en los tres mil reinos, incluyendo las plantas, el cielo, la tierra y hasta las más diminutas partículas de polvo. En cada momento, la vida se impregna de los fenómenos y se revela en todos los fenómenos"[5].

El cuerpo, la mente y el Yo, los seres consientes e inconscientes, las plantas, la tierra y el polvo. Todo está incluido. Parecería que tanto el budismo como la ciencia explican que vivimos nuestras vidas como parte de un mundo totalmente conectado. Y, yo argumentaría que entre más entendamos e interioricemos esta verdad, más profundamente afectará nuestra conducta.

¿Y qué cambia?

Buena pregunta. De hecho podría ser la pregunta más importante que nos hagamos. ¿Qué cambia en nuestra vida cotidiana con saber toda esta teoría? Ahora, cabe preguntarse si todo esto marca alguna diferencia. Acaso, ¿qué habría de malo en vernos y considerarnos como seres separados y distintos de todas las demás cosas en el planeta? ¿Qué tiene de malo pensar de esta manera? La ciencia, al demostrar la realidad de nuestra interrelación, no contempla una dimensión ética o social. El budismo sí lo hace, y la respuesta budista es que todo lo que hay en nuestra vida está regido por nuestras percepciones. Así que cualquier percepción inadecuada que surja de nuestra visión estrecha puede llevarnos a acciones verdaderamente poco apropiadas.

Como lo he expresado en otra parte:

"Lo cual, visto de cerca, tiene que ver con "yo" y "tú". Esto es fácil de entender. Mirando desde más lejos empieza a significar "nosotros" y "ellos". "Ellos" son diferentes a "nosotros". Y ahí el asunto comienza a complicarse. Puede que tú seas un individuo afable, caritativo y altruista que se lleva bien con todo el mundo, pero sobra decir que no todo el mundo lo es. Basta con echarle un vistazo a la historia de la humanidad, tanto a la antigua como a la reciente, para caer en cuenta de que la idea de la separación; de ellos y nosotros, de lo de ellos y lo nuestro, de pieles blancas y pieles oscuras, de católicos y protestantes, de cristianos y musulmanes, constituye la raíz de todos los conflictos, desde aquellos de los hinchas de los equipos de fútbol que se pelean afuera del estadio, hasta las fuerzas destructivas del racismo, del nacionalismo extremo y del fundamentalismo religioso. Y, de eventos atroces como Ruanda, Srebrenica, y Auschwitz"[6].

Puede que estos terribles nombres se originen en otros tiempos y espacios, pero son parte de la herencia de cada uno de nosotros. Nunca podemos evadir lo que significan.

Así que la respuesta budista a esa pregunta es muy clara, la diferencia que hace es inmensa, simplemente inmensa. Tan pronto como entendemos que todo comportamiento está impulsado por las percepciones, comprendemos que mantener estas percepciones agudas y claras, y mantener nuestra compasión alerta y activa, son cuestiones enormemente importantes para la manera en la que nos aproximamos a todo en nuestra vida diaria. ¿Estamos creando valor en esta situación o estamos siendo irresponsablemente destructivos? ¿Estamos respetando las visiones y las preocupaciones de otros o estamos pisoteándolas sin cuidado para perseguir nuestros propios intereses?

Esta claridad es uno de los inmensos beneficios que fluyen gracias a la disciplina de la práctica diaria, y es una de sus principales funciones; esto es, mantener la consciencia y la compasión frescas y activas todos los días.

Gran parte de nuestra práctica se enfoca en ayudarnos como individuos a entender nuestras propias vidas, y a desarrollar relaciones buenas, fuertes y productivas entre familiares, amigos y colegas. Inevitablemente, estas relaciones tienen la más significativa influencia en nuestra vida. Y como todos sabemos, mantener relaciones armoniosas y productivas, incluso únicamente dentro de este pequeño entorno, requiere de considerable esfuerzo y energía.

El reto más grande

Ahora bien, quizás el reto más grande que tenemos todos, como individuos, es aprender cómo extender esta comprensión y compasión que la práctica nos ayuda a desarrollar, más allá del círculo de nuestros amigos y colegas, más allá de nuestra propia sociedad, más allá de los límites de nuestro propio país, más allá de todo, hasta englobar al género humano entero. A primera vista podríamos tener la impresión de que esto no es más que una ilusión. Una vana esperanza. La historia de la inhumanidad de los humanos hacia los humanos es tan devastadora que es capaz de dar al traste con la esperanza de que un cambio semejante se pueda lograr.

Pero hoy en día el budismo no es lo único que nos presenta este reto. Cada vez más personas están de acuerdo en que esta visión no solo es inmensamente deseable moralmente, sino que también es una profunda necesidad para el futuro de todos, que hoy en día es más interdependiente que nunca en la historia humana. Volvamos al famoso economista estadounidense Jeffrey Sachs, con un argumento apasionado sobre la cooperación global.

"Lo que es más importante, para nosotros que vivimos en este planeta atestado, enfrentándonos al reto de vivir juntos como nunca antes, y enfrentando un reto ecológico que nunca antes en la historia humana nos había amenazado de esta forma, es que nuestra manera de resolver los problemas requiere un enorme cambio. Un cambio grandísimo. Y esto implica aprender que los retos de nuestra generación no son del tipo "nosotros contra ellos". No se trata de nosotros contra el islam o de nosotros contra los terroristas o de nosotros contra Irán. Ellos son nosotros. Todos estamos juntos en este planeta, contra una serie de problemas compartidos y cada vez más apremiantes"[7].

"...para nosotros que vivimos en este planeta..." aprender *a vivir en paz y de manera sostenible en un mundo extraordinariamente atestado. Es una visión poderosa que la mayoría de los seres humanos* comunes aceptarían. Queremos esa resolución de la que habla Sachs para nosotros, personas de todas las culturas y religiones, judíos, árabes, sunitas, chiitas, católicos, protestantes, budistas e hindúes, viviendo juntos... no necesariamente en perfecta armonía, porque la historia nos muestra que hay profundas brechas en las

creencias que posiblemente nunca sanen... pero por lo menos en paz y de manera sostenible.

Pero la mayoría de los seres humanos comunes y corrientes se describen como realistas, y creen que lo anterior es un ideal inalcanzable. Sugiero que una de las cosas más importantes que el budismo ha hecho por la humanidad, es negarse a aceptar esta interpretación de la realidad. El budismo nos recuerda todos los días que independientemente de cuán complicado sea el camino, este empieza todos los días con cada uno de nosotros, a nuestros propios pies, y podemos elegir caminar por ese camino cuando queramos. Se trata de llegar a entender que no somos impotentes, y que podemos empezar simplemente buscando tener una influencia positiva en nuestro entorno más inmediato, la esfera en la cual trabajamos y vivimos. La clave es determinarnos a que queremos cambiar las cosas.

El budismo nos pide tomar esta determinación... todos los días.

El impulso social más amplio
Una vez más, el budismo no está solo en su defensa de esta visión. Recordemos la nitidez con la cual John F. Kennedy provocó el optimismo de una nación cuando puso el mismo pensamiento en palabras:

"Primero, tenemos que analizar nuestra actitud hacia la paz. Demasiadas personas piensan que es algo imposible e irreal, pero esa es una actitud peligrosa y derrotista. Lleva a la conclusión de que la guerra es inevitable, de que el hombre está condenado, de que estamos dominados por fuerzas que no podemos controlar. No tenemos que aceptar esta visión. Nosotros mismos somos quienes provocamos nuestros problemas, por lo tanto, también

tenemos la capacidad de solucionarlos y podemos ser tan grandes como queramos ser"[8].

"*...podemos ser tan grandes como queramos ser*", o, como lo diría el budismo, tan positivos y optimistas como nos determinemos a ser.

Un cambio enorme en la manera en que medimos el éxito

Y sin duda, a pesar del caos general, y del conflicto y sufrimiento que vemos en el mundo, las placas tectónicas del entendimiento parecen estar moviéndose. El budismo, como hemos visto, lleva siglos enseñando esta idea radical de que podemos crear un valor mucho más grande en nuestras vidas cuando nos preocupamos por la felicidad y bienestar de los demás. Esta es la base de la aproximación budista a la vida: el respeto y la preocupación por el bienestar de todas las personas con quienes entramos en contacto. Hemos visto que en las últimas dos décadas, la investigación sociológica y psicológica moderna también ha llegado a reconocer y a documentar algo muy parecido: que experimentamos un beneficio personal, y un sentido de propósito, confianza y placer en nuestra vida, cuando tratamos de vivir de esta manera generosa, altruista y compasiva.

Tengo que decir, hablando como budista y ciudadano responsable, que es fácil aceptar esta notable conjunción de perspectivas, ya que solo puede ser inmensamente benéfica para los individuos y las comunidades y sociedades que habitamos. Pero sugiero que el cambio que estamos presenciando va incluso más lejos. Se podría decir que estamos viviendo en tiempos privilegiados, porque podemos ser testigos de la paulatina construcción de una onda que puede iniciar un profundo cambio social.

¿Qué quiero decir? Bueno, a lo largo de los últimos diez o quince años, un poco más quizás, la discusión sobre qué queremos decir cuando hablamos de un sentido de bienestar en nuestra vida, y cuáles tipos de valores y comportamientos hacen que las personas se sientan bien con respecto a sus vidas, ha pasado de los ámbitos de los filósofos y líderes espirituales a la gran corriente de los estudios de la psicología y la sociología. He tratado, en este libro, de documentar suficiente información sobre ese movimiento para ilustrar esa verdad. Pero todo apunta al hecho de que el círculo del debate se está ampliando para incorporar al pensamiento político y económico que hace parte de la corriente principal.

La idea de que la vida es mucho más que el PIB ya no es una simple broma política, es algo que se ha incorporado dentro de la corriente del debate político. Esto representa un cambio enorme en la manera en la que la sociedad piensa sobre la idea del progreso y el éxito, alejándose de los indicadores estrictamente limitados de la economía y las finanzas que se han usado hasta ahora, y pasando hacia una medida más significativa que incorpora la idea principal del *bienestar individual*. *¡Esto sí que sería una revolución!* Y sin duda una que haría que la política social fuera infinitamente más compatible con un acercamiento budista a la vida. Así que no es un asunto marginal ¿cierto? Se posiciona en el centro de la vida cotidiana de todos nosotros, y recordemos que el budismo no es nada más que ... la vida cotidiana.

Por ejemplo, miremos la siguiente afirmación realizada por el economista estadounidense, John Hall:

"Una dependencia excesiva en el PIB no solo nos conduce a conclusiones erróneas, sino que también es dañina. El enfoque en

el crecimiento económico hace que los legisladores no consideren las otras medidas de progreso"[9].

Nos dice que una dependencia excesiva en el PIB como una medida de cómo se vive en nuestra sociedad puede llevar a que los legisladores no tomen las mejores decisiones; es dañino depender solo del PIB. Es decir, puede volver ciegos a los políticos y llevar a que tomen decisiones que sean muy dañinas para nuestras vidas. Y creo que nadie quiere ser gobernado por legisladores ciegos ¿no? Queremos que nuestros legisladores consideren muy bien las consecuencias de sus decisiones y tengan en cuenta todas las cosas que el PIB no incluye, ya que son lo que afecta directamente la calidad de nuestra vida diaria.

Lo siguiente proviene de un importante economista británico que añade su voz al debate:

"¿Entonces, cuál es la imagen de una sociedad mejor, en la cual las personas se sienten menos amenazadas y presionadas, y pueden verdaderamente explotar el fin de la escasez que la ciencia hace posible? Qué deberíamos hacer para que nuestro objetivo sea lograr una vida más feliz? Deberíamos —declara radicalmente—, monitorear el desarrollo de la felicidad en nuestros países tan de cerca como monitoreamos el desarrollo de los ingresos"[10].

Este es un argumento poderoso para hacer algo que nadie ha hecho –excepto el pequeño y budista Reino de Bután– aunque el budismo, junto con unas pocas filosofías, lleva cientos de años hablando de precisamente esto. Deberíamos estar tan profundamente preocupados por monitorear el bienestar de las personas en la sociedad como lo estamos por monitorear el desarrollo de la economía.

Esto representaría una revolución enorme y benéfica.

El budismo tiene que ver con el cambio social

Así que, el budismo argumenta, podemos tener la convicción absoluta de que cuando empecemos este viaje puramente personal hacia una esperanza, optimismo y resiliencia más fuertes, aunque al comienzo estemos concentrados totalmente en nuestras propias preocupaciones, inevitablemente, con el crecimiento que va de la mano de la disciplina de la práctica diaria, esto se convertirá en un impulso social más amplio. El budismo tiene que ver, crucialmente, con el cambio social e individual. Busca de forma determinada lograr sociedades armoniosas, y va más allá, pues su búsqueda final es la paz mundial. Es más, busca hacerlo por el único camino posible, individuo por individuo.

Argumenta que un movimiento hacia una sociedad mejor, basada en los principios de respeto por la vida y los valores de los demás, y con la paz y la felicidad individual como sus objetivos, no se puede crear con un proceso que va desde arriba hacia abajo. Tiene que empezar desde abajo, con un profundo cambio al interior de las vidas de incontables individuos, cambiando así, paulatinamente, la manera en la que funciona la sociedad. Daisaku Ikeda nos recuerda constantemente que todos podemos ser parte del crucial proceso.

"En una era en la que tanto la sociedad como la religión están causando agitación y confusión, solo una enseñanza que le da a cada individuo el poder para sacar a la luz su naturaleza buda puede llevar a todas las personas hacia la felicidad y transformar el ritmo de los tiempos. Es decir, la única manera de

alcanzar la felicidad y la paz para las personas, al final del día, es desarrollando nuestro gran potencial humano. No puede haber una solución sustancial a los problemas de la sociedad que no involucre el desarrollo de nuestro estado de vida"[11].

Creo firmemente que los valores y principios budistas pueden traer un valor inmenso a la vida de cualquiera, en cualquier circunstancia, sin importar si esa persona elige seguir la práctica. Pero dicho esto, podemos entender que nuestra práctica budista diaria es la piedra que arrojamos a la piscina global. Y cada piedra, sin importar su tamaño, o qué tan personal, íntima o insignificante sea, crea ondas y las ondas llevan al cambio. Inicialmente, como hemos mencionado, puede que el cambio personal solo afecte a un grupo relativamente pequeño y cercano. Pero el efecto es real y es crucial que entendamos este punto. A medida que seguimos, que mantenemos este movimiento y nos acercamos a un enfoque más positivo frente a la vida, las ondas se van extendiendo paulatinamente, puede que lentamente, pero aun así, se extienden hacia nuestra sociedad local y más allá.

Es decir que podemos, sin duda, a través de la manera en la que elegimos vivir personalmente como individuos, y a través de los valores y el comportamiento que elegimos adoptar, ayudar a transformar el tono de nuestros tiempos.

Apéndice A

Estados de la mente

El objetivo del budismo es tratar de explicar la realidad de la vida cotidiana, ello, de ninguna manera, presenta un ideal utópico ni una visión abstracta de lo que hay en nuestro entorno. El budismo es absolutamente real; de hecho, es tan real que casi podemos asirlo con nuestras manos. Es un análisis rico y detallado de la naturaleza de la vida humana que surge con base en observaciones y percepciones, y de la inspiración de algunas personas excepcionalmente dotadas que llamamos budas. No es científico, pero se puede comparar con la observación científica de muchas formas. Por ejemplo, no es nada sorprendente que la psicología moderna esté profundamente interesada en muchas de las conclusiones a las cuales llega el budismo sobre la naturaleza esencial de la vida humana. Así como escribió el fallecido filósofo e historiador Arnold Toynbee: *"El análisis budista de las dinámicas que existen en la vida humana es más detallado y sutil que cualquier otro análisis moderno occidental que yo conozca"*[1].

El concepto de los diez mundos o los diez estados de vida es precisamente un análisis de las dinámicas que existen en la vida humana. Su propósito es explicar de manera sistemática y, por lo tanto, práctica y útil, algo que todos experimentamos, pero que damos por sentado como parte normal de nuestras vidas, hasta el punto de que casi nunca pensamos en ello. Este algo, es una extraordinaria capacidad de cambiar nuestro estado de ánimo en cada momento mientras vivimos nuestra cotidianidad

Todos sabemos que nuestro estado de vida, o cómo nos sentimos, cambia constantemente a lo largo de un día. El cambio se desencadena por el flujo constante de pensamientos en nuestro interior, así como por el flujo de eventos que encontramos en el exterior. Nuestra mente es muy rápida en su respuesta a cualquier estímulo, y todo lo que sentimos o experimentamos llama una reacción.

Así que cada hora puede ser diferente, cada minuto, a veces, hasta cada segundo, tan rápida es la habilidad de la mente de responder ante lo que pasa a nuestro alrededor.

Dado que el budismo tiene que ver con la cotidianidad de las personas comunes, debe ayudarnos a manejar esta característica de nuestras vidas. El resultado es el concepto de los Diez Mundos, y sobra decir que no estamos hablando literalmente de lugares sino de estados subjetivos que residen en nuestra mente.

¿Por qué diez?

Cuando encontramos el concepto por primera vez, puede parecer, por decir poco, algo inverosímil que podamos reducir nuestra amplia gama de emociones constantemente cambiantes a solo diez estados. Pero aguardemos nuestra opinión hasta que hayamos explorado el concepto un poco más a fondo. Vale la pena recordar que esta estructura ha perdurado en el tiempo y que, indudablemente, pasa la prueba de la practicidad. Si en lugar de diez, hubiera, por ejemplo, 50 o 100 estados de vida, esto daría pie a una forma de pensar sobre nuestras vidas muy impráctica y difícil de manejar.

Este es un punto muy importante. Como principio fundamental del budismo, el concepto de los diez mundos no está pensado para reposar en los estantes de libros, ni para el diván del psiquiatra. El principio tiene valor solo en cuanto tenga alcance en nuestras vidas diarias. De alguna manera es un mapa, una guía de nuestros estados interiores. "Estás aquí". ¿A dónde quieres llegar? Con esta estructura tenemos una guía pensada, detallada y, por sobre todo, objetiva, para ayudarnos a interpretar en dónde nos encontramos en el camino de nuestra vida subjetiva o emocional, para que así la podamos ver con más claridad y podamos hacer algo al respecto y modificarla para bien.

Si es cierto que, como lo explica el budismo, la felicidad y la tristeza no surgen de factores exteriores sino desde lo más profundo de nuestro ser, entonces saber exactamente dónde estamos, y no simplemente dónde queremos estar, es tener información crucial. De hecho, nos podríamos preguntar dónde más podemos encontrar la información.

Los diez estados en los cuales navegamos a cada momento no son para nada superficiales y afectan *toda* nuestra vida: cómo nos sentimos, cómo pensamos, cómo actuamos, incluso nuestro aspecto y hasta las reacciones de nuestro medio hacia nosotros.

Si reflexionamos solo por un momento podemos reconocer que esto es verdad. Por ejemplo, un estado de ira se hace evidente inmediatamente por la cara sonrojada, los músculos tensos y la agudización de la voz. Esta serie de indicadores, a su vez, desencadena una tensión inmediata en nuestro entorno y todos reaccionan con tensión y una conciencia más aguda de lo que está pasando. Si alguien se atreve a pinchar la tensión con un comentario o una broma, todo se desvanece en un segundo. Los músculos de la cara se relajan, disminuye el tono de voz, los ojos pierden su brillo y la tensión se disipa. El principio de los Diez Mundos lo contiene todo: cómo nos sentimos en aquellos momentos de contraste, cómo pensamos, cómo actuamos, nuestro aspecto e incluso la reacción de nuestro medio.

No se trata de una escalera

Otro punto importante a enfatizar es que estos diez estados no se presentan como una escalera subjetiva o emocional por la cual podemos subir y bajar de manera progresiva. Representan más bien el universo de nuestra mente y nos movemos desde cualquier parte de dicho universo a cualquier otra parte en un abrir y cerrar de ojos, dependiendo de lo que esté pasando dentro y fuera de nosotros en cada momento.

Sin embargo, se presenta un problema básico al comunicar esta idea. El movimiento de nuestra mente es tan increíblemente rápido y las palabras, en comparación, tan lentas y torpes, que cualquier intento por describir estos cambios caleidoscópicos en nuestra vida subjetiva o emocional, *con palabras*, parece inevitablemente algo difícil e irreal. Se siente, y sin lugar a dudas, se lee, *pesado*, algo como caminar sobre concreto fresco. Todo se ve más lento y algo caricaturizado. Pero no debemos permitir que esto nos desanime, los Diez Mundos son reales y nos puede ayudar mucho saber algo más sobre ellos:

Bueno, entonces, demos un vistazo a los diez estados de vida, para que los podamos reconocer:

Infierno

El Infierno es un estado que representa el más profundo sufrimiento o depresión, caracterizado por un sentido de impotencia. Sentimos que no podemos escapar al dolor en el cual nos encontramos, y que la única opción que nos queda es soportarlo. Claro está que hay muchos niveles de este tipo de sufrimiento: desde el infierno superficial de haber pasado un mal día en la oficina en el que todo nos sale mal, hasta el desespero y pánico que sentimos al perder un empleo y no saber dónde buscar otro, al profundo duelo de perder un hijo o una pareja, y que nos envuelve en una oscuridad que parece que nos fuera a acompañar el resto de nuestros días. Nos sentimos grises por dentro y todo lo que nos rodea parece apagado y gris.

Todos reconocemos que este estado es real y hace parte de la vida de todo el mundo. Los ejemplos son tan numerosos y variados como la cantidad de personas que hay en el mundo para experimentarlos. Cuando hemos vivido el estado de Infierno, el recuerdo de la experiencia nos acompaña durante mucho tiempo después, a veces para siempre.

Se nos dice que todos los estados tienen dos dimensiones; una positiva y una negativa. ¿Pero cuál puede ser el lado positivo del Infierno? El budismo argumenta que sí lo hay. El profundo sufrimiento puede ser un poderosísimo estímulo para llevarnos a la acción. Nos sentimos obligados a evocar la fuerza vital para salir del hueco en el que ha caído nuestra vida. También es un gran maestro, porque haberlo experimentado en persona quiere decir que somos inmensamente más capaces de entender, apoyar, ayudar y sentir compasión por otra persona que se encuentre en el mismo estado

Hambre

Ya hemos hablado brevemente del estado de Hambre. Para extendernos un poco más, el mundo del Hambre es un estado de insatisfacción casi permanente con la vida, debido a que uno pierde el control sobre la búsqueda de la satisfacción de los deseos. En este caso, el problema es la pérdida del control, ya que los deseos son una parte fundamental de nuestra naturaleza humana y de muchas formas esenciales para la vida. Nos motivan a satisfacer nuestras necesidades básicas de alimento, calor, amor y amistad, y nos impulsan a satisfacer las necesidades de estatus, reconocimiento, recompensa y placer. Así como el estado de Infierno, también hay muchos niveles de Hambre, desde una constante, pero soportable preocupación por tener un nuevo objeto o experiencia, hasta el punto de que el Hambre se convierte en un fin en sí mismo, que nunca puede ser satisfecho. Terminamos persiguiendo un deseo tras otro, sin poder experimentar un sentido de cumplimiento o satisfacción. Tan pronto se ha logrado un deseo, el hambre busca otro objeto para poseer. Un término más común, supongo, sería la muy conocida *codicia*. Debido a que lo que tenemos nunca nos satisface, terminamos atrapados en un mundo de anhelo frustrado, que en sí es otro tipo de infierno. Estamos encarcelados por una adicción, que, como casi todas las adicciones, se asocia con mucho sufrimiento, no solo para nosotros sino para todos los que nos rodean.

¿Y la dimensión positiva del estado de Hambre? Yace en el hecho de que hay una enorme cantidad de energía y vigor que encerrada en este estado. Si esa energía puede ser redireccionada o recanalizada para, en lugar de satisfacer nuestros deseos egoístas, más bien ayudar a satisfacer las necesidades de personas que pueden encontrarse gravemente desventajadas de muchas maneras, entonces el hambre puede mover montañas y lograr resultados increíbles.

Animalidad

Como su nombre lo sugiere, la Animalidad define un estado de vida en el que uno está impulsado por el instinto y tiene muy poca moderación por parte del sentido de la razón o de cualquier consideración moral. Así que este es un estado en el cual los fuertes, o los que saben, se aprovecharían de los débiles, o de los inconscientes, para satisfacer sus propias necesidades sin importar los derechos o la moralidad de la situación.

A menudo se describe este estado como uno gobernado por la ley de la selva, pero hoy en día un ejemplo más claro sería el de violencia sin sentido y el comportamiento antisocial que lleva a sus autores a no tener consideración alguna por el sufrimiento o ansiedad que infligen en los demás. Se podría argumentar que nos equivocamos al hablar de animales para definir este tipo de comportamiento humano semipsicopático. Pero el punto está claro, la ausencia de un sentido de humanidad y una falta de sabiduría o de juicio es característica de este estado. Es decir que en un estado de Animalidad no nos importa si nuestro comportamiento es apropiado o no. Hacemos exactamente lo que queremos a pesar de los sentimientos o las necesidades de los demás. De la misma manera, le prestamos muy poca atención a los reglamentos diseñados para que todo marche fluidamente en nuestros atestados cascos urbanos.

Estos tres estados se conocen en el budismo como los Tres Senderos del Mal, no tanto porque estén asociados con el *mal* en el sentido tradicional de la palabra, sino porque pueden ser la causa principal de mucho sufrimiento. Pueden desgarrar vidas o hacer que sean insoportables. Cuando las personas están en estos estados tienden a rotar a través de ellos, uno tras otro y con rapidez, impulsados por su hambre de una cosa u otra, sin tener consciencia del efecto sobre los demás, creando mucho dolor y sufrimiento, y poco en materia de valor en sus propias vidas y en las de los demás. En este sentido, son estados de desesperanza, y una de las virtudes más grandes que proviene del conocimiento de los diez estados es que tal conocimiento puede actuar como un llamado de atención. Puede hacer que uno esté crudamente consciente de la realidad de su situación y, por lo tanto, puede ser el catalizador que lo saque de ella. No imagino que haya muchas personas que quisieran quedarse en los estados de Infierno, Hambre o Animalidad cuando comprenden que es allí donde se encuentran.

Ira

La Ira es un estado en el que la vida no está dominada simplemente por manifestaciones externas de enfado: gritar, amenazar y estar furioso, sino también por las constantes exigencias del propio ego. En el fondo de este estado se encuentra un complejo de superioridad con todas las distorsiones de perspectiva que ello trae. Así que habrá arrebatos repentinos de furia que parecerán surgir de la nada, y que a menudo sorprenderán al dueño de la furia tanto como a la desventurada víctima. Pero también existen otros tipos de comportamiento destructivo, como la intolerancia desenfrenada, el cinismo y el sarcasmo, la falta de gratitud y la crítica constante al trabajo de los demás. A menudo, las personas en este estado a duras penas pueden soportarse a sí mismas, sin mencionar lo difícil que esto resulta para los demás, debido al hecho de que no parecen tener control alguno sobre la fuente de su ira. El temperamento fuerte, el cinismo hiriente y los murmullos quejumbrosos parecen brotar de la nada.

Sobra decir que en las relaciones personales, este tipo de ira puede ser muy destructiva, y al nivel más amplio de la sociedad, la ira, en el sentido de complejo de superioridad, claramente yace en el fondo de toda una gama de injusticias como el racismo, la intolerancia religiosa, y la opresión de las mujeres y los grupos marginales.

Pero la ira también tiene su lado positivo capaz de lograr grandes cosas. Puede ser un estímulo poderoso y enérgico hacia el cambio, por ejemplo, en la lucha contra la apatía, o cuando lucha contra causas que desafían la dignidad del individuo.

Nuevamente, la clave para reducir el lado destructivo de la Ira tiene que surgir desde la autoconsciencia. No se puede simplemente apagar ni redireccionar desde afuera. Cada individuo tiene que luchar para cambiar su vida desde su interior.

Humanidad

La Humanidad es un estado en el cual nos encontramos en calma y en control sobre nosotros mismos... más o menos en paz con lo nuestro. Es decir, es un estado fundamentalmente neutral en el que nada nos ha excitado ni enfadado, ni despertado una respuesta pasional. A veces se le llama un estado de descanso ya que, por lo menos en parte, tiene que ver con recargar baterías. Así que este estado está marcado por muchas cualidades positivas como la razón, el buen juicio, la consideración con los demás y la habilidad de distinguir claramente entre la verdad y la mentira.

Cuando uno se encuentra en este estado, esto significa que está buscando activamente acuerdos mutuos en lugar de conflictos, o que está sacando lo mejor de las situaciones en lugar de adoptar una postura ultra crítica. Puede ser el momento de disculparse después de explotar en una discusión, o tal vez el gran esfuerzo por no perder los estribos cuando alguien está siendo irrazonable.

El lado negativo de este estado puede ser un cierto grado de apatía, que se revela en la aceptación a largo plazo de un status quo poco satisfactorio, o en la falta de voluntad de hacer un esfuerzo.

Éxtasis

En la discusión sobre la felicidad ya hablamos, hasta cierto punto, del estado de Éxtasis. Este estado representa lo que en el budismo se describe como la felicidad *relativa*. Como su nombre lo sugiere, tiene que ver con la gran alegría que sentimos cuando logramos algo que deseamos mucho. Trae consigo una sensación de logro personal, un entusiasmo para la vida y la nueva energía que acompaña el obtener algo que hemos deseado mucho, ir de viaje o enamorarse. De hecho, la idea moderna del amor romántico es tal vez la metáfora más exacta para describir este estado. Se dice que en nuestra sociedad moderna el deseo del amor romántico se ha convertido en algo tan fuerte que prácticamente remplaza a la religión como fuente principal de realización espiritual.

Pero, con todo lo maravillosa y estimulante que puede ser la experiencia de enamorarse, y la riqueza que puede traer a nuestra vida, la realidad es que, por naturaleza, el Éxtasis es efímero: un repentino pico de alegría en la curva normal de nuestra vida.

Hoy en día, muchas personas se inclinan a equiparar este estado, que es esencialmente poco estable y transitorio, con el estado de vida más alto, tratando de buscar la manera de hacerlo permanente en sus vidas; sin embargo, el budismo nos reitera que la idea del Éxtasis permanente es simplemente irreal. Solo basta el pasar del tiempo o a veces el más pequeño cambio de circunstancias para que el pico de alegría se derrumbe y se remplace por otro estado de vida. Es, por definición, transitorio; el anhelo de que el estado se quede para siempre como parte permanente de nuestra vida es una ilusión que solo puede llevarnos al sufrimiento.

Los Seis Bajos Caminos

Estos Seis Bajos Caminos, desde el Infierno hasta el Éxtasis, describen la realidad de la vida para la mayor parte de nosotros, y uno de los conceptos que nos ofrece el budismo Nichiren es que los experimentamos como consecuencia de cambios en nuestras circunstancias exteriores. Están vinculados estrechamente el uno con el otro y podemos deslizarnos con mucha facilidad entre ellos. Mientras fluctuamos entre ellos estamos a merced de nuestro medio: arriba, abajo, a la izquierda y a la derecha, una posición muy peligrosa. La implicación es que nuestro estado de vida y, por lo tanto, de alguna manera nuestra identidad, cómo pensamos, nos sentimos, nos comportamos, o incluso nuestro aspecto, depende considerablemente de lo que nos llega desde nuestro entorno. Estamos felices cuando las cosas marchan bien y tristes cuando no lo hacen: como barcos sin timón que se desvían según la dirección del viento, que los lleva por un lado y por otro, y por las olas que los hacen brincar en el agua. Lo anterior es obviamente una gran simplificación, y estoy seguro de que todos sentimos que nuestras vidas son más complicadas, pero el mensaje está claro, todos podemos pasar la vida simplemente respondiendo a lo que nos sucede en lugar de hacer y formar nuestras vidas.

Los otros cuatro estados se tratan de precisamente esto. Podría decirse que estos representan el gran potencial de la vida humana, en el sentido de que nos ayudan a no ser simples peones que reaccionan a los movimientos en su ambiente de manera reaccionaria u oportunista, sino que nos llevan a tomar control sobre nuestras vidas para que las vivamos al máximo. Estos cuatro estados están marcados por el esfuerzo necesario para lograrlos.

Dada su cercanía, a menudo, los estados seis y siete: Aprendizaje y Realización, se consideran una sola unidad. Ambos tienen que ver con un fuerte deseo de mejoramiento personal, aunque la ruta que cada uno toma es distinta.

El **Aprendizaje**, básicamente, describe el proceso de estudio, la acción de ponernos a nosotros mismos en un lugar donde podemos tomar el conocimiento y perspicacia de otros y aplicarlos a nuestras propias vidas, y se podría comparar, de alguna manera, con nuestra actitud hacia el aprendizaje, el deseo de debatir, o la capacidad de absorber conocimiento.

La **Realización**, por otro lado, describe el proceso de la reflexión interior o la consideración que nos permite elaborar el conocimiento que hemos adquirido, o las experiencias que hemos vivido, para lograr un nivel diferente de comprensión de la vida y de nuestras experiencias para lograr la vida más creativa y productiva que podamos.

Sin embargo, estos estados de vida también tienen su lado negativo. El conocimiento puede traer consigo un complejo de superioridad frente a quienes no tienen el mismo conocimiento; por ejemplo, los médicos frente a sus pacientes, los profesores frente a sus estudiantes, los científicos frente a la ignorancia del público general.

Pero en general, estos dos estados de vida, el Aprendizaje y la Realización, se consideran muy prácticos en el budismo dado que son el trampolín para alcanzar nuestro potencial individual.

Todos los estados de vida que hemos mencionado hasta ahora tienen nombres conocidos, como Infierno, Hambre e Ira, que son palabras de uso común, mientras que los dos que siguen están definidos por nombres que no se usarían en ningún otro contexto, no solo debido al hecho de que son relativamente poco conocidos, sino a que Bodisatva y Budeidad son, esencialmente, palabras *técnicas* provenientes de la literatura budista. Lo importante es trascender a los nombres para poder relacionar las esencias de estos estados a nuestro comportamiento diario.

Bodisatva

La característica de este estado de vida es el sentido humanitario: preocuparse por el bienestar general y la seguridad de los demás. Quizás acompañar a una persona anciana, ofrecer nuestro tiempo para trabajar como voluntarios, o dar de nosotros mismos de alguna forma para apoyar y mejorar la vida de otra persona. Si recordamos lo ya mencionado, es precisamente este tipo de altruismo el que, según la investigación psicológica moderna, ayuda a conducirnos a la felicidad en la vida.

En su núcleo no solo yace el deseo de ayudar los demás, sino, fundamentalmente, el deseo de aliviar la causa de su dolor y sufrimiento, y de remplazarlo con una sensación de bienestar. Una manera de salir de un estado bajo como el Infierno, el Hambre o la Ira de forma inmediata es, precisamente, buscar alguna forma, no importa cuán grande o pequeña, de contribuir positivamente a la vida de los demás.

Un excelente ejemplo de este grado de compasión con las otras personas es la de una madre o un padre que tiene una preocupación incondicional por su hijo. Nada es demasiado. Como bien sabemos, las madres pueden llegar a estar totalmente envueltas en su preocupación por la salud, el crecimiento y la felicidad de su hijo. Otros ejemplos obvios son médicos, enfermeros, trabajadores sociales, y quienes trabajan en el campo de la ayuda humanitaria en países en vías de desarrollo, quienes pueden llegar a ponerse en situaciones difíciles, y a veces peligrosas, para lidiar con su ambiente y hacer más llevaderas las condiciones de vida de otras personas, con quienes no tienen ningún vínculo excepto una humanidad compartida. Es notable que muchas de las personas que tienen un estado dominante de Bodisatva, tienden a no recibir reconocimiento público por su labor y pueden pasar gran parte de sus vidas en circunstancias relativamente pobres. Claramente, su motivación no es el reconocimiento ni la recompensa, sino que aquello que los impulsa es un fuerte sentido de compasión que busca que la vida sea más llevadera para las otras personas, y que así puedan elevar sus estados de vida. Esta es la fuente de su júbilo y realización, y claramente trae consigo su propia recompensa: al dar más de sí mismos, se vuelven más ellos mismos.

Sin embargo, el Budismo enseña que el estado de Bodisatva no debería implicar el autosacrificio en el sentido de descuidar el bienestar propio. El mejor cuidado y apoyo a los demás es brindado por alguien que esté muy consciente de sus propias necesidades básicas y que se preocupe por su propio bienestar. Para dar de manera efectiva tenemos que, primero, desarrollar nuestro estado de vida más fuerte y resistente.

BUDEIDAD

La Budeidad se describe como el estado de vida más alto al cual los seres humanos pueden llegar, nada más, e igualmente, nada menos. El nombre de este estado está cargado, por supuesto, de muchas malinterpretaciones y generalizaciones, lo que significa que se nos hace muy difícil creer que sea un estado de vida alcanzable por seres comunes que viven su cotidianeidad. Pero no deberíamos dejar que esa pequeña dificultad nos desanime. Nichiren Daishonin se enfrentó con un problema muy similar. En su época, la Budeidad también era, esencialmente, el estado de vida que había logrado el buda Shakiamuni, quien se consideraba una figura casi divina que existió en el pasado remoto.

De hecho, la palabra Buda viene de un verbo en sánscrito que significa, entre otras cosas, despertar o ver profundamente, y se usa en el budismo para hablar de alguien que se ha despertado a la verdad esencial de la vida.

Fue Nichiren, a través de sus estudios intensos de las escrituras budistas, incluyendo las palabras de Shakiamuni, quien *aterrizó* la Budeidad, por decirlo así. Nichiren aclaró que, a pesar de su inmensa sabiduría extraordinaria, Shakiamuni había sido, a lo largo de su vida, un hombre común que había entendido la naturaleza verdadera de la vida. De hecho, dijo Nichiren, su grandeza yacía precisamente en su "comportamiento de ser humano".

Nichiren aclaró que el "despertar" de Shakiamuni no fue de ninguna forma un estado sobrehumano, de alguna manera superior al estado de un ser humano común. Ni era un estado transcendental, un lugar paradisíaco de paz y tranquilidad, separado de la realidad de la vida diaria.

Este es el punto clave que Nichiren intenta explicarnos una y otra vez a lo largo de toda su vida. La budeidad no se presenta como una elevación de algún tipo, ni un plano o nivel de vida más alto al cual uno podría acceder, como si estuviera quitándose la vida terrenal al igual que se puede quitar un abrigo. Es más bien una comprensión más profunda y más rica de la corriente de nuestra vida tal y como es, aquí y ahora, para que todo lo que experimentemos, todo lo que hagamos, sea una experiencia feliz: las cosas ordinarias, las cosas mundanas y aburridas, incluso el sufrimiento y las luchas, como parte de nuestro bienestar continuo.

Y, por supuesto, no es un destino, un sitio al que llegamos, sino un camino que empezamos y continuamos tratando de entender, en el que experimentamos el sentido más profundo de integridad y riqueza de nuestras vidas. Como lo afirma un texto budista famoso atribuido a Shakiamuni,

'No hay camino a la felicidad… la felicidad es el camino'.

Vivir los diez mundos

¿Hay un vínculo real entre los diez mundos y la realidad de nuestra vida?

En mi opinión, no necesitamos de mucho análisis para poder llegar a reconocer en nuestra experiencia cotidiana los diez estados. Todos hemos experimentado el dolor del estado de Infierno. Todos hemos experimentado la frustración de no lograr lo que queremos en el estado del Hambre. O la euforia de lo que el budismo describe como el Éxtasis. Y todos hemos experimentado el profundo sentido de satisfacción personal que surge cuando hemos sido capaces de ayudar a alguien.

Hay algunos puntos claves que debemos tratar de recordar sobre ellos.

No hay barreras entre ellos. Pasamos de un estado a otro con gran rapidez y libertad total, dependiendo de lo que esté pasando en nuestra vida y en nuestro entorno en cada momento. El budismo de Nichiren describe este movimiento fluido de un estado a otro, explicando que cada estado de vida contiene todos los otros. Es decir, en este preciso momento podríamos estar ubicados en un estado de Humanidad, en paz con el mundo, pero al mismo tiempo todos los otros estados están latentes dentro de nosotros. Podemos saltar muy rápidamente al estado de Ira, o al de Bodisatva, o, de hecho, a ambos en rápida sucesión. Por ejemplo, podemos sumergirnos en la Ira porque ningún carro se detiene para permitir a un anciano cruzar la calle con tranquilidad, y luego detenernos, bajarnos del carro y tomar al anciano del brazo para ayudarle a cruzar.

Teniendo en cuenta este tipo de yuxtaposición de eventos, si el budismo no nos estuviera ofreciendo el concepto de los Diez Mundos, nos tocaría inventarnos uno para explicar la naturaleza tan cambiante, y a menudo contradictoria, del comportamiento, que todos experimentamos o mostramos en nuestras vidas.

Puede que no estemos acostumbrados a llamar a estos estados mentales variables y fluctuantes "estados de vida" ni "mundos", como los describe el budismo. En efecto, los damos por sentado hasta tal punto que ni siquiera les otorgamos un nombre, pero los reconocemos muy rápidamente cuando los experimentamos, o cuando alguien nos los señala.

El punto del argumento

Si estamos preparados para aceptar el argumento, lo que sigue es muy importante en términos de entender el budismo Nichiren. El concepto de los Diez Mundos nos lleva a la promesa central de Nichiren; que es posible experimentar la budeidad en cualquier momento dado de esta vida, sin importar la situación particular en la cual nos encontremos. Tenemos el potencial innato de desplazarnos desde el desespero del Infierno hasta la compasión que encontramos en el estado de Bodisatva, o a la profunda esperanza y optimismo de la Budeidad.

Esta idea constituye la base para el argumento fundamental que ya hemos considerado varias veces; es decir, el hecho de que la Budeidad no es para nada un estado de vida *sobrehumano*, sino uno supremamente *humano*, que contiene todos los demás estados propios de la humanidad. Shakiamuni y Nichiren eran hombres comunes que lograron llegar al estado de vida más alto durante sus ciclos normales de vida en la tierra. Así que la gran promesa que yace en el corazón del budismo es que la budeidad no es un objetivo remoto e inaccesible, alcanzable solo después de mucho esfuerzo a lo largo de muchas vidas. Sino que es el propósito inmediato y terrenal de nuestra práctica diaria.

En efecto, la implicación principal es que la budeidad *solo* puede existir en presencia de los otros nueve mundos. Es decir, *solo* puede encontrar un espacio de expresión en el comportamiento de la gente común: nosotros. Lo que esto significa es que los diez mundos, incluyendo los mundos inferiores de Infierno, Hambre, Ira, y Animalidad, son partes *permanentes* de nuestra vida. Forman parte de la vida de todos y no los podemos eliminar. Lo que tenemos que hacer, si queremos construir vidas más felices para nosotros y para quienes nos rodean, es aceptar que son reales y empezar a transformar, a través de nuestra práctica, los aspectos negativos de nuestra vida en aspectos positivos. Este es uno de los aspectos asombrosos, y que es capaz de cambiar vidas, del budismo Nichiren; la idea de que podemos tomar cualquier parte de nuestra vida con la cual no nos sintamos cómodos, que no nos guste, o que nos haga sentir culpables o avergonzados, y transmutarlo a través de la práctica para que sea una fuente de valor en nuestra vida. No hay que renunciar a nada, ni abandonar nada. *Nada* de lo que existe en el contexto de nuestra vida es demasiado difícil de cambiar.

El mensaje sobrecogedor

El mensaje sobrecogedor es, entonces, de gran esperanza y optimismo. Esto hace parte de lo que significa asumir la responsabilidad por nuestra vida. Una de las tantas interpretaciones de la palabra *responsabilidad* es precisamente *responsabilidad,* es decir, que siempre tenemos la posibilidad de elegir cómo respondemos.

Por esa razón, muchas personas dicen que su práctica tiene un efecto habilitador. Sienten que los ayuda a tener más control en sus vidas, en lugar de simplemente ser empujados por la corriente de las circunstancias a su alrededor. De alguna manera, podemos volver a la analogía del fisicoculturista. Es un hecho que no podemos desarrollar músculos más fuertes si no levantamos pesas cada vez más pesadas. Desde el punto de vista del budismo, es igual de claro que no podemos incrementar nuestra fortaleza interior sino a medida que vencemos obstáculos. Como lo expresó Daisaku Ikeda:

"La verdadera felicidad no es la ausencia de sufrimiento. No podemos tener un cielo despejado todos los días. La verdadera felicidad yace en construir un Yo digno e indomable. La felicidad no se logra a través de una vida libre de dificultades, sino teniendo la habilidad de armarse de inmutable valor y convicción para vencer las dificultades que surgen sin ser perturbado en lo más mínimo"[2].

Apéndice B

Acercándose a la práctica

Es importante desmitificar la palabra *práctica,* ya que en el budismo Nichiren se usa de una manera muy parecida a cuando se emplea para referirse a cualquier otro tipo de esfuerzo humano. El objetivo básico de cualquier tipo de práctica es mejorar en algo. Cualquier deportista, músico o artista sabe que si no practica no podrá alcanzar su potencial máximo y, más aún, sabe que el tener más talento innato no significa que puede entrenar menos. De hecho, entre mayor sea el talento, mayor será el entrenamiento que necesitará el deportista o el músico, porque de hecho tiene que cumplir con un potencial más grande. Pocas personas entrenan tanto como lo hacen, por ejemplo, los atletas olímpicos o los concertistas de piano.

De igual modo, independientemente del carácter natural que tenga la calidad de la budeidad, sacarla a flote para que esté presente en nuestra cotidianidad requiere comprometerse realmente con una práctica constante. No es extraño escuchar a los budistas decir que entre más practican, más afortunados se sienten, mayor es la armonía con su interior y, de alguna manera, aunque sea difícil de definir, más sintonía tienen con el mundo que los rodea. Aparecen oportunidades inesperadas, por ejemplo, en los momentos más oportunos. Problemas, que aparentemente no tienen solución, de repente se resuelven. Las relaciones mejoran y las ansiedades disminuyen. Suena demasiado bueno para ser verdad, pero es innegable que estas cosas siguen pasando. De la misma manera, cuando los budistas saben que se están acercando a un período de más estrés o dificultades en sus vidas, por ejemplo, a raíz de exámenes que tienen que presentar o por el estrés generado por una relación cercana, o una enfermedad o un cambio de trabajo, se podría decir que se *entrenan*. Incrementan su práctica para tener más resistencia, sabiduría y autoconfianza para poder atravesar un momento difícil y pasar tranquilamente por la turbulencia en su entorno.

No cabe duda de que se trata de un proceso intencionado y consciente.

En consecuencia, las personas acuden a la práctica como recurso adicional que tienen a su disposición. El budismo *está en* la vida cotidiana. Por muchas razones, esa frase tan simple es el corazón del mensaje budista, que consiste en tratar de aprender a ver en los retos y problemas, que llegan sin cesar de todas partes, oportunidades para ampliar nuestras vidas. Si lo pensamos bien, esto implica necesariamente desarrollar la sabiduría para saber detectarlas, y tener la valentía para asirse a ellas, porque explotar las oportunidades implica inevitablemente hacer cambios; y hacer cambios requiere valentía.

No van a parar de llegar
El argumento budista es, esencialmente, que los problemas no van a dejar de llegar. Es como decir algo tan claro como que el agua moja. Así son las cosas, y la única parte de la ecuación que podemos controlar es nuestra actitud hacia la

situación. La etapa clave en el proceso de cambio es llegar a comprender que este no es un proceso puramente intelectual. El budismo sugiere que el intelecto nos puede llevar solo hasta cierto punto. No podemos desarrollar una nueva aproximación hacia la vida solo con el pensamiento; tenemos que trabajar en ello; tenemos que entrenarnos para adquirir la nueva perspectiva que queremos.

Esa no es una verdad fácil de creer ni de comprender. No es algo que estemos acostumbrados a hacer. Si se nos presenta un problema, la respuesta inmediata e instintiva es la de ir al cerebro. Es lo que siempre hemos hecho; ahí es donde creemos que está la locomotora. En Occidente estamos acostumbrados, o incluso entrenados, para vivir nuestras vidas impulsados por tres motores primarios: nuestro intelecto y nuestras emociones; cómo pensamos y qué sentimos; y nuestra imagen, es decir nuestra apariencia y cómo nos presentamos. Ponemos enorme énfasis, y eso está bien, en nuestra habilidad intelectual para pensar en cómo salir de nuestros problemas. Le concedemos mucho valor a las expresiones emocionales y, quizás, le damos demasiado valor a elementos externos como la apariencia física.

Esencialmente, lo que nos está diciendo el budismo es: *"espere un momento, hay algo más… Hay un recurso espiritual dentro de usted, capaz de hacer que su desempeño en la vida alcance un nuevo nivel: su naturaleza buda. Aprender cómo podemos arraigarlo en nuestra vida diaria, puede cambiar totalmente nuestra vida entera"*.

Como comentó el ya difunto filósofo e historiador Arnold Toynbee:

"Los occidentales tenemos mucho que aprender en este campo de la experiencia de la India y el Este de Asia. En los libros y

artículos que he publicado, reiteradamente he llamado la atención de mis lectores occidentales a este hecho histórico, como parte del esfuerzo de toda mi vida, para quitar a los occidentales su creencia absurdamente errónea de que la civilización moderna occidental se ha hecho superior a todas las demás, y las ha sobrepasado"[1].

TRES ELEMENTOS BÁSICOS

Hay tres elementos básicos en la práctica del budismo Nichiren. Miremos cada uno de ellos en detalle.

Entonar

La práctica básica consiste en entonar. Entonar la frase Nam-myoho-renge-kyo, en voz alta, en lugar de repetir un mantra silenciosamente en nuestra mente. El punto clave es que se trata claramente de una acción física, con efectos fisiológicos evidentes. Por ejemplo, genera la entrada y salida de cantidades considerables de aire a través de los pulmones, como también el aumento de la temperatura corporal.

Pero sobre todo, es un sonido hermoso, lleno de júbilo y absolutamente central para esta práctica. Es, sin duda, la fuerza esencial, el motor sin el cual simplemente no se puede lograr el proceso de cambio, porque es una parte esencial del proceso de energizar y refrescar el espíritu. La práctica de entonar se llama el *daimoku*, y tiene claramente una dimensión mística, tal como lo explica Daisaku Ikeda,

"No creo exagerar cuando digo que la práctica de entonar daimoku en el budismo Nichiren es lo que dio lugar al 'budismo de la gente'. Esta práctica de entonar daimoku es la práctica budista suprema, que hace posible que podamos transformar fundamentalmente nuestras vidas"[2].

Normalmente, se lleva a cabo dos veces al día. En la mañana, para lanzarnos al día con un estado de ánimo positivo y optimista, y por la noche, con un espíritu de gratitud por el día que hemos tenido, bien sea que haya sido bueno, malo o indiferente. Si ha sido bueno, tenemos mucho por lo cual estar agradecidos. Si fue malo, puede que necesitemos recuperar la valentía y confianza para enfrentar los retos que han surgido. Al entonar mañana y noche, se recitan además dos breves segmentos del Sutra del Loto, que tienen que ver con la universalidad de la budeidad y la eternidad de la vida.

No existe un momento preciso para entonar. Tal como muchos otros aspectos del budismo, depende totalmente del individuo. Es nuestra vida. Podemos entonar por muy poco tiempo antes de tener que salir volando para tomar el tren para llegar a la oficina temprano en la mañana, o "como nuestro corazón nos lo indique" como dice Nichiren en una de sus cartas. La práctica es inmensamente flexible y está concebida de tal manera que se adapta a las exigencias de la vida moderna. El elemento clave es la *regularidad* con la cual llevamos a cabo nuestra práctica. Así como tenemos que *reabastecer* nuestros cuerpos con comida dos o tres veces al día, también necesitamos refrescar nuestros recursos espirituales.

¿Qué pensamos mientras entonamos?

¿Qué pensamos mientras entonamos? La respuesta corta es: no mucho. La intención es sintonizarnos con el ritmo, escuchar el sonido y sentir la vibración; disfrutar el momento por lo que es. Volcar toda nuestra atención hacia el sonido. El momento para pensar es antes de empezar, cuando pensamos para qué queremos entonar; y también después de terminar de entonar, cuando la mente está clara, y estamos decidiendo qué acciones realizar. ¿Para qué queremos entonar? Esencialmente entonamos para buscar dentro de nosotros el potencial que nos permita lograr una condición de vida más alta. Recordemos que tanto el budismo como la psicología moderna nos enseñan que es nuestro estado de vida el que gobierna cómo pensamos y cómo nos sentimos, y por tanto, en gran medida, cómo actuamos. Así que entre más alto sea nuestro estado de vida, más plena y creativamente podemos vivir el día a día.

La realidad es que, por lo general, las personas no empiezan a entonar porque quieren 'salvar el planeta'. Es más probable que empiecen a entonar por razones mucho más personales y más cercanas a sus vidas cotidianas. A veces puede tratarse de ideas un tanto extravagantes, y otras pueden ser egoístas: por ejemplo, una casa mejor, un trabajo mejor, mejor salud, o un día feliz y exitoso. Muchas personas entonan todos los días por estos y otros deseos totalmente normales en el mundo. Son parte de nuestra humanidad y el deseo por estas cosas es lo suficientemente válido.

Pero hay dos puntos clave que es importante recordar. Uno es que por supuesto estamos entonando para que el valor, la sabiduría y la compasión surjan en nuestras vidas, para que *nosotros mismos* podamos tomar la *acción* necesaria para lograr esos objetivos en nuestras vidas. Y, segundo, el hecho de que, a medida de que entonamos todos los días, este proceso de entonar Nam-myoho–renge-kyo empieza a ampliar y a profundizar nuestra visión de lo que realmente queremos lograr para enriquecer nuestras vidas y las vidas de los que nos rodean. Así que se podría decir que el deseo inicial sirve como la semilla, la causa primaria que nos impulsa hacia un mayor autoconocimiento. Es en este sentido que se puede decir que los deseos mundanos llevan a la iluminación

No se trata de renunciar

Entonar para lograr cosas en nuestra vida, incluyendo cosas materiales, va en contra de una percepción bastante generalizada acerca del budismo, en el sentido de que el budismo tiene que ver esencialmente con *renuncia*, es decir, con renunciar a los elementos materiales de la vida como un eslabón necesario en el camino hacia el logro de una condición espiritual más alta. Sin embargo, el budismo de Nichiren nos enseña que la renuncia en sí no trae ningún beneficio. Argumenta que el deseo es un elemento básico de la vida humana y que, mientras haya vida, siempre existirá el deseo instintivo en los corazones de las personas de vivirla al máximo: vivir, crecer, amar y tener.

Nichiren vio con gran claridad que es poco lo que obtienen las personas que gastan cantidades enormes de pensamiento, tiempo y energía tratando de extinguir una fuerza que yace en el centro de sus vidas. Por el contrario, se puede lograr muchísimo más si aprendemos a aceptar los deseos como una parte esencial de la humanidad de cada uno de nosotros, y a aprovecharlos como un poderoso motor hacia el desarrollo personal.

Pero seamos claros, no estamos hablando de un proceso enteramente racional. Es algo que, de muchas formas, se encuentra más allá del alcance del mero intelecto. Hay muchas historias de personas que empezaron a entonar de esta forma un tanto intrascendente, impulsadas solo por deseos personales y, a menudo, sin ninguna creencia estable en el valor de la práctica. Ahora, mirando hacia atrás, con frecuencia se ríen de sus prácticas iniciales tan superficiales, conscientes de los profundos cambios en sus vidas y sus preocupaciones. Siguen entonando por sus deseos personales, con la diferencia de que ahora lo hacen con un horizonte más amplio que se extiende desde la revolución humana, personal y constante que están viviendo, y va creciendo en círculos cada vez más grandes hasta incluir a los miembros de la familia, a los amigos, el lugar de trabajo, la comunidad y la sociedad global.

El objetivo final del budista Nichiren es un mundo compuesto por personas y comunidades que viven en paz unas con las otras. Entonamos y trabajamos por ello todos los días.

El estudio

El segundo elemento en importancia dentro de la práctica es el estudio de una amplia gama de documentos, desde cartas y otros escritos del propio Nichiren Daishonin, hasta comentarios hechos por estudiosos budistas, y relatos de budistas que, individualmente, cuentan cómo la práctica ha cambiado sus vidas. En efecto, como se trata de una filosofía de tan amplio alcance, existe abundante material al respecto. Sin embargo, quiero enfatizar que se trata de una práctica intelectual. El estudio en el budismo Nichiren no tiene que ver con adquirir conocimiento de una forma esencialmente egocéntrica, como un fin en sí mismo. Se trata más bien de profundizar en el conocimiento de los principios que nutren la práctica. Nichiren enfatiza la importancia del estudio. De hecho, llega tan lejos como para decir:

"Esfuércense en la práctica y el estudio. Sin práctica y estudio no hay budismo"[3].

Sin embargo, esta no es una práctica intelectual o académica. El estudio no se trata de adquirir conocimientos como un fin en sí mismo, se trata más bien de profundizar nuestra comprensión de los principios que subyacen a la práctica, para que aprendamos a vivirlos mejor y hacerlos funcionar en nuestra vida cotidiana, y manifestarlos en nuestro comportamiento.

La acción

El tercer pilar de la práctica es actuar, empeñarse en incorporar los principios y valores del budismo a nuestra cotidianeidad, para vivirlos y no simplemente percibirlos y comprenderlos. Esa es una lucha diaria. Hay pocas cosas más difíciles que cambiar patrones de pensamiento y comportamiento arraigados e inconscientes, que se han instalado quizás por rabia, egoísmo o por simple falta de preocupación por las necesidades de otras personas. Todos lo sabemos porque es parte de nuestra experiencia.

La disciplina de la práctica budista impulsa lo que se podría llamar una constante revaluación interna, una transformación interna de nuestra propia vida, un verdadero crecimiento en el autoconocimiento. De ahí surge un respeto fundamental por las vidas de los demás. Claramente no es un viaje de un solo sentido y puede haber retrocesos y regresiones, así como avances. Es un proceso vivo y dinámico. Pero aun así, no cabe duda de que este cambio llega a tener un profundo efecto sobre cómo manejamos nuestras relaciones y encuentros con todo el mundo; sentimos por ejemplo, una generosidad más abierta, calurosa, y acogedora hacia las otras personas. No tengo duda de que uno de los beneficios más grandes de la práctica, en mi vida personal por ejemplo, ha sido esta trasformación en la manera en la que experimento mis relaciones en todos los niveles.

No es una moral

Es importante enfatizar que el budismo no es una moral. Es decir, su fuerza no depende de una serie preestablecida de comportamientos y prácticas. Se apoya más bien en el poder de esta trasformación interna, en la habilidad de las personas para comprender cómo aceptar la responsabilidad de sus propias vidas y sus acciones. Claramente, esto encierra un potencial para generar efectos de gran alcance no solo para la persona, en el centro del proceso, sino en el seno de la sociedad en la que esta persona habita.

El proceso comienza con el individuo. Todo empieza con la determinación personal de cambiar la propia vida; pero el efecto del cambio que iniciamos en nuestra forma de pensar y, por lo tanto, en nuestro comportamiento, llega mucho más allá que nuestra propia vida. De hecho, ya que el budismo no establece diferencias entre el individuo y el mundo que lo rodea, la influencia de la práctica de una persona se extiende para siempre en una serie de ondas cada vez más amplias.

Entonar la frase *Nam-myoho-renge-kyo* es el corazón de este proceso. Veamos entonces qué significa y de dónde proviene.

¿QUÉ SIGNIFICA NAM-MYOHO-RENGE-KYO?

Casi toda esta frase procede del propio Sutra del Loto. Myoho renge-kyo es el título del Sutra del Loto en japonés clásico. Está escrito en pictogramas chinos que los japoneses adoptaron para crear su propia lengua escrita. Los cinco caracteres que se usan significan, literalmente, "La ley mística del Sutra del Loto". La palabra "mística" acarrea un sentido de que es la mayor enseñanza, y que no ha sido previamente revelada.

La palabra *Nam*, al inicio de la invocación es la palabra que nos compromete. Viene del sánscrito y significa "dedicar la vida a…". Entonces, una traducción literal del Nam-myoho-renge-kyo sería: "Dedico mi vida a la Ley Mística del Sutra del Loto".

Sin embargo, se han escrito numerosos volúmenes para explorar las profundidades del significado de este mantra tan sencillo en apariencia. Esto se debe en parte al hecho de que el título que se le da a cada Sutra es considerado algo inmensamente importante que incorpora la totalidad de la enseñanza que contiene. Nichiren Daishonin lo explica por analogía usando el nombre del Japón:

Dentro de los dos caracteres que componen la palabra "Japón" está todo lo que integra las sesenta y seis provincias de la nación: todos los habitantes y sus animales, los arrozales y los campos de labranza, las personas de alta y de baja estirpe, los nobles y los plebeyos, las siete clases de gemas y todos los demás tesoros, sin que falte nada. Del mismo modo, en el título, Nam-myoho-renge-kyo, se encuentra incluido, sin excepción, todo el Sutra, que consta de ocho volúmenes, veintiocho capítulos y 69.384 caracteres[4].

Es más, el chino es una lengua incomparablemente concisa en la cual cada carácter se puede usar para expresar una amplísima gama de significados que, aunque diferentes, tienen relación entre sí. Así, estos cinco caracteres pueden combinarse para expresar un universo de ideas. Pero ninguna de esas explicaciones parciales logra trasmitir el profundo sentido que Nichiren le atribuye a esta frase. La describe como la Ley universal de Vida, que expresa la relación entre la vida humana y el universo entero.

Pero ninguna de esas explicaciones parciales logra trasmitir el profundo sentido que Nichiren le atribuye a esta frase. La describe como la Ley universal de Vida, que expresa la relación entre la vida humana y el universo entero. Según Nichiren, reúne dentro de sí ni más ni menos que la "sabiduría de todos los budas".

Shakiamuni expresa algo parecido cuando dice que esta ley, "solo puede ser entendida y compartida entre budas"[5].

De ninguna manera se está haciendo referencia a algún tipo de exclusividad, ya que el mismo propósito del Sutra del Loto es trasmitir ampliamente el concepto de la universalidad de la budeidad. Simplemente significa que las palabras y las explicaciones solo nos pueden llevar hasta cierto punto en el camino, pero que para realmente entender, tenemos que practicar el budismo y experimentar su poder y potencial en nuestra vida. Al igual que para empezar a conocer el sabor de una fresa, primero tenemos que morderla.

Así que no deberíamos sorprendernos si encontramos, al comienzo, que algunos de los conceptos resultan escurridizos y difíciles de entender. El budismo *es* la vida diaria y así como la vida es infinitamente compleja, es inevitable que el budismo refleje esa complejidad

En mi caso particular, debo reconocer que para mí fue difícil. Una cosa era entender los principios que subyacen al budismo, y apreciar su valor en términos de relaciones humanas cercanas y de cómo funciona la sociedad, en un ámbito más amplio. Pero, es totalmente diferente eso a comprometerse con una práctica que consiste en entonar un extraño mantra durante una hora o más al día. ¿Quería realmente hacer eso? Más aún, tratándose de un mantra que lleva consigo muchos significados, asociaciones e implicaciones que están hasta cierto punto por fuera de la experiencia cotidiana, y que se derivan de una cultura muy diferente. Esa fue una gran lucha.

Personalmente, empecé a entonar por dos razones principales. Las personas que conocí y que estaban practicando el budismo eran admirables por muchas razones: eran positivas, compasivas, socialmente responsables, y siempre constructivas en sus objetivos. Pero, sobre todo, me parecía que solo había *una* forma de entender el verdadero valor del budismo Nichiren en mi vida cotidiana: *permitirle* entrar en ella. Y he estado entonando todos los días desde entonces.

No se trata de una fe ciega

Para recibir los beneficios de esta práctica no es necesario comprender *teóricamente* lo que significa la frase antes de empezar a entonar. La comprensión aumenta a medida que crece la práctica. De ninguna manera es necesario, cuando entonamos, ocuparnos de las muchas capas de significado encerradas en estos caracteres. No se trata, en ese sentido, de un proceso intelectual. Tampoco es, de acuerdo con mi experiencia, un proceso de *sentimientos,* en el sentido de que deberíamos esperar una respuesta emocional. Se trata simplemente de entonar Nam-myoho-renge-kyo, de manera rítmica, tan fuerte o suavemente como queramos o como lo permita nuestro entorno, liberando la mente de preocupaciones particulares, relajados, escuchando el ritmo de la voz y sintiendo la vibración del cuerpo. Quizás el elemento clave es disfrutar el momento por lo que es.

Si, mientras entonamos, estamos pensando en todas las demás cosas más importantes que podríamos estar haciendo, entonces es mejor que dejemos de entonar y nos dediquemos, más bien, a esas otras cosas.

Sin embargo, aclarado lo anterior, cabe resaltar que el budismo considera que cualquier cosa que se aproxime a lo que se podría calificar como una fe ciega, no representa ninguna base aceptable para la práctica. De manera consecuente con lo anterior, Nichiren argumenta que debemos hacernos las siguientes preguntas: ¿Funciona? ¿Genera cambios? No deberíamos confiar ciegamente en nada, por interesante, poderosa y profunda que sea la enseñanza, a menos que nos permita mejorar nuestra vida, es decir, sobrellevar nuestros problemas, sentir más confianza en nuestras habilidades, tener un sentido de bienestar más amplio, concentrarnos más en lo que estamos buscando, ¿para qué sirve?

Como hemos visto, en el budismo la palabra "fe", se relaciona no con una fuerza exterior sino con la fuerza de nuestra fe en nosotros mismos, en nuestros recursos internos de valor, sabiduría y compasión y en nuestra capacidad de usar estos elementos en nuestra vida. Puede ser que en un principio decidamos iniciar la práctica porque apreciamos alguna cualidad que vemos en los budistas que conocemos, o porque nos sentimos atraídos por lo que cuentan acerca de la promesa que toma cuerpo a través de la práctica. Pero, a más largo plazo, solo podremos seguir nuestra práctica con verdadero compromiso cuando estemos conscientes de los beneficios que van emergiendo en nuestra propia vida.

Yo empecé lentamente, y fue una gran lucha por un tiempo, una verdadera lucha. Pero a medida que me volví consciente del profundo sentido de bienestar que corría por mi vida, empecé a levantarme una hora más temprano todas las mañanas, sin importar en dónde estuviera, bien fuera en casa o en algún otro lugar en labores de filmación, para poder entonar por lo menos unos 45 minutos y así lanzarme al día.

Antes de que pasemos a otro tema, déjenme intentar dar una explicación un poco más detallada pero muy práctica acerca del significado de Nam-myoho-renge-kyo. No será ninguna explicación que nos lleve al campo de la filosofía budista profunda, en caso de que nos llegáramos a perder por ahí en ese vasto territorio. Será más bien una explicación que nos podrá servir como referencia funcional; y si además nos estimula a profundizar más, podremos buscar en alguna de las referencias bibliográficas cómo profundizar.

NAM
La palabra *Nam* viene de la palabra sánscrita *namas*, y aunque comúnmente se traduce como "dedicarse a algo", tiene muchos otros significados. Quizás los más importantes estarían contenidos en verbos como *"evocar"*, *"despertar"*, *"traer"* y *"hacer un gran esfuerzo"*. ¿Para qué nos sirve conocer los diferentes significados? Es interesante porque expresan diferencias sutiles en nuestro acercamiento o en nuestro estado mental cuando estemos entonando en diferentes momentos. Por ejemplo, cuando estemos enfrentando algún tipo de crisis, puede que queramos "evocar" o "hacer un gran esfuerzo" en lugar de simplemente "despertar".

MYOHO
Myoho describe la profunda relación entre la propia *esencia* de la vida o la fuerza vital inherente a todo el universo y los millones de formas de vida en las cuales esa fuerza se

manifiesta o se expresa. En el budismo, todo lo que existe, ya sea que esté o no dotado de sensaciones, es una manifestación de esa fuerza vital y está sujeto al ritmo eterno de vida del cual hemos hablado: formación, continuación, deterioro, y desintegración. Todo está sujeto a este proceso de cambio, que a menudo se llama impermanencia.

Nichiren Daishonin define esa idea:

"Myo es el nombre dado a la naturaleza mística de la vida, y ho, el nombre de sus manifestaciones"[6].

Myoho está compuesto por dos elementos: *myo*, que se refiere al elemento espiritual o elemento invisible, inherente a todas las cosas; y *ho*, que se refiere a la manifestación física y tangible que podemos percibir con nuestros sentidos. En el budismo, todas las cosas, todos los fenómenos tienen un aspecto *myo* y un aspecto *ho*. Son dos aspectos de la vida diferentes pero inseparables, "dos pero no dos", como lo expresa el budismo, tan inextricablemente unidos como los dos lados de una hoja de papel.

Por ejemplo, el aspecto *ho* de un cuadro está compuesto por el lienzo y la pintura esparcida sobre él. El aspecto *myo* es el sentimiento, la emoción o la energía creativa que imprime el artista al aplicar la pintura de determinada forma, y el impacto emocional que produce en nosotros cuando lo miramos. La música también tiene un elemento *ho* claramente reconocible en el arreglo de las notas en blanco y negro en una página, y en las vibraciones físicas producidas por los instrumentos a medida que los músicos interpretan la melodía. El aspecto *myo* profundo es el efecto que la música tiene sobre nuestras emociones y sentimientos a medida que recibimos los sonidos producidos por los instrumentos en determinada secuencia. Como lo explicó Shakespeare de manera tan expresiva en *Mucho ruido y pocas nueces*, es totalmente inexplicable que una secuencia de sonidos producidos en las cuerdas de un violín, fabricadas a partir intestino de una oveja, pueda mover nuestro corazón hasta el punto de hacer que broten lágrimas de nuestros ojos.

Si pensamos en nosotros, *ho* hace referencia a todos nuestros elementos físicos observables a través de los sentidos: nuestra apariencia, la manera en que nos paramos, caminamos y hablamos, así como nuestros gestos y las diferentes expresiones que usamos para comunicarnos. Todas las cosas que permiten que los demás nos reconozcan como quienes somos. Ahora, lo que resulta muy claro es que muchos de esos gestos y movimientos, la expresión en nuestros ojos y el tono y la modulación de nuestra voz, así como la animación en nuestra cara y la postura del cuerpo, son también expresiones de nuestra vida interior, nuestro *myo*. Los dos aspectos están, como ya lo hemos dicho, inextricablemente unidos. A medida que practiquemos y busquemos fortalecer la vitalidad del *myo* o del aspecto espiritual de nuestra vida, se producirá sin duda un efecto poderoso en nuestra persona física, en la expresión de nuestra cara, la mirada, el tono de voz, nuestra disposición para sonreír, entre otras cosas.

¿Y el mundo inanimado?

Quizás estos ejemplos sean obvios. Lo que resulta más difícil de asimilar, y, de hecho, es uno de los conceptos más difíciles de entender, particularmente si se tiene una formación científica, es la creencia budista de que toda existencia material, todo lo que hay en la tierra y en el universo, animado e inanimado, tiene un aspecto físico y otro espiritual. Absolutamente todo, nos enseña el budismo, tiene su *myo* y su *ho:* el árbol, la piedra, el río, la montaña.

Sin duda se trata de una idea difícil, aunque el Budismo no es el único en proponer esta visión. A lo largo y ancho de la historia humana, los artistas y poetas siempre han intentado abrir nuestros ojos a esta verdad; en todas las lenguas y todas las culturas. Wordsworth, por ejemplo, con su descripción del baile de un ramo de narcisos:

Las olas junto a ellos danzaban sin reposo.
Pero ellos les ganaban en sutil alegría
¡No podía un poeta sino alentar dichoso
En una tan jocunda y jovial compañía!

Yo gustaba y gustaba en abstraída calma,
Que tesoro esa visita le dispensaba al alma.
Por eso, con frecuencia, cuando estoy acostado,
Con ánimo vacante o hilando un pensamiento
En mi visión interna el cuadro renovado
Trueca mi soledad en puro encantamiento;
Y el corazón conoce los gozos más remisos
Y danza alegremente en medio de los narcisos.[3]

El budismo resalta este aspecto de continuidad y asociación que está presente en todas las cosas, de tal forma que no estamos separados sino más bien unidos de cerca con todo lo que nos rodea. Así que, en términos budistas, afirmaciones como, por ejemplo, las que tienen que ver con estar en armonía o no estar en sintonía con el entorno, no son simples expresiones casuales, sino que representan una verdad fundamental: una verdad que es la base del principio

---
[3] Traducción tomada de http://www.biblioteca.org.ar/libros/1912.pdf

budista de unidad del individuo con su entorno. Esto significa que, a medida que cambiamos, fortaleciendo paulatinamente y revelando nuestra naturaleza de buda a través de nuestra práctica, el cambio resuena en nuestro entorno, enviando ondas benéficas en todas las direcciones.

Una carreta y dos caballos

Una analogía que presenta una imagen gráfica aunque algo simple de la relación entre nuestro *myo* y nuestro *ho,* es la del caballo y la carreta o, para ser más exacto, *los caballos,* en plural, y la carreta. Nuestra vida es la carreta, tirada por nuestro caballo *myo*, o nuestra energía espiritual más profunda, y nuestro caballo *ho*, nuestra vida física. Por lo general, estamos acostumbrados a gastar mucho tiempo y esfuerzo en nutrir la fuerza y el bienestar de nuestro caballo *ho*, porque es visible y físicamente asequible. Por ejemplo, podemos mirarlo en el espejo y preocuparnos por su forma. Podemos darle de comer tres veces al día y llevarlo al gimnasio para que se entrene y a hacer deporte para que se mantenga en forma y saludable y suficientemente entretenido. El resultado es que tendemos a equiparar nuestra felicidad o sentido de bienestar con lo bien que estamos logrando cuidar de nuestro caballo *ho*.

Por otro lado, el tiempo que pasamos nutriendo y ejercitando nuestro caballo *myo* es relativamente poco y, a veces, ni nos ocupamos de él. Esto se debe al hecho de que es totalmente invisible y, por lo general, tiene una presencia mucho menos poderosa. El resultado es el desequilibrio. El vagón de nuestra vida, en el mejor de los casos, va tirado en una dirección, la dirección comandada por nuestras necesidades físicas. En el escenario más negativo, nuestra vida se ve arrastrada en círculos que repiten patrones de comportamiento, porque nuestro lado espiritual no ha sido suficientemente nutrido y fortalecido para influenciar, es decir, cambiar, esos patrones de comportamiento. Nos volvemos criaturas de hábito, que repiten patrones de comportamiento, incluso cuando estos llevan a situaciones de dolor y sufrimiento. Por ejemplo, es muy frecuente que las personas se involucren en una serie de relaciones muy parecidas, cada una de ellas con un patrón muy similar de altos y bajos. Lo que debemos hacer, dice el budismo, es volvernos conscientes del peligro del desequilibrio y dedicarle más energía para mantener ambos caballos, *ho* y *myo*, en un estado saludable.

Renge

Renge significa flor de loto. También significa causa y efecto. La flor de loto, adoptada como título de la enseñanza suprema de Shakiamuni, es un símbolo inmensamente significativo en el budismo por muchas razones. Es una planta con una flor particularmente hermosa que crece y florece mejor en aguas sucias y pantanosas. En este sentido, ha sido elegida para simbolizar el gran potencial que hay dentro de cada vida humana, la promesa de que podemos construir vidas fuertes y positivas que florecen independientemente de las circunstancias difíciles y el entorno en el cual nos encontremos.

Asimismo, el loto contiene simultáneamente tanto la flor como la semilla. En este sentido, simboliza uno de los principios fundamentales del budismo, conocido como la simultaneidad de causa y efecto.

Nuevamente, es un principio con el cual el budismo nos invita a retar la manera en que estamos acostumbrados a pensar acerca de nuestras vidas diarias y nuestras relaciones. Básicamente, argumenta que cada causa que originamos:

buena, mala o indiferente, genera un efecto equilibrador en nuestra vida que, tarde o temprano, sin duda, se hará sentir. Así que en cada uno de nosotros se da una cadena perpetua de causas y efectos. Es decir, la dinámica fundamental de nuestra vida ata nuestro pasado, nuestro presente y nuestro futuro.

Según el budismo, solo cuando entendamos esto podremos llegar a comprender por completo lo que significa responsabilizarnos por nuestras acciones y cambiar las tendencias subyacentes que nos causan tanto sufrimiento. Se trata, por lo tanto, de una enseñanza fundamental, con incontables ramificaciones, ya que estamos, por supuesto, creando causas todo el tiempo, en nuestras propias vidas y en relación con las vidas de aquellas personas con quienes entramos en contacto; todo el día y todos los días, en todo lo que pensamos, decimos y hacemos. Causas buenas, efectos buenos; causas malas, efectos malos.

Este proceso de causas y efectos vinculados es permanente. En otras palabras, *donde* estemos ahora, *quienes* seamos ahora, *como* actuemos ahora son elementos que pueden ser considerados como la suma de todas las causas que hayamos creado en el pasado, que han plantado efectos en nuestra vida.

Pienso que es fácil ver que incluso un entendimiento superficial de este principio puede tener un efecto poderoso en nuestro comportamiento, en nuestra consciencia sobre los tipos de causas que estamos realizando. Y dado que el proceso de causas y efectos vinculados ocurre continuamente, podemos ver que el lugar *donde* nos encontramos, y quienes somos ahora en nuestras vidas, es la suma de todas las causas que hemos realizado en el pasado y que han sembrado sus efectos en nuestra vida.

Al mismo tiempo, las causas que estamos creando ahora contienen la semilla del futuro. De tal manera que el factor clave que le da forma a nuestra vida tiene que ver con la manera como respondemos a las situaciones que enfrentamos ahora.

Independientemente de lo que sintamos al respecto, lo cierto es que no estamos simplemente sujetos a la suerte y al azar que nos llegan del entorno. De nuevo, lo importante es cómo respondemos a esas situaciones, las causas que creamos y, por lo tanto, los efectos que generamos. El mensaje elemental de esperanza es que, independientemente del pasado, las causas buenas y positivas que creamos ahora siembran buenos efectos para el futuro.

Kyo

Al igual que *myoho* y *renge*, *kyo* tiene muchos significados, pero literalmente traduce "Sutra" o la voz de la enseñanza de Buda. También significa vibración o sonido. De manera que puede ser tomada como la representación de las vibraciones que se propagan y que parten de una persona cuando está entonando. De hecho, hay un refrán budista que dice: "la voz hace el trabajo del buda"; y no hay duda con respecto al hecho de que el sonido o la vibración que se crea cuando un grupo de budistas, incluso un grupo pequeño, está entonando es muy poderoso.

Todavía recuerdo con mucha claridad la primera reunión budista a la que asistí, un tiempo antes de que empezara a entonar. Recuerdo que era una noche oscura de invierno. Caminábamos por una calle al oeste de Londres con angostas casas victorianas de lado y lado. Mis pensamientos en ese momento no eran muy positivos: "Bueno, al fin y al cabo esa reunión no puede durar más de una hora". Y luego, cuando llegamos al caminito que llevaba a la puerta principal de la casa, escuché un resonante sonido maravilloso desde adentro: un sonido fuerte, seguro, vibrante. Recuerdo que literalmente se me pusieron los pelos de punta. Un sonido producido por una docena de personas comunes entonando Nam-myoho-renge-kyo.

Realmente, lo que acabo de hacer es apenas una descripción demasiado breve de los múltiples significados de la frase *Nam-myoho-renge-kyo*. *Todos esos* significados se amplían y profundizan a medida que uno avanza en su práctica. Como hemos dicho, es un viaje continuo, un continuo proceso de descubrimiento.

Esta práctica, que se concentra en entonar Nam-myoho-renge-kyo, es el gran legado que Nichiren le dejó a la humanidad. En muchos sentidos, Nichiren era un modernista y, como lo señala en sus escritos, su enseñanza fue diseñada específicamente para las personas del común, independientemente del lugar o época en que vivieran: el Japón del siglo XIII o la Europa del siglo XXI. Personas con vidas cotidianas muy ocupadas, y con muchas otras cosas que retienen su atención; para ayudarlas a entender que en medio de sus dificultades es posible construir vidas de esperanza ilimitada, optimismo y resiliencia, y también, inmensa felicidad.

Entender el Gohonzon

No podemos terminar esta breve descripción sobre la práctica sin hablar un poco del significado Gohonzon como figura central de esa práctica El Gohonzon es un simple pergamino de papel de arroz que diferencia al budismo Nichiren de todos los demás tipos de budismo. Es su característica distintiva. El budismo Hinayana o Theravada está muy enfocado en el buda Shakiamuni, y en el culto que se le rinde como ser humano único. En contraste con lo anterior, el budismo Mahayana se preocupa por llevar las enseñanzas budistas a la cotidianidad de las personas del común, en dondequiera que estén; y en el budismo Nichiren, el Gohonzon, junto con el acto de entonar la frase que corresponde al título del Sutra del Loto, Nam-myoho-renge-kyo, constituyen los medios básicos para lograr ese objetivo.

La palabra "Go" en el japonés clásico, significa "digno de honor" y '*honzon*' significa "objeto de respeto fundamental". Así que es claramente un objeto que el budismo de Nichiren tiene en la más alta estima. Debo decir que es también un objeto de gran belleza.

El Dai Gohonzon, *Dai* significa "grande" u "original", fue grabado por Nichiren el 12 de octubre de 1279. El Gohonzon original que grabó se conserva todavía en el Japón, no muy lejos de Tokio, pero cualquier persona que esté dispuesta a hacer un compromiso personal para practicar de acuerdo con los principios de Nichiren, y a proteger y cuidar su propio Gohonzon, recibe una versión estampada más pequeña para conservar en su casa. Así es como practican los miembros de la SGI. Debo enfatizar que es un movimiento totalmente laico; no hay sacerdotes. Fue el propio Nichiren, en vida, quien estableció la pauta de que los individuos recibieran un Gohonzon personal para que les fuera más fácil practicar donde quisieran. Poco tiempo después escribió:

"Yo, Nichiren, he grabado mi vida en tinta sumi, así que crean en el Gohonzon con todo el corazón".

Sumi es una tinta usada particularmente en la caligrafía japonesa. Con esta frase inmensamente sencilla, Nichiren resume la envergadura de la tarea realizada por él. Además, de manera reiterada les aclaró a sus seguidores que para él era ni más ni menos que el logro de su de vida, una larga misión como maestro de los seres humanos.

Los caracteres en el pergamino, en chino y sánscrito, representan la realidad total de la vida humana; y justo en el centro, en caracteres más grandes y resaltados, como iluminando toda la vida humana que representan, están inscritos los caracteres *Nam-myoho-renge-kyo Nichiren*. Esta inscripción central es la clave para entender la naturaleza y el propósito del Gohonzon. Cuando Nichiren escribió: "he grabado mi vida en tinta sumi" se refería a su vida como buda, o en el estado de budeidad. Ahí la tenemos, una representación de lo que estamos buscando sacar desde el interior de nuestra propia vida; ni más ni menos que nuestro estado de vida más elevado. Es su gran regalo, por decirlo así, para toda la humanidad y, en ese sentido, incorpora el principio budista fundamental, expuesto primero en el Sutra del Loto, según el cual todos los seres humanos comunes tienen el potencial para lograr la budeidad inherente a sus vidas.

¿Qué hacemos cuando entonamos?

Es difícil pensar en alguna analogía que pudiera expresar lo que sucede cuando estamos entonando en frente del Gohonzon. Quizás la analogía musical podría darnos una idea. Cuando Beethoven o Mozart, por ejemplo, se sentaron a escribir una composición musical, también estaban expresando su estado de vida, su pasión, su espíritu, su euforia o su melancolía, en aquel momento. Un mundo interior trasmutado a unas líneas marcadas en tinta negra sobre papel blanco. Independientemente de lo que pudiera pasar después con ese trozo de papel, el espíritu que fluyó a través del mundo interior del escritor en aquel momento quedó indeleblemente grabado para siempre. La hoja de papel con las marcas de tinta puede quedar olvidada en algún estante polvoriento de una biblioteca durante décadas sin que nadie la vea. O también, la letra puede ser copiada amorosamente por la mano de un empleado, o puesta o en una fotocopiadora moderna para hacer miles de copias. Pero independientemente del trayecto que siga, si la copia número mil llega a manos de un músico, que decide tocar la composición, el espíritu incorporado en el original hace muchos años revivirá, en mayor o menor medida, llenará el recinto con su sonido y su vibración, y recreará en quienes lo escuchan, en alguna medida, el espíritu que entró en él cuando su autor lo escribió.

Aplicando esta analogía al Gohonzon, nosotros tenemos el papel del músico. Estamos buscando recrear el espíritu incorporado en el original. El Gohonzon representa todos los aspectos de nuestra vida humana; lo bueno, lo malo y lo feo, lo positivo y lo negativo, la luz y la oscuridad. Todos estos aspectos de nuestra vida cotidiana están allí, como también los de Nichiren, ya que, después de todo, él también era un ser humano común. Pero estos aspectos están iluminados por ese principio que nos puede dar la posibilidad, independientemente de cuán fuerte nuestra ira o cuán profundo nuestro desespero, de orientar nuestras vidas hacia el estado de vida de la budeidad que Nichiren capturó en tinta sumi. Todo está incluido No tenemos que deshacernos de nada, ni sentirnos culpable por nada. La estructura del Gohonzon está ahí para aclararnos que no existe ningún estado, ni condición de vida, experimentado por un ser humano que, de alguna manera, pudiera impedir ese viaje hacia nuestro Yo superior. Porque todo se puede transformar.

¡La promesa es de ese tamaño!

El propósito básico del Gohonzon, es el de ser algo físico en lo cual enfocarnos. Algo para mantenernos concentrados en la tarea que estamos cumpliendo, es decir, entonar. Nichiren nos ha dado el "cuadro" de lo que estamos buscando lograr. No es ni más ni menos que esto. Es importante recordarlo.

A veces se describe al Gohonzon como un espejo que refleja nuestra verdadera naturaleza. Así como no podemos ver nuestra cara sin un espejo que la refleje, así, argumenta Nichiren, tampoco podemos percibir nuestra budeidad sin el "espejo" del Gohonzon para reflejar su imagen.

¿Realmente sucede?

¿Realmente sucede? Sí. Así es, sin duda, y a muchos miles de personas. ¿Podríamos decir claramente por qué? No creo. Se han ofrecido muchas explicaciones, pero con demasiada frecuencia las explicaciones son formuladas en términos tan místicos como lo son los eventos que suceden frente del Gohonzon. Pero hay que decir que muchas cosas en el universo van más allá de la esfera de la visión parcial e incompleta que provee nuestro intelecto.

Lo que *sí* requiere la práctica en frente del Gohonzon es verdadera aplicación y esfuerzo; y un compromiso para perseverar y hacer lo mejor que podamos. Claramente hay altibajos. Un mes damos grandes pasos hacia adelante y el siguiente nos quedamos estancados. Pero la realidad escueta es que las personas solo continúan con la práctica debido a los beneficios que aparecen en sus vidas. Esta tiene que ser la prueba de fuego; y las implicaciones son profundas. No estamos hablando de un tipo de Cielo en el más allá al cual vamos a llegar como premio por la manera en que vivimos esta vida. El budismo, como hemos dicho ya muchas veces, es la vida diaria. Esta vida, en el aquí y ahora. Los beneficios se tienen que sentir tanto en el hogar como en el trabajo y en lo que uno siente acerca de su vida hoy, mañana y pasado mañana.

No existen pruebas más tenaces que la vida misma.

Referencias

Agradecimientos
1. Sr. Makiguchi. Citado en Daibyaku Renge Oct 2010

Capítulo uno
Embarquemos en un viaje
1. Gerald Jones, Daniel Cardinal, Jeremy Hayward. Moral Philosophy. p7
2. Daisaku Ikeda. Buddhism Day by Day. p336
3. Daniel Goleman. Emotional Intelligence. p89
4. Daniel Goleman Destructive Emotions p55
5. Richard Layard. Happiness Lessons from a New Science publicado por Penguin p234
6. C. Nickerson, N. Schwarz, E. Diener, D. Kahneman, Zeroing on the dark side of the American Dream: A closer look at a the negative consequences of the goal for financial success. Psychological Science 14, p531-536

Capítulo dos
Una historia personal
1. WH Davies. Leisure. What is this world if full of care 1911
2. Robert C. Solomon. Spirituality for the Skeptic. p6
3. Richard Layard. ibid p230
4. Robert C. Solomon ibid p21
5. Daniel Goleman. Destructive Emotions p 21

6. Nichiren Daishonin. WND Vol 1 p 851
7. Sonja Lyubomirski The How of Happiness publicado por Piatkus. p1
8. Arnold Toynbee Choose Life
9. Robert C. Solomon ibid p66
10. Tsunesaburo Makiguchi citado en Daibyaku Renge Oct 2010
11. Daisaku Ikeda The World of the Gosho Vol 1

Capítulo tres
El budismo y la creencia

1. Thich Nhat Hanh The Heart of the Buddha's Teaching p3
2. Edward Conze Buddhism a Short History p3
3. Lotus Sutra. Chapter 16. line 232 *'At all times I think to myself / How can I cause living beings / to gain entry into the unsurpassed way / and quickly acquire the body of a Buddha'.*
4. Daisaku Ikeda. Lectures on On Attaining Buddhahood in this Lifetime pp6-11
5. Nichiren Daishonin WND Vol 1. p1137
6. Nur Yalman. Prof of Anthropology Harvard. Citado en Sekiyo Shimbun 26.11.93
7. Bruce Springsteen letra de Saving Up
8. Nichiren Daishonin WND Vol 1. p848
9. Richard Feynman The Character of Physical Law p149
10. Daniel Dennet Kinds of Minds
11. Daisaku Ikeda. The Wisdom of the Lotus Sutra Vol 1. p14
12. Daisaku Ikeda ibid p7
13. Mark Williams, John Teasdale, Zindel Segal, Jon Kabat-Zinn. The Mindful Way Through Depression, Freeing Yourself from Chronic Unhappiness
14. Nichiren Daishonin WND Vol 1. p3

15. Daisaku Ikeda Lectures on On Attaining Buddhahood in this Lifetime p 70
16. Sonja Lyubomirski The How of Happiness p5
17. Nichiren Daishonin WND Vol 1. p 386

Capítulo cuatro
¿El budismo y la felicidad?
1. Martin Seligman What You Can Change...and What You Can't. p5
2. Daniel Goleman Emotional Intelligence p89
3. Sonja Lyubomirski The How of Happiness p14
4. Martin Seligman Flourish p9
5. Daniel Goleman Working with Emotional Intelligence p228
6. Tal Ben-Shahar Pursuit of the Perfect
7. Martin Seligman ibid p20
8. Diasaku Ikeda Faith Into Action
9. Sonja Lyubomirski ibid p15
10. Nichiren Daishonin WND Vol 1. p601
11. S. Frederick and G Loewenstein Well Being: The foundation of Hedonic psychology p302-29
12. Richard Layard ibid p49
13. Sonja Lyubomirski ibid p20

Capítulo cinco
El budismo y la paradoja de los problemas
1. Nichiren Daishonin WND Vol 1. p302
2. Thich Nhat Hanh Heart of the Buddha's Teaching p29
3. S. Lyubomirski The How of Happiness p 157
4. ibid p163/4
5. Daniel Goleman Emotional Intelligence p57
6. Daisaku Ikeda Buddhism Day by Day p249
7. R. Layard Happiness p234
8. Artículo en La revista Times Feb 7 2005

Capítulo seis
El budismo y la ética
1. Gerald Jones, Daniel Cardinal, Jeremy Hayward. Moral Philosophy, A Guide to Ethical Theory. p5
2. Nichiren Daishonin WND Vol 1. p851
3. Gerald Jones, Daniel Cardinal, Jeremy Hayward ibid p2
4. John Donne Devotions XV11. 1624
5. Nicholas Christakis. Prof. of Medical Sociology, Harvard. Artículo en New Scientist. 03.01.09
6. Jeffrey Sachs, economista. BBC Reith Lectures. 2007
7. Sam Harris The Moral Landscape p55
8. Daisaku Ikeda World of the Gosho Vol 1
9. Edward Conze Buddhism a Short History p3
10. Mark William, John Teasdale, Zindel Segal, Jon Kabat-Zinn The Mindful Way Through Depression, Freeing Yourself from Chronic Unhappiness
11. Daisaku Ikeda Buddhism Day by Day. p338
12. Daisaku Ikeda. Wisdom of the Lotus Sutra Vol.1 p149

Capítulo siete
El budismo y la práctica
1. Talmud.
2. Richard Layard Happiness Lessons from a New Science 183
3. Ibid p189
4. Martin Seligman Flourish p115
5. Ibid p125
6. Richard Layard ibid p189
7. Robert C. Solomon Spirituality for the Skeptic p15
8. Daisaku Ikeda Lectures on On Attaining Buddhahood in this Lifetime p68
9. Andy Coughlan. Artículo en New Scientist. 11 mayo 2013. p12
10. ibid

11. Nichiren Daishonin WND Vol 1 p386
12. Arnold Toynbee Review of Life an Enigma, a Precious Jewel by Daisaku Ikeda.

Capítulo ocho
El budismo y la vida cotidiana
1. Sonja Lyubomirski The How of Happiness p26
2. Ibid p 41
3. Richard Layard Happiness Lessons from a New Science p188
4. Ibid p3
5. R. Emmons and C. Shelton, Handbook of Positive Psychology, Oxford. pp 459-471
6. S. Lyubomirski The How of Happiness p92
7. Ruut Veenhoven Professor of Happiness Studies, Erasmus University Rotterdam. Artículo La revista Times feb 7 2005
8. Eckhart Tolle A New Earth: Create a Better Life
9. Martin Seligman Flourish p110/111
10. Sam Harris The Moral Landscape p55
11. S. Lyubomirski The How of Happiness p125
12. Robert J. Sampson. Feature Artículo en New Scientist. 11 mayo 2013 p 28
13. S. Lyubomirski ibid p 1
14. Robert Solomon Spirituality for the Skeptic p66
15. Constitución de UNESCO
16. Daisaku Ikeda. Notes accompanying Painting a World of Friendship Exhibition
17. John F Kennedy. Discurso inaugural junio 1963

Capítulo nueve
El budismo y la negatividad
1. Martin Seligman What You Can Change… and What You Can't p 49/50

2. Martin Seligman Flourish p66
3. Ibid p67
4. Nicholas Christakis Prof. of Medical Sociology Harvard. Artículo en New Scientist. 03.01.09
5. Tal Ben- Shahar The Pursuit of the Perfect
6. Nichiren Daishonin WND Vol 1.p681

Capítulo diez
El budismo y la ira
1. Martin Seligman What You can Change…and What you Can't p121
2. Ibid p120
3. Ibid p126
4. Ibid p127
5. Ibid p129/30
6. Daniel Goleman Emotional Intelligence p59
7. Martin Seligman ibid p139
8. Daniel Goleman ibid p43
9. Martin Seligman ibid p132
10. Ibid

Capítulo once
El budismo y el dinero
1. Mark Buchanan Artículo en New Scientist 21.03. 09
2. Gregg Easterbrook Artículo en La revista Times feb 7 2005
3. Ibid
4. Edward Diener Artículo en La revista Times feb 7 2005
5. Dictionary of Buddhist Terms and Concepts. p263
6. Dylan Evans Emotion; The Science of Sentiment
7. Richard Layard Happiness p3
8. Gregg Easterbrook ibid
9. Ibid
10. R Lane The Loss of Happiness in Modern Democracies Yale Univ Press 2000 p5

11. Richard Layard Happiness p48
12. Sonja Lyubomirski The How of Happiness p116
13. Nichiren Daishonin WND Vol 1. p 3

Capítulo doce
Un nuevo comienzo
1. Jeffrey Sachs, economista. BBC Reith Lectures 2007
2. Daniel Dennet. Kinds of Minds
3. Wangerie Maathai documental en BBC Radio 4 mayo 2010.
4. Richard Feynman The Character of Physical Law p149
5. Nichiren Daishonin WND Vol 1. p3
6. William Woollard. The Reluctant Buddhist p27
7. Jeffrey Sachs. BBC Reith Lectures 2007
8. John F Kennedy. Discurso inaugural junio 1963
9. John Hall Economista Artículo en La revista Times 01.11.09
10. Richard Layard Happiness p232
11. Daisaku Ikeda World of the Gosho Vol 1

Apéndice A
1. Arnold Toynbee with Daisaku Ikeda Choose Life
2. Diasaku Ikeda Faith Into Action

Apéndice B
1. Arnold Toynbee with Daisaku Ikeda Choose Life p27
2. Daisaku Ikeda Lectures on Attaining Buddhahood in this Lifetime p24
3. Nichiren Daishonin WND Vol 1. p922
4. Nichiren Daishonin WND Vol 1. p4
5. Lotus Sutra
6. Nichiren Daishonin ibid p412

Bibliografía

Lectures on On Attaining Buddhahood in this Lifetime. Daisaku Ikeda. Soka Gakkai Malaysia 2007

Lectures on the Expedient Means and Life Span Chapters of the Lotus Sutra. Daisaku Ikeda. World Tribune Press. 1996.

What You Can Change…and What You Can't. The Complete Guide to Successful Self Improvement. Martin P. Seligman. Nicholas Brealey Publishing. 2007

The Moral Landscape. How Science Can Determine Human Values. Sam Harris. Bantam Press 2010

The How of Happiness. A Practical Guide to Getting the Life You Want. Sonja Lyubomirski. Piatkus. 2010

Flourish. Martin P. Seligman. Nicholas Brealey Publishing. 2011

Destructive Emotions. A Dialogue with the Dalai Lama narrated by Daniel Goleman. Bloomsbury Publishing Plc. 2003

Emotional Intelligence. Why it can matter more than IQ. Daniel Goleman. Bloomsbury Publishing Plc.1995

The Mindful Way through Depression. Freeing Yourself from Chronic Unhappiness. Mark William, John Teasdale, Zindel Segal, and Jon Kabat-Zinn. The Guilford Press. 2007

Moral Philosophy. A guide to ethical theory. Gerald Jones. Daniel Cardinal, Jeremy Hayward. Hodder Education 2006.

Advice on Dying and Living a Better Life. His Holiness the Dalai Lama. Rider 2002

Kinds Of Minds. Daniel C. Dennett. The Phoenix Press. 2007

The Character of Physical Law. Richard P. Feynman. Penguin Books 1992

Buddhism a Short History. Edward Conze. Oneworld Publications. 2000

Choose Life. A Dialogue. Arnold Toynbee and Daisaku Ikeda. Oxford University Press. 1989

The Fabric of the Cosmos. Brian Green. Allen Lane 2004

The Buddha in Daily Life. Richard Causton. Ebury Press 1995

The Living Buddha. Daisaku Ikeda. Weatherhill Inc. 1976

Mind Body Medicine. Daniel Goleman and Joel Gurin. New York Yonkers. 1993

Emotion. The Science of Sentiment. Dylan Evans. Oxford Paperbacks 2002

Authentic Happiness. Martin P. Seligman. Free Press 2003

The Wisdom of the Lotus Sutra. Daisaku Ikeda. World Tribune Press 2000

The World Of Nichiren Daishonin's Writings:Vol 1. Daisaku Ikeda. Soka Gakkai Malaysia 2003

Lectures on the Expedient Means and Life Span Chapters of the Lotus Sutra. Daisaku Ikeda. World Tribune Press. 1996

Conversations and Lectures on the Lotus Sutra: Vol 1. Daisaku Ikeda. SGI-UK 1995

Conversations and Lectures on the Lotus Sutra: Vol 2. Daisaku Ikeda. SGI-UK 1996

Happiness Lessons from a New Science Richard Layard. Penguin Press. 2005

The Reluctant Buddhist. William Woollard. Grosvenor House Publishing. 2007

A New Earth: Create a Better Life. Eckhart Tolle

Varieties of Moral Personality. Owen Flanagan 1991

The Pursuit of the Perfect. Tal Ben Shahar 2009

Spirituality for the Skeptic. Robert C. Solomon Oxford University Press 2002

The Power and Biology of Belief. Herbert Benson. Scribner 1996

The Living Buddha Daisaku Ikeda Bungei Shunju Tokyo 1973

Milton Keynes UK
Ingram Content Group UK Ltd.
UKHW030026180324
439604UK00001B/49